Série História das Nações

História Concisa da Grã-Bretanha
1707-1975

SÉRIE HISTÓRIA DAS NAÇÕES

A Edipro traz para o Brasil uma seleção de títulos da Série *História Concisa*, originalmente produzida pela Editora Cambridge, na Inglaterra, e publicada entre os renomados títulos acadêmicos e profissionais que compõem o seu vasto catálogo.

"Esta série de 'breves histórias' ilustradas, cada qual dedicada a um país selecionado, foi pensada para servir de livro-texto para estudantes universitários e do ensino médio, bem como uma introdução histórica para leitores em geral, viajantes e membros da comunidade executiva."

Cada exemplar da série – aqui intitulada *História das Nações* – constitui-se num compêndio da evolução histórica de um povo. De leitura fácil e rápida, mas que, apesar de não conter mais que o essencial, apresenta uma imagem global do percurso histórico a que se propõe a aclarar.

Os Editores

O livro é a porta que se abre para a realização do homem.

Jair Lot Vieira

W. A. SPECK

Série História das Nações

História Concisa da Grã-Bretanha 1707-1975

tradução de
LUCIANA PUDENZI

Syndicate of the Press of the University of Cambridge, England
A Concise History of Britain, 1707-1975 – First Edition

© Cambridge University Press 1993

This publication is in copyright. Subject to statutory exception and to the provisions of relevant collective licensing agreements, no reproduction of any part may take place without the written permission of Cambridge University Press.

Copyright da tradução e desta edição © 2013 by Edipro Edições Profissionais Ltda.

Todos os direitos reservados. Nenhuma parte deste livro poderá ser reproduzida ou transmitida de qualquer forma ou por quaisquer meios, eletrônicos ou mecânicos, incluindo fotocópia, gravação ou qualquer sistema de armazenamento e recuperação de informações, sem permissão por escrito do editor.

Grafia conforme o novo Acordo Ortográfico da Língua Portuguesa.

1ª edição, 1ª reimpressão 2020.

Editores: Jair Lot Vieira e Maíra Lot Vieira Micales
Coordenação editorial: Fernanda Godoy Tarcinalli
Tradução: Luciana Pudenzi
Revisão: Tatiana Yumi Tanaka
Diagramação e Arte: Heloise Gomes Basso e Karine Moreto Massoca
Imagem de capa: Torre do Big Ben e Casas do Parlamento iluminados à noite, 2012 (Carole-Gomez / iStockphoto)

Dados Internacionais de Catalogação na Publicação (CIP)
(Câmara Brasileira do Livro, SP, Brasil)

Speck, W. A.
    História concisa da Grã-Bretanha : 1707-1975 / W. A. Speck ; tradução de Luciana Pudenzi. – 1. ed. – São Paulo : Edipro, 2013. – (Série história das nações)

    Título original: A concise history of Britain, 1707-1975.
    Bibliografia.
    ISBN 978-85-7283-851-1

    1. Grã-Bretanha - História I. Título. II. Série.

13-04533   CDD-941

Índice para catálogo sistemático:
1. Grã-Bretanha : História : 941

São Paulo: (11) 3107-7050 • Bauru: (14) 3234-4121
www.edipro.com.br • edipro@edipro.com.br
@editoraedipro   @editoraedipro

Para meu irmão
Jack

Sumário

Lista de imagens e mapas 9

Prefácio 13

Introdução 15

Capítulo 1 • A Grã-Bretanha do século XVIII **19**

Capítulo 2 • Da união anglo-escocesa à união com a Irlanda **35**

Capítulo 3 • A Grã-Bretanha do século XIX **67**

Capítulo 4 • De Pitt a Palmerston **83**

Capítulo 5 • Do segundo Ato de Reforma à Guerra dos Bôeres **107**

Capítulo 6 • A Grã-Bretanha do século XX **135**

Capítulo 7 • Da Guerra dos Bôeres ao primeiro governo trabalhista **153**

Capítulo 8 • De Baldwin a Attlee **179**

Capítulo 9 • Da ascensão da rainha Elizabeth ao ingresso na Comunidade Econômica Europeia **203**

Epílogo 229

Apêndice: monarcas e ministros, 1707-1976 231

Índice remissivo 235

LISTA DE IMAGENS E MAPAS

IMAGENS

1. O Grande Selo da Grã-Bretanha após a União, 1707 (*Public Record Office*) — 16
2. A rainha Ana recebendo o Tratado de União entre a Inglaterra e a Escócia, 1706 — 36
3. O rei George I, retratado por Lafontaine c. 1725 (reproduzido com a gentil permissão de Sua Majestade, a Rainha) — 41
4. Sir Robert Walpole na Câmara dos Comuns, c. 1730, ao lado de sir James Thornhill e William Hogarth (detalhe) (*Clandon Park*, Guildford; reproduzido com permissão do *National Trust*) — 43
5. "O combate de George". Gravura retratando a batalha entre o rei George II e o jacobitismo, 1745 — 45
6. "A recepção em 1760" e "A recepção em 1770": duas gravuras retratando a popularidade do rei George III no momento de sua ascensão e sua impopularidade em 1770 (*Oxford Magazine*, 1770) — 52
7. A Câmara dos Comuns irlandesa, 1780, por Francis Wheatley (*Leeds City Art Galleries*) — 57
8. "Wit's Last Stake", charge que retrata Charles James Fox e seus agentes, incluindo o taberneiro Sam House e a duquesa de Devonshire, granjeando votos entre os eleitores de Westminster, 1784 (fotografia, *British Library*) — 59
9. A Câmara dos Comuns, 1793-94, por Karl Anton Hickel (*National Portrait Gallery*, Londres) — 63
10. Glasgow em 1835 (*Mitchell Library*, Glasgow) — 69

10 | HISTÓRIA CONCISA DA GRÃ-BRETANHA

11. A entrada da rainha Vitória e do príncipe Albert na inauguração da   74
Grande Exposição (*Illustrated London News*, 1851)

12. "O recenseador em uma habitação em Gray's Inn Lane" (*Illustrated*   79
London News, 1861)

13. Osborne House, ilha de Wight (*English Heritage*)   81

14. O rei George III em Windsor, 1807, por Peter Edward Stroehling   84
(reproduzido com a gentil permissão de Sua Majestadade, a Rainha)

15. O julgamento da rainha Carolina, 1820, por sir George Hayter (*National Portrait Gallery*, Londres)   87

16. O encontro de cartistas em Kennington, fotografado em 10 de abril   98
de 1848 por William Kilburn (reproduzido com a gentil permissão
de Sua Majestade, a Rainha)

17. "Seu primeiro voto, uma visão paternalista do trabalhador agrícola   123
com seu recém-concedido direito de voto (*Illustrated London News*,
1885)

18. "A campanha cáqui: uma rendição", o carpinteiro radical seduzido   131
pela sereia patriótica (*Illustrated London News*, 1900)

19. A rainha Vitória em idade avançada, c. 1900, por B. Muller (*National*   132
Portrait Gallery, Londres)

20. O rei George V fazendo sua primeira transmissão radiofônica de   140
Natal em 1932 (*Hulton Picture Library*)

21. A evacuação das crianças em idade escolar em Londres, junho de   146
1940 (*Hulton Picture Library*)

22. A Grã-Bretanha ingressa na Comunidade Econômica Europeia: pri-   150
meira página do jornal *Daily Mirror*, 1º de janeiro de 1973

23. *A irmã estridente*, uma visão satírica das sufragistas (*Punch*, 1973)   165

24. Lloyd George e Churchill, 1915 (*Hulton Picture Library*)   168

25. Padioleiros em Passchendaele, 1917 (*Imperial War Museum*, Londres)   171

26. "O espírito do momento", satirizando o advento do pleno sufrágio   184
feminino (*Punch*, 1929)

27. Pôsteres de campanha, 1945, concentrando-se na liderança de Chur-   196
chill e nas mazelas do período entreguerras

28. Dunquerque, 6 de junho de 1940 (*Hulton Picture Library*)   198

29. Pôster da campanha conservadora, retratando Attlee como uma   201
fachada moderada para o socialismo de Bevan

30. A família real em Balmoral, 1957 (fotografia: *Paul Popper Ltd.*) — 204

31. Manifestação de estudantes da Universidade de Edimburgo durante a Crise de Suez, novembro de 1956 (cedido por *Glasgow Herald and Evening Times*) — 208

32. Charges eleitorais de autoria de Cummings, retratando Harold Macmillan e Hugh Gaitskell, publicadas em *Daily Express*, setembro de 1959 (fotografia: *Centre for the Study of Cartoons and Caricature*, Universidade de Kent em Canterbury) — 213

33. "Entrando para o clube", de Vicky. Charge sobre a tentativa malograda de Macmillan de ingressar na CEE em 1963, publicada em *Daily Express* — 213

34. O Partido Trabalhista substitui o Partido Conservador no gabinete: charge de Vicky publicada em *Evening Standard*, 1964 (fotografia: *Centre for the Study of Cartoons and Caricature*, Universidade de Kent em Canterbury) — 217

35. Winifred Ewing com Arthur Donaldson na convenção do Partido Nacional Escocês em Bannockburn, 1971 (cedido por *Glasgow Herald and Evening Times*) — 221

36. Edward Heath, sentado entre sir Alec Douglas-Home e Geoffrey Rippon, assinando o acordo britânico de ingresso na CEE em 1972 — 225

37. A decisão do Partido Trabalhista de resolver suas divergências acerca da Europa por meio de um referendo, satirizada em *Sunday Telegraph*, 26 de janeiro de 1975 — 226

Mapas

1. Mapa dos condados da Grã-Bretanha — 20

2. Mudanças na representação parlamentar na Inglaterra e no País de Gales, 1831-32 — 91

Prefácio

Todo historiador que tente redigir um panorama geral da história britânica desde a União anglo-escocesa de 1707 até o ingresso na Comunidade Europeia estará fadado a ter uma grande dívida para com o trabalho de outros. Em uma escala tão pequena, suas contribuições serão inevitavelmente condensadas a ponto de serem distorcidas, e me desculpo aqui aos muitos estudiosos cujos escritos sintetizei tão sucintamente que podem nem sequer se reconhecer ou, se o fizessem, renegariam. Este livro não é direcionado a eles. Antes, direciona-se a leitores que, embora possam ter um conhecimento superficial sobre a história moderna da Grã-Bretanha, procuram um resumo conciso dos estudos mais recentes a respeito do tema.

Uma vez que minha área de especialização é o século XVIII, dois colegas de Leeds, David Steele e Richard Whiting, gentilmente leram os capítulos que tratam dos séculos XIX e XX. Eles, juntamente com os avaliadores anônimos da Cambridge University Press, fizeram críticas que me salvaram de muitos erros. Qualquer equívoco que tenha restado é de minha inteira responsabilidade.

Gostaria de agradecer também a outras pessoas que ajudaram a tornar este livro possível. A Universidade de Leeds concedeu-me, na primavera de 1989, uma dispensa de um semestre que me possibilitou dar início ao trabalho. Adrian Wilson alugou-me sua casa em Cambridge em intervalos nos quais realizei grande parte da pesquisa. Meu irmão Jack generosamente permitiu-me usar seu apartamento em Filei, onde completei a maior parte da redação. Mary Geiter e minha filha Jackie leram rascunhos e sugeriram aprimoramentos adequados. Por fim, William Davies, da Cambridge University Press, forneceu-me grande apoio ao longo de todo o processo.

NIAS, Wassenaar   Dezembro de 1992

Introdução

Esta breve história abrange o período que se estende desde a formação do Reino Unido da Grã-Bretanha, em 1707, até o ingresso da Grã-Bretanha na Comunidade Econômica Europeia (CEE), na década de 1970. Desse modo, a cronologia abarca toda a história da Grã-Bretanha no sentido exato conferido pela União em 1707, dando fim à soberania separada da Inglaterra e da Escócia, que foi, ao menos para os escoceses, "o fim de uma velha canção", enquanto o ingresso na CEE representou uma concessão parcial da soberania britânica, ainda que poucos estejam dispostos a reconhecê-lo ou admiti-lo.

Tratar de um período tão extenso em um âmbito tão restrito implica, inevitavelmente, reduzir uma sinfonia a uma sinopse. É necessário condensar para distinguir os temas mais importantes. O tema principal é que a mudança foi evolucionária, e não revolucionária. O ajuste pacífico das instituições e da estrutura social às circunstâncias em modificação deveu-se, em grande medida, ao fato de que, desde a Revolução Gloriosa de 1688, sempre existiu o maquinário para que tais mudanças ocorressem sem necessidade de rebelião ou revolução. Não faltaram rebeldes ou revolucionários – por exemplo, os jacobitas no século XVIII e os jacobinos no início do século XIX –, mas eles nunca cooptaram mais que uma minoria. A maioria conformava-se ao *status quo* ou aceitava que as mudanças almejadas podiam ser obtidas pela persuasão em vez da força. A classe dominante era sempre suscetível de ser persuadida, pois continuava a ter de responder ao eleitorado por meio do parlamento, que nunca deixou de funcionar como uma instituição representativa, mesmo na chamada "era da oligarquia", na metade do século XVIII.

IMAGEM 1. O Grande Selo da Grã-Bretanha após a União, 1707.

Outra causa da transição pacífica da sociedade britânica de uma oligarquia para uma democracia foi que, na maior parte do tempo, a economia literalmente proporcionava os bens. As alternativas ao sistema existente só se tornaram amplamente atraentes em raros intervalos nos quais esse contentamento não se sustentou. De maneira geral, o povo não só escapou da fome como também, por meio de um crescimento sem precedentes da população, o padrão de vida no mínimo se manteve, e talvez tenha até melhorado. Pelo contrário, a conexão entre a monarquia limitada ou mista e o crescimento econômico, em contraposição ao absolutismo e à estagnação ou o declínio, foi reiterada tanto em tratados eruditos como na propaganda mais primária.

Claramente, os temas da política do consenso e da expansão populacional sustentados pelo desenvolvimento econômico não valem para o caso da Irlanda. A trágica história da "outra ilha de John Bull" não é incorporada a não ser quando não podia ser ignorada pelos habitantes da ilha principal da Grã-Bretanha.

Cronologicamente, o livro foi elaborado de modo convencional, de acordo com os séculos. Entrou em voga falar a respeito de um longo século XVIII, que começa antes de 1700 e estendendo-se até 1832. Mas as Uniões com a Escócia, no início, e com a Irlanda, no final, dão maior coerência ao século curto. A União de 1707 alterou a estrutura constitucional e a própria natureza do Estado britânico. Ela deu origem à Grã-Bretanha. Similarmente, a União com a Irlanda estabeleceu uma nova agenda para os políticos britânicos. Cada século possui uma breve introdução analítica seguida por capítulos que narram os acontecimentos políticos que ilustram os temas principais. A narrativa procura evitar ser uma mera crônica. Na medida do possível, a ênfase permanece na interação entre o Estado e a sociedade conforme sintetizado pela relação flutuante entre o parlamento e as classes que o controlavam e o eleitorado, ao qual, em última instância, tinham de responder.

capítulo 1

A Grã-Bretanha do século XVIII

Afirmou-se que o mais importante acontecimento isolado da história da Grã-Bretanha ocorreu há milhões de anos, ou quando, durante a formação da crosta terrestre, formaram-se o canal da Mancha e o mar do Norte, separando as ilhas britânicas do continente europeu. Certamente, o fato de que o território principal da Grã-Bretanha, abrangendo a Inglaterra, a Escócia e o País de Gales, seja uma ilha foi de importância central para o seu desenvolvimento como nação. Assim, o isolamento da Grã-Bretanha fez que sua história, ao menos em determinados aspectos, fosse diferente do restante da Europa.

Uma das diferenças cruciais foram os condados. Até o Ato do Governo Local de 1972, que entrou em vigor em 1974, a Inglaterra e o País de Gales dividiam-se em 52 condados e a Escócia, em 33. No século XVIII, os condados ingleses eram unidades administrativas. Cada um deles possuía um xerife, uma comissão de paz e uma milícia presidida por um tenente da aristocracia. O posto de xerife era molesto e oneroso, e os homens tentavam evitar ser selecionados. Em contraposição, os cargos de juiz de paz e tenente-delegado da milícia, embora não fossem remunerados, eram cobiçados, porque conferiam *status* aos empossados. Os juízes administravam uma grande porção do *statute law*[1] – individualmente, em pares ou coletivamente – em sessões realizadas a cada três meses, por essa razão

---

1 *Common law* é o sistema jurídico constituído na Inglaterra a partir do século XII, cuja fundamentação baseia-se nas decisões dos tribunais, em detrimento das leis estabelecidas. Todavia, a partir do século XX, o *statute law* – que corresponde ao conjunto de leis estatutárias introduzidas por um corpo legislativo (Câmara dos Lordes e Câmara dos Comuns) – adquiriu maior importância nos julgamentos, no intuito de preencher as lacunas existentes no *common law*. (N.E.)

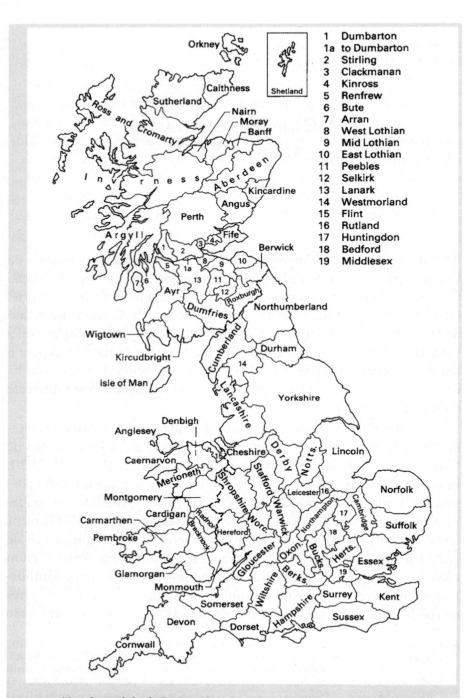

MAPA 1. Mapa dos condados da Grã-Bretanha.

chamadas de sessões trimestrais. Eles remetiam os casos mais graves, envolvendo crimes capitais, a sessões de tribunais superiores, geralmente realizadas duas vezes ao ano na capital do condado, quando um juiz de um dos tribunais das cortes *common law* de Westminster presidia os julgamentos.

O condado não era apenas uma unidade administrativa, mas servia também como um foco das lealdades locais. Em certo momento, pode até ter superado a lealdade à nação, ao menos nas fatias superiores da sociedade referidas como "a comunidade do condado". Em 1707, porém, a fidelidade à nação excedera amplamente esse localismo. Entretanto, a noção de que os homens eram homens de Cornualha (*Cornishmen*) ou homens de Yorkshire (*Yorkshiremen*) tanto quanto homens ingleses é de importância vital na história da Inglaterra, ainda que as identidades dos habitantes de Denbighshire ou de Midlothian não fossem tão cruciais para os galeses ou escoceses.

A Inglaterra foi dividida em 39 condados antes da Conquista Normanda. As fronteiras de alguns deles, especialmente nas periferias, como Kent e Northumberland, refletiam as fronteiras de antigos reinos, enquanto outras, particularmente no interior, surgiram como criações específicas. O principado de Gales tinha condados desde a Idade Média, quando os condados de Anglesey, Caernarvon, Merioneth, Carmarthen, Cardigan e Flint foram estabelecidos. A região fronteiriça também tinha condados medievais, Glamorgan e Pemboke, mas era dominada por marquesados, que eram bailiados semiautônomos. Foi para organizar essa região sem lei que se aprovou, em 1536, um decreto para "dividir todo o País de Gales em condados administrativos". Então os condados de Brecknock, Denbigh, Monmouth, Montgomery e Radnor foram substituídos por marquesados, e outros domínios de lordes foram incorporados aos condados existentes. O País de Gales foi, consequentemente, assimilado à Inglaterra. Cada condado ganhava um xerife, juízes de paz e parlamentares, dois para Monmouthshire e um para cada um dos outros 12. Os 33 condados da Escócia difeririam consideravelmente em tamanho. Os maiores deles, Ayr, Argyll, Inverness e Sutherland, equiparavam-se aos maiores condados ingleses. Os menores eram menores que Rutland. Daniel Defoe referia-se ao "pequeno condado de Renfrew, ou, antes, um baronato, ou o domínio de um xerife, chame-o como quiser". E Renfrewshire estava longe de ser o menor. Contudo, todos elegiam membros para o parlamento britânico desde 1707: 27 a cada eleição; 6 em eleições alternadas. Assim, Bute foi vinculado a Caithness, Clachmannon a Kinross e Nairn a Cromarty, a fim de assegurar 30 representantes dos condados escoceses de acordo com as condições de representação do reino setentrional na União.

As eleições revelavam, de maneira dramática, onde residia o poder nos condados da Grã-Bretanha do século XVIII. Os líderes da sociedade do condado, os pares e os principais membros da pequena nobreza reuniam-se nas sessões dos tribunais superiores, nas sessões trimestrais ou em alguma assembleia especialmente convocada para tentar definir os candidatos a serem representantes do condado no futuro parlamento. Se conseguissem chegar a um consenso, não haveria contestação. Era quase desconhecido que os proprietários de *freeholds* [propriedades alodiais] de 40 xelins que formavam a massa do eleitorado de qualquer condado apresentassem um rival aos indicados pelos magnatas líderes do condado. Rutland, o menor condado inglês, tinha apenas um punhado de pares e pequenos nobres residentes. O conde de Nottingham, com sua casa de campo em Burley on the Hill, era o mais opulento magnata do condado no início do século XIX. Abaixo dele, aristocratas como os Halfords e os Sherards também exerciam influência. Essas três famílias praticamente monopolizavam a representação do condado. Em Northamptonshire, nove famílias disputavam entre si a distribuição das cadeiras do condado – Bertie, Cartwright, Cecil, Dudley, Finch, Hatton, Isham, Montagu e Spencer. Yorkshire, o maior condado, era excessivamente grande para ser dominado por apenas alguns aristocratas e pequenos nobres. No início do século XVIII, nobres como os duques de Devonshire e Bolton, os condes de Burlington, Carlisle, Strafford e Wharton, junto com alguns senhores menores e inúmeros membros da pequena nobreza, exerciam considerável influência eleitoral. Os pares do reino tendiam a ser mais escassos no País de Gales. Glamorganshire era dominado por cerca de 25 famílias da pequena nobreza, sendo a família Mansells a principal, com casas em Margam e Briton Ferry. Onde os Mansells haviam sido proeminentes nos assuntos do condado durante gerações, testemunhou-se, na metade do século XVII, a chegada de alguns recém-chegados à elite, incluindo Philip Jones, um militar aventureiro das guerras civis, que estabeleceu uma dinastia que viria a representar Glamorganshire no parlamento. Na Escócia, a elite dominante era ainda mais arraigada. Argyllshire, por exemplo, era controlado pelos Campbells, duques de Argyll, que nomeavam membros de sua família para a cadeira do condado. A principal causa desse controle sobre os condados escoceses era que muitos deles eram minúsculos, enquanto o número de votantes era pequeno em comparação com os da Inglaterra e do País de

Gales. Enquanto Yorkshire reunia mais de 15 mil eleitores, e até Rutland tinha mais de 500, o maior número de eleitores num condado escocês era o de Peeblesshire, que tinha aproximadamente 100. Como na Inglaterra e no País de Gales, o direito de voto baseava-se na posse de *freehold* que rendesse 40 xelins ao ano, o que valia 400 libras escocesas em 1681. Mas, diferentemente da situação ao sul da fronteira, o *freehold* tinha de se submeter à Coroa. Isto, mais que o baixo valor das terras no reino setentrional, restringia o eleitorado dos condados ali.

A hegemonia dos grandes proprietários de terras nos condados era sustentada de diversas maneiras. Em primeiro lugar, eles eram ricos, e a riqueza e o poder não formam uma combinação rara. Mas apenas a riqueza geralmente não torna os proprietários de terras poderosos. Quando negociantes da cidade tentaram adquirir cadeiras no parlamento distribuindo guinéus aos eleitores dos distritos em que eram forasteiros, isto provocou desaprovação e foi contraproducente. Seus contemporâneos esperavam que os candidatos tivessem o que chamavam de um interesse "natural" em determinada localidade, o que para eles significava ali residir por bastante tempo e, nos condados, ser proprietário de um considerável número de acres. Nem mesmo os novatos na lista dos magnatas rurais conseguiam adquirir influência eleitoral de um momento para o outro. Levava tempo, às vezes uma geração ou duas, para que uma família da pequena nobreza adquirisse um "interesse natural" nos assuntos do condado.

A riqueza dessas famílias baseava-se em seus bens territoriais. Era típico que possuíssem uma casa de campo. No que se refere às dimensões e ao prestígio, essas casas podiam ser como os palácios dos duques de Devonshire e Marlborough em Chatsworth e Woodstock ou mansões modestas. Os proprietários geralmente alugavam fazendas a arrendatários, de quem recebiam rendimentos. Tais arrendatários, embora estivessem em uma relação de subordinação econômica ao proprietário das terras, não necessariamente dependiam deles socialmente. Os proprietários necessitavam de arrendatários tanto quanto os arrendatários necessitavam de fazendas, se não mais. Quando os lucros da venda do excedente da produção das fazendas caíam a níveis que tornavam problemático o pagamento dos salários dos trabalhadores e das rendas dos proprietários, as fazendas deixavam de ser atraentes para os arrendatários. Essa situação ocorria frequentemente na economia rural; no início da década de 1700, devido a colheitas ruins, e entre 1730 e 1750, devido a safras superabundantes que rebaixaram o preço da produção agrícola. Em ambos os períodos, os proprietários tiveram de perdoar dívidas de arrendamento e deixar as fazendas inativas. Até mesmo as relações puramente comerciais, portanto, eram de intercâmbio, baseadas na reciprocidade de interesses.

Mas a relação entre os proprietários e os arrendatários ia muito além do vínculo financeiro. Ambos faziam parte de uma sociedade tradicional que, embora esperasse a devida deferência dos inferiores perante os superiores, também atribuía obrigações patriarcais à elite. O entretenimento na casa de campo, a participação nos esportes da aldeia – como o críquete e a caça à raposa – e até o culto em conjunto na igreja paroquial ajudavam a consolidar a comunidade local. Evidentemente, esse ideal patriarcal era rompido. Alguns proprietários de terras exigiam rendas exorbitantes dos arrendatários e encerravam os arrendamentos se as mesmas não fossem pagas. A regulamentação da caça e da pesca restringia o extermínio da caça aos proprietários de terras que valessem £100 anuais, e os fazendeiros que a desafiassem podiam ser processados por matar lebres, perdizes e faisões, mesmo nos próprios campos que cultivavam. Os proprietários ausentes em Londres ou alhures não estavam disponíveis para entreter seus vizinhos ou unir-se a eles nas orações. Entretanto, embora tais tipos fossem objeto de zombarias, as comunidades de deferência da Grã-Bretanha rural não eram, em sua maior parte, baseadas no medo e no ódio, e sim, em maior medida, no respeito a obrigações mútuas.

As realidades das relações rurais eram testadas sempre que os esforços da elite proprietária de terras para controlar o resultado das eleições do condado fracassavam e surgiam candidatos rivais que competiam pelos votos dos proprietários das terras de 40 xelins. Uma vez que, até 1872, não havia cédula secreta, os votos de muitos eleitores do condado eram conhecidos por meio dos livros eleitorais remanescentes, que registravam o modo como os votos se distribuíam. Um dos aspectos mais notáveis dos livros eleitorais de qualquer condado é a propensão dos distritos a votar em bloco nos mesmos candidatos. Não há dúvida de que isso se deve ao fato de que os vizinhos de um magnata do território votavam nos candidatos apoiados por ele. Alguns eram seus arrendatários, uma vez que, ainda que o *freehold* significasse a ocupação da terra pelo seu próprio dono, os arrendamentos vitalícios, para propósitos eleitorais, contavam como propriedades plenas. Por conseguinte, pode ser que alguns proprietários coagissem tais arrendatários a aderir ao seu voto sob a ameaça de não renovar seus arrendamentos quando expirassem. Mas essa coerção só explica satisfatoriamente o comportamento eleitoral de uma pequena minoria. O escrutínio dos votos por parte dos proprietários e dos agentes eleitorais era realizado de modo a não deixar dúvidas de que sua disposição era vista como um favor, e não como uma formalidade. A maioria dos detentores de *freeholds* seguia a orientação dos grandes proprietários em seu meio, aceitando que eles tinham um direito natural de esperar esse reconhecimento de seu papel no condado, mais que por temor de sofrer represálias.

Uma proporção significativa dos eleitores dos condados desconsideravam ostensivamente os desejos de seus superiores sociais e votavam em oposição a eles. Os clérigos, particularmente, exerciam um papel independente nas eleições do condado, e com frequência persuadiam os paroquianos a votar em conjunto com eles. Isso ocorria devido ao fato de que a maior parte do baixo clero era composta por Tóris no reinado da rainha Ana. Não por acaso, o partido Tóri era, na época, muitas vezes chamado de "o partido da Igreja". Uma vez que os principais proprietários de terras eram do Partido Whig, seus desejos eram desafiados pelos ministros anglicanos e por muitos membros de suas congregações.

Uma eleição de condado disputada logo revelava os limites da deferência. Desde que pudesse evitar uma disputa, porém, a elite fundiária invariavelmente mantinha o controle da representação dos condados. Durante o auge do "furor partidário", quando a elite fundiária dividiu-se agudamente em Tóris e Whigs, muitas vezes era impossível que os magnatas do condado chegassem a um consenso. Entre 1701 e 1734, houve 10 eleições gerais, em cada uma das quais aproximadamente metade dos condados ingleses teve disputa pela representação. Nas seis eleições gerais seguintes, a proporção caiu para menos de um sexto. Em geral, considera-se que a última grande disputa entre os partidos Tóri e Whig em um condado no século XVIII foi o pleito de 1754 em Oxfordshire. Isso foi, na época, fora do usual, pois a maior parte das elites dos condados havia alcançado consenso, concordando em partilhar a representação e, assim, evitar disputas.

A elite fundiária controlava também o resultado de muitas eleições dos burgos. Se, por um lado, havia apenas 122 cadeiras do condado no parlamento da Grã-Bretanha, por outro havia 436 cadeiras dos burgos. Esse desequilíbrio pode parecer ter conferido aos citadinos uma importância exorbitante nos assuntos nacionais. Entretanto, no século XVIII, a maior parte dos burgos efetivamente elegia membros da elite rural para o parlamento. Em qualquer configuração da Câmara dos Comuns podia haver cerca de 50 advogados e o mesmo números de comerciantes, junto com talvez 100 oficiais do Exército e da Marinha e funcionários públicos, e mesmo estes também possuíam terras, enquanto que a maioria dos membros do parlamento eram meros proprietários de terras. A situação já era assim mesmo antes que o *Property Qualifications Act* [ato de qualificações de propriedade] de 1711 exigisse que os parlamentares possuíssem bens territoriais no valor de £600 nos condados e de £300 nos burgos. A deferência explica o controle da elite fundiária sobre muitos burgos, bem como sobre os condados. A relação entre os proprietários das casas de campo e os burgueses das cidades da vizinhança dava origem ao mesmo tipo de obrigações recíprocas que cimentavam as relações entre proprietários de terras e arrendatários, pois as casas de campo eram muito mais que máquinas nas quais seus proprietários viviam. Elas eram também símbolos da riqueza e do *status* de seus ocupantes. Tais casas proporcionavam empregos para construtores, carpinteiros, vidraceiros, pintores, pedreiros e outros artífices relacionados à sua construção; para fabricantes de móveis, fabricantes de relógios, cuteleiros, tapeceiros, fabricantes de utensílios de estanho, ceramistas e artesãos de argentaria para provê-las; para cervejeiros, açougueiros, merceeiros, chapeleiros, vendedores de meias e roupas íntimas, costureiros, negociantes de bebidas e outros comerciantes para fornecer vestuário e mantimentos; para mordomos, camareiras, cocheiros, cozinheiros, jardineiros, pajens e outros empregados domésticos para atendê-las. Assim, uma grande casa de campo nas cercanias de um burgo parlamentar – uma situação não pouco usual – poderia ser a maior consumidora de bens e serviços e a maior empregadora de mão de obra na vizinhança. Apenas um comerciante imprudente ou muito independente votaria contra os desejos dos proprietários de casas tais como Berry Pomeroy, a casa dos Seymours nos arredores de Totnes em Devon ou o castelo de Dunster próximo de Minehead, propriedade da família Banks, ou Studley Royal, muito próxima de Ripon, ocupada pelos Aislabies. Fazia parte da ordem natural das coisas que Totnes fosse um burgo sob a influência da família Seymour, Minehead sob a família Bank e Ripon sob a família Aislabie.

Na Escócia, similarmente, os burgos de Ayr elegiam os indicados pelos duques de Argyll e pelos condes de Bute. A representação do burgo escocês restringia-se a 15 cadeiras, que eram distribuídas entre 67 burgos, todos eles, exceto Edinburgh, agrupados em 14 combinações de 4 ou 5 componentes, que revezavam a presidência em eleições gerais sucessivas. Como os condados escoceses, tinham pequenos eleitorados que eram muito sensíveis à influência dos magnatas fundiários locais. Enquanto os proprietários de *freeholds* nos condados eram chamados de barões, e eram homens com recursos suficientes para ficar acima do suborno descarado, os votantes de alguns burgos, por exemplo, os grupos de Perth e Stirling, estavam entre os mais venais e corruptos da Grã-Bretanha.

Na Inglaterra, o direito de voto em alguns burgos ajudava alguns proprietários de terras a controlar sua representação. Isto era particularmente verdadeiro no caso daqueles burgos em que o direito de votar estava vinculado a propriedades conhecidas como *burgages*, terrenos arrendados nos burgos. Fidalgos e pequena nobreza determinaram-se a adquirir *burgages* a fim de controlar a maioria dos votantes. Assim, o duque de Newcastle adquiriu os terrenos nos burgos de Aldborough e Boroughbridge, em Yorkshire, e com eles a nomeação dos quatro membros que representavam esses burgos. Mesmo nos locais onde o direito de voto estava vinculado a postos cívicos, como cargos administrativos, de conselheiros ou títulos de cidadãos honorários, doações feitas às corporações, como a nova Prefeitura dada pelo conde de Bridgwater ao burgo de Brackley, podia assegurar uma influência controladora. Onde o eleitorado adquiria o direito de voto em virtude da residência, e não por possuir bens territoriais ou ocupar cargos públicos – por exemplo, nos burgos em que proprietários de casas votavam –, o entretenimento e o "tratamento" tinham considerável importância em assegurar a influência no voto.

Mais importante que o direito de voto na criação de oportunidades para que os proprietários de terras exercessem influência num burgo, contudo, era o número de votantes. Os eleitorados de todos esses burgos que elegiam candidatos recomendados por um patrono fundiário tendiam a ser pequenos, Stamford e Lincolnshire tinham cerca de 500 votantes, sendo os maiores sob o domínio de um único proprietário de terras, da família Cecil, de Burghley House. Enquanto importantes proprietários de terras podiam representar cidades com mais de mil votantes, isto não se devia, de modo algum, apenas ao patronato. Os duques de Bedford tinham uma grande propriedade em Westminster, e muitos comerciantes que dependiam dessa clientela votavam em favor de seus candidatos em eleições disputadas, mas eles representavam uma pequena minoria do eleitorado total, de pelo

28 | HISTÓRIA CONCISA DA GRÃ-BRETANHA

menos 6 mil pessoas. Esses grandes eleitorados estavam fora do alcance da manipulação por patronato ou suborno.

Como nos condados, a incidência de disputas nos burgos decaiu na primeira metade do século XVIII. Novamente, a mudança adveio com a eleição geral de 1734. Naquele ano, 113 dos 269 distritos eleitorais ingleses e galeses foram às votações. Na eleição seguinte, realizada em 1741, somente 76 tiveram votações, e, na seguinte, em 1747, apenas 55.

A principal razão para essa queda nos burgos foi que o conflito entre dois interesses antagônicos havia sido resolvido em favor de um deles. Durante o reinado da rainha Ana, muitos burgos testemunharam disputas por controle entre magnatas dos partidos Tóri e Whig. Assim, o burgo de Bury St. Edmunds viu acirrada rivalidade por uma de suas cadeiras entre a família Davers, do Partido Tóri, e a família Hervey, do Partido Whig. O governo conseguiu romper o equilíbrio entre os interesses antagônicos, assegurando uma vitória dos Whigs, quando se inclinava a favor deste partido, e um sucesso dos Tóris, quando tendia em favor destes. No reinado de Ana, o governo dava seu apoio ao Partido Tóri em algumas eleições e ao Partido Whig em outras. Sob o poder dos hanoverianos, entretanto, somente o Partido Whig era favorecido. O resultado foi que muitos Tóris desistiram do embate desigual, especialmente quando o resultado da eleição de 1734 revelou que o ministério conseguiu manter a maioria, mesmo com a eleição de candidatos de oposição nos condados e nos grandes burgos.

O sistema eleitoral, porém, nunca se atrofiou completamente, mesmo nas décadas centrais do século. Havia um núcleo de distritos eleitorais, constituído principalmente de burgos com grandes eleitorados, que disputava regularmente e contrabalançava as tendências oligárquicas da época. No decurso do século, à medida que esses centros urbanos cresciam, emergiu na sociedade britânica um elemento claramente burguês que se conseguia se fazer ouvir na política.

A emergência da classe média inglesa foi situada em Londres, entre 1680 e 1730. Certamente, a capital era a única cidade capaz de sustentar uma burguesia reconhecível no final do século XVII. Na época, ela tinha cerca de 500 mil habitantes, aproximadamente 8% da população total da Grã-Bretanha. Nenhuma outra cidade contava seus habitantes em 6 dígitos, ou até em somas de 5 dígitos. Bristol e Norwich ostentavam cerca de 30 mil cada uma, enquanto outras 5 cidades tinham mais de 10 mil habitantes. Desse modo, Londres era um gigante, apequenando qualquer outra cidade no reino. As pessoas que iam para Londres não apenas repunham uma população que, de outro modo, teria decrescido devido à taxa de mortalidade, mas efetivamente a ampliou. Estimou-se que cerca de um em cada 6 membros da população britânica tenha ido para lá em alguma fase de sua vida entre 1650 e 1750.

Embora Londres tenha continuado a crescer no século XVIII, não se desenvolveu no mesmo ritmo que a população total, que se expandiu de 7 milhões para 11 milhões. Em 1800, portanto, a capital continha uma proporção da população total menor do que a que tinha em 1700. No mesmo período, o número de cidades com 10 mil habitantes ou mais aproximadamente dobrou, enquanto outras aproximavam-se disso. A população mínima para que uma comunidade possa ser descrita como uma cidade é uma questão controversa. Indivíduos da época estavam claramente dispostos a considerar como cidade o que hoje seria considerado uma aldeia. Historiadores urbanos parecem ter estabelecido uma população de 2.500 habitantes como a medida apropriada para determinar a urbanização. Em 1700, aproximadamente 1 em cada 6 membros da população vivia em cidades daquelas dimensões ou maiores, enquanto que em 1800 a proporção passou a ser de 1 para 3.

O crescimento urbano se deu em diversas comunidades. Algumas eram cidades de lazer, como Bath, a Las Vegas da Grã-Bretanha do século XVIII, e Brighton, sua Atlantic City. Muitas sedes de condados mais antigas, como Shrewsbury e York, tornaram-se focos da pequena nobreza local, que estimulava o comércio de artigos de luxo e se dedicava a reuniões recreativas e corridas de cavalos. Em outros locais, a urbanização estava associada com áreas manufatureiras, como o distrito de metalurgia no interior da Inglaterra, as cidades têxteis de Lancashire e Yorkshire e os portos de Bristol, Glasgow e Liverpool.

Esses centros urbanos desenvolveram um estilo de vida distintamente burguês. Eles acolhiam não apenas os comerciantes, mas também uma classe profissional florescente. Enquanto empreendedores podiam fazer fortuna ou ir à falência, as oportunidades para clérigos, médicos e advogados levaram à expansão dessas profissões no século XVIII.

Os empreendimentos comerciais foram estimulados na primeira metade do século XVIII pela crescente demanda tanto do mercado doméstico como do mercado estrangeiro. À medida que a maior produtividade do setor agrícola da economia levou a uma queda dos preços dos alimentos, também se gerou uma renda excedente, em especial entre os habitantes da cidade, que, beneficiando-se com os artigos alimentícios mais baratos, tinham a possibilidade de adquirir produtos manufaturados. Assim, aumentou a demanda por utensílios de metal e cerâmica, por exemplo, estimulando a produção de Birmingham, Sheffield e Staffordshire. Ao mesmo tempo, a expansão das colônias na América do Norte e a política de proibir a manufatura ali a fim de favorecer a produção doméstica levaram a exportação dessas mercadorias para além do Atlântico. Tais fatores estimularam o crescimento não apenas nas cidades caracterizadas pela manufatura, mas também em portos como Bristol, Liverpool e Glasgow, que serviam os mercados americanos. Não que todos os comerciantes que tentavam satisfazer essas demandas tenham prosperado – além de sucessos, há também fracassos comerciais a serem registrados no século XVIII, que aumentaram no final do século, à medida que a expansão da população começou a forçar os preços dos alimentos para cima, enquanto que, no além-mar, o comércio era perturbado pela guerra em virtude da independência americana e pela guerras contra a França revolucionária, mais do que havia sido pelas hostilidades precedentes. No entanto, de modo global, as dificuldades em encontrar demanda para seus produtos fez que os comerciantes dos portos e das cidades manufatureiras da Grã-Bretanha do século XVIII aumentassem sua riqueza, em vez de a perderem. Essa maior prosperidade entre os comerciantes revelou-se, acima de tudo, no desenvolvimento físico das cidades. As oficinas e os armazéns da manufatura e do comércio eram aspectos proeminentes da paisagem urbana.

O crescimento das profissões também teve um impacto sobre a aparência física das cidades. Embora não tenha sido um grande período para a construção de igrejas, os anglicanos forneceram algum custeio para as cidades em crescimento. Um grandioso projeto para a construção de 50 novas igrejas apenas em Londres teve de ser reduzido em suas pretensões, mas, ainda assim, ao menos 12 foram construídas na capital. Alhures, dificuldades para erguer novas edificações foram superadas, como atestam várias construções remanescentes em distritos manufatureiros, por exemplo, a primorosa igreja de Bierley, perto de Bradford. No geral, porém, os dissidentes causaram maior impacto nas cidades do que a igreja estabelecida. Com efeito, os dissidentes se tornaram, em ampla medida, um fenômeno urbano no decurso do século XVIII, ao menos até que os metodistas se separassem da Igreja da Inglaterra após a morte de Wesley, antes que presbiterianos, congregacionalistas, batistas e quacres formassem congregações características em oposição à igreja estabelecida. Suas capelas e casas de reunião se tornaram aspectos proeminentes no cenário das cidades. A despeito do *Corporation Act* [ato corporativo] de 1661, que restringiu os cargos públicos a anglicanos praticantes, os presbiterianos no mínimo desempenharam um papel importante nas questões públicas. Seus ministros, que eram cerca de 1.400, eram geralmente vistos como dignitários equiparáveis aos do clero oficial.

A profissão legal também florescia no século XVIII. Os advogados prosperavam numa época em que se recorria cada vez mais à lei, especialmente depois que um ato de 1731 insistiu em que os procedimentos legais deveriam ser conduzidos em inglês. Os serviços de advogados eram requeridos nos tribunais de Londres e nas sessões de tribunais superiores nas províncias. Daniel Defoe encontrou Preston "cheia de advogados, procuradores e notários". Os advogados atuavam não só como árbitros em todo tipo de disputas, mas também na legalização das complexas transações de uma sociedade comercial. Desse modo, atuavam como conselheiros para uma aristocracia e uma pequena nobreza litigiosas, elaboravam seus testamentos e negociavam suas transações de propriedade e seus arranjos matrimoniais. Alguns tornaram-se administradores de terras e até corretores de imóveis. Além dessas funções remuneradas com honorários servindo à elite fundiária, havia novas oportunidades para os advogados. Por exemplo, eles elaboravam títulos privados que requeriam ratificação para facilitar contratos de cercados, o estabelecimento de monopólios em estradas, esquemas para tornar rios navegáveis e até para a construção de canais. Tais medidas os envolviam não só com proprietários fundiários, mas também com os interesses comerciais das cidades, portos e centros manufatureiros. Os advogados, portanto, partilhavam as oportunidades oferecidas pelo crescimento urbano no período, e suas casas adornavam as áreas mais afluentes da paisagem hanoveriana, como a High Street em Burforf e a "Ivy" em Chippenham.

As casas dos médicos também estavam entre as mais distintas dentre as casas da chamada "pseudonobreza" das cidades. Com efeito, sua renda provavelmente suscitava mais comentários e inveja que a de qualquer outra profissão. Os membros do clero, afinal, não estavam, no todo, entre os cidadãos mais afluentes das cidades, enquanto muitos curas obtinham uma renda de £50 por ano ou menos. Os honorários dos advogados provocavam críticas, mas o recurso à lei não era estritamente necessário e afetava apenas uma minoria. As doenças, porém, atingiam todas as famílias do país, desde as mais ricas até as mais pobres. Os serviços de um médico, portanto, eram essenciais, quer isto significasse chamar um médico para as classes altas ou para a burguesia abastada, um farmacêutico para a classe média ou um "curandeiro" para os trabalhadores pobres. Teoricamente, havia uma distinção legal entre médicos e farmacêuticos que o Colegiado dos Médicos tentava sustentar. Na prática, entretanto, essa divisão revelou-se impossível, e a crescente demanda por habilidades médicas fez que as pessoas se referissem aos farmacêuticos também como médicos no decurso do século XVIII. Os melhores médicos podiam cobrar honorários que lhes rendiam receitas de £5.000 por ano, tanto quanto um substancial nobre do campo. Até mesmo farmacêuticos ganhavam o suficiente para que Adam Smith comentasse que "seu lucro se tornou proverbial, denotando algo excepcionalmente extravagante". A medicina do século XVIII não testemunhou grandes avanços, embora o crescente uso de ópio aliviasse a dor, e a introdução da inoculação contribuído muito para eliminar a varíola. Hospitais foram fundados em Londres e em 12 cidades das províncias nos reinados de George I e George II. Esses foram os principais centros para o desenvolvimento de avanços em cirurgias durante o período. Dada a quase completa ignorância das causas das infecções, todavia, é provável que instrumentos sujos tenham assegurado que mais pacientes fossem condenados à morte por septicemia do que salvos pelas habilidades dos cirurgiões.

Enquanto a maioria dos hospitais era fundada pela caridade privada, o Estado mantinha os de Chelsea e Greenwich para marinheiros e soldados feridos e veteranos. Ambos haviam sido estabelecidos antes do século XVIII, mas foram substancialmente ampliados no início do período hanoveriano para atender às pressões que sofriam em virtude da expansão das Forças Armadas e do envolvimento em grandes guerras. O crescimento do efetivo militar alargou o número de oficiais permanentes do Exército e da Marinha que inflavam as fileiras das classes profissionais. Também ocasionou o que foi chamado de "Estado militar-fiscal" para proporcionar os fundos para armas e suprimentos. Um aparato burocrático foi criado no almirantado, na Câmara de Comércio, na Artilharia, no Tesouro e no departamento da Marinha, suprido por funcionários que formavam um serviço público embrionário. Os departamentos do fisco para a coleta de taxas aduaneiras, tributos e impostos de selo também empregavam um crescente número de funcionários.

Na metade do século XVIII, aquilo que atualmente seria considerado como o serviço público provavelmente contava com 16 mil funcionários.

O crescimento de uma classe média urbana levou ao desenvolvimento de uma cultura burguesa. Manifestações disso foram o jornal e a imprensa periódica. O início deu-se em Londres, que teve seu primeiro jornal diário à venda em 1702. Na metade do século, havia mais de uma dúzia de jornais, diários ou com periodicidade de duas ou três edições semanais. Enquanto isso, uma imprensa da província havia surgido, com cerca de 40 jornais publicados em várias cidades, algumas das quais ostentavam dois, enquanto outras, como Newcastle upon Tyne, chegavam a ter três. Se, em 1700, as vendas semanais de jornais eram de menos de 50 mil exemplares, em 1760 já chegavam a mais de 200 mil. Os jornais eram suplementados por periódicos, dentre os quais o mais bem-sucedido era *The Gentleman's Magazine*, que começou a ser publicado em 1731. Era significativo que seu subtítulo original fosse *The Trader's Monthly Intelligencer* [*O informante mensal do homem de negócios*]. A imprensa criou uma rede de comunicação que foi habilmente explorada pelo político radical John Wilkes na campanha publicitária que promoveu em defesa de sua causa.

Quando da ascensão de George III, por conseguinte, havia duas estruturas políticas na Grã-Bretanha. Uma delas era a sociedade restrita de conexões aristocráticas, baseadas, em sua maior parte, em interesses eleitorais de pequenos burgos. A outra era a classe média das vilas e cidades em expansão que eram sensíveis aos apelos políticos como aquele orquestrado por Wilkes.

Seria um equívoco, entretanto, presumir que aquilo que foi chamado de "estrutura alternativa da política" envolvesse visões necessariamente radicais. Pelo contrário, os integrantes das classes médias britânicas mostravam-se firmes em seu apoio à Constituição. Se fossem persuadidos de que ela estava ameaçada a partir de cima, como muitos foram durante a campanha de Wilkes e os estágios iniciais da resistência das colônias americanas, então estariam dispostos a adotar uma posição radical. Mas se estivessem convencidos de que a ameaça à Constituição provinha de baixo, por rebeldes americanos após 1775, pelos católicos em 1780, por políticos radicais em 1784 e por "jacobinos" na década de 1790, então estariam ainda mais dispostos a assumir uma postura reacionária. Acima de tudo, quando a Constituição foi efetivamente ameaçada por rebeldes irlandeses católicos e jacobinos, em 1798, então congregaram-se em sua defesa na Igreja e no Estado.

capítulo 2

DA UNIÃO ANGLO-ESCOCESA À UNIÃO COM A IRLANDA

A união da Inglaterra com a Escócia em 1707, que deu origem constitucional à Grã-Bretanha, estava mais próxima de um casamento celebrado sob a mira de uma arma que da consumação de uma longa relação amorosa. Às vésperas do Ato de União, como foi chamado no reino do Sul, ou Tratado de União, como foi chamado no Norte, as relações entre a Inglaterra e a Escócia estavam na verdade em processo de deterioração. Embora ambas tenham rejeitado Jaime VII e Jaime II em 1689, e aceitado Guilherme e Maria, as consequências da Revolução Gloriosa deram origem a atritos. O principal problema, no que dizia respeito à maioria dos escoceses, era o fato de terem sido envolvidos nas guerras contra a França, a quem Guilherme submetera seus novos domínios. A Escócia tornou-se um dos cenários do conflito, pois ali os Stuarts mantiveram muito mais apoio ativo em relação àquele de que dispunham na Inglaterra. Os jacobitas – como eram conhecidos os apoiadores de Jaime, exilado, e de seu filho, Eduardo – derrotaram as tropas de Guilherme na batalha de Killiecrankie em agosto de 1689, mas seu líder, Jaime Graham de Claverhouse, morreu em combate. Embora as forças do governo tenham vencido em Dunkeld mais tarde, no mesmo ano, sua vitória obteve apenas uma paz taciturna e precária na Escócia. O massacre dos Macdonalds em Glencoe, por sua demora em fazer os juramentos de lealdade, teve o propósito de mostrar aos escoceses inclinados a segui-los na atitude de desafio que o governo não toleraria sequer uma resistência simbólica.

Um desastre mais importante devido ao envolvimento com a Inglaterra foi o esquema de Darién. Mercadores escoceses foram frustrados em sua busca por mercados estrangeiros no além-mar ao serem excluídos do comércio colonial inglês. Quando o comércio extraeuropeu estava

IMAGEM 2. A rainha Ana recebendo o Tratado de União entre a Inglaterra e a Escócia, 1706.

estimulando o que foi chamado de "revolução comercial", os escoceses foram proibidos de negociar com as colônias inglesas. Eles tentaram então estabelecer uma colônia escocesa no istmo do Panamá, e, em 1698, fundaram ali o forte de Nova Edimburgo. Essa pedra no sapato da Espanha não era conveniente para a diplomacia de Guilherme, que ordenou que os colonos e mercadores ingleses boicotassem a colônia escocesa. A colônia de Darién nunca prosperou, e, após ser ameaçada por uma expedição espanhola, foi abandonada em 1700.

A frustrações de muitos setores da sociedade escocesa encontraram expressão no último parlamento a se reunir em Edimburgo. Após sua eleição em 1703, aprovaram-se várias medidas centradas no ressentimento contra a Inglaterra. A mais séria delas foi o Ato de Segurança, assim chamado por requerer que a Inglaterra fornecesse garantias para o comércio escocês e a Igreja Presbiteriana. A menos que isto fosse assegurado, o parlamento de Edimburgo declararia como sucessor ao trono da Escócia outra pessoa, e não o chefe da Casa de Hanôver, que o parlamento inglês escolhera para suceder a rainha Ana. Isto era, potencialmente, uma declaração de indepen-

DA UNIÃO ANGLO-ESCOCESA À UNIÃO COM A IRLANDA | 37

dência, desfazendo a união das Coroas que havia sido efetuada sob o domínio dos Stuarts. Embora o Ato requeresse que o sucessor fosse um protestante, estava claro para os contemporâneos que abria parcialmente a porta para o retorno do Pretendente, como era chamado Jaime Eduardo, o aspirante dos Stuarts, ainda que, como seu pai, permanecesse católico. O parlamento inglês retaliou com um ato que requeria que a Escócia definisse a sucessão até o final do ano de 1705, sob o risco de sofrer sanções econômicas.

Foi a partir desse impasse, que, em certo momento, pareceu fadado a terminar em guerra aberta, que surgiu a União. Além de ameaçar os escoceses, o parlamento inglês ofereceu-se para indicar delegados para negociar com os estamentos escoceses. Os políticos de Edimburgo também recuaram, por recear hostilidades ou por ceder à persuasão do Tesouro inglês. Em todo caso, dois grupos de delegados reuniram-se apropriadamente em Londres. As negociações em prol de uma União alcançaram um estágio similar em 1690, mas fracassaram. Nessa ocasião, porém, os termos foram discutidos com muito pouca dificuldade.

As condições mais imediatamente prementes eram as de que a Inglaterra e a Escócia deveriam fundir-se no Reino Unido da Grã-Bretanha, e que a sucessão ao trono britânico na Casa de Hanôver devia ser mantida. Isso não apenas aliviou a crise imediata como também, a longo prazo, mostrou-se uma solução duradoura.

Um dos principais fatores para persuadir a comissão escocesa e o parlamento de Edimburgo a aceitar a União foi a admissão da Escócia na economia inglesa em condições vantajosas. Desse modo, os escoceses ganharam pleno acesso aos mercados da Inglaterra, incluindo suas colônias, enquanto algumas indústrias escocesas, especialmente as de carvão e de sal, ganharam proteção contra a competição inglesa.

Também foram estipulados acordos para compensar financeiramente a Escócia por custos decorrentes da União. A base tributária escocesa era muito menor que a inglesa, e sua quota de tributação britânica tinha de ser escrupulosamente calculada. Os rendimentos relativos referentes ao imposto de consumo, por exemplo, foram fixados numa razão de 1 para 36. Também acordou-se que seria introduzido gradualmente, e não imediatamente imposto. Assim, o malte só seria equiparado ao imposto inglês sobre o malte depois do fim da guerra com a França. A dívida nacional da Escócia era minúscula em comparação com a da Inglaterra, de modo que, antes que ela sofresse todo o impacto do ônus, um "equivalente" de pouco menos de £400.000 havia sido pago para compensá-lo. Essa soma, que foi paga aos credores da companhia de Darién e outros prejudicados pelas medidas inglesas, indubitavelmente douraram a pílula da União ao norte da fronteira.

Para alguns observadores modernos, os acordos para a representação da "Britânia do Norte", como seria oficialmente chamada, no parlamento britânico tornaram a União um remédio particularmente amargo para os escoceses. Certamente, o número de cadeiras reservadas para a Escócia, 45, parece parco, uma vez que somente a comarca de Cornualha enviara 44 membros do parlamento a Westminster. Se houvesse um sistema de representação baseado no número de indivíduos, a Escócia, com cerca de 1 milhão de habitantes, deveria obter cerca de 100 cadeiras para contrabalançar os 513 correspondentes aos aproximadamente 5 milhões de habitantes da Inglaterra e de Gales. Os contemporâneos, porém, não basearam o critério de representação no número de habitantes. Na época, não se considerava seriamente a noção de que o número de representantes devesse estar relacionado à população total. De qualquer modo, como não houve um censo até 1801, podia-se apenas conjecturar qual seria esse número total, e, embora houvesse algumas estimativas inteligentes, especialmente a respeito da população inglesa, havia também algumas suposições muito disparatadas. Na medida em que não havia nenhuma noção que relacionasse o número de cadeiras a algum tipo de critério objetivo, esse número era relacionado à proporção dos tributos com que as regiões específicas contribuíam. Havia queixas, por exemplo, de que comarcas relativamente pouco taxadas da Inglaterra possuíam representação excessiva em comparação com comarcas "domésticas" com maior ônus tributário. Com base nisso, a Escócia não estava em má situação na União, pois sua contribuição para o Tesouro britânico era significativamente menor que a razão de 45 para 513, como vimos no caso do imposto sobre consumo. Com base nessa razão, a Escócia obteria apenas 28 cadeiras no parlamento inglês.

Os termos ajustados pelos delegados tinham de ser ratificados pelos dois parlamentos. A aprovação do Tratado no parlamento de Edimburgo apresentou dificuldades. Ali, ele tinha de ser aprovado em apenas uma Casa, uma vez que os estamentos escoceses reuniam-se em uma única câmara; mas a Casa estava bastante dividida internamente. Havia um partido fortemente jacobita dos chamados "Cavaliers", que tencionavam explorar a questão da sucessão para assegurar a restauração da linhagem direta dos Stuarts. Havia ainda um partido do "campo", cujos membros eram firmemente presbiterianos e antijacobitas, mas tão ressentidos com o tratamento dispensado pela Inglaterra à Escócia desde a Revolução que estavam dispostos a manter em aberto a questão da sucessão até que o reino do Sul lhes prestasse satisfações. Juntos, eram fortes o bastante para vencer a votação do partido da "Corte", que recebia ordens de Whitehall. Eles eram reforçados pela opinião pública sempre que esta se fazia sentir, pois a União era calorosamente debatida na Escócia, e seus oponentes eram mais ruidosos que seus apoiadores. Os defensores do Tratado tentavam apresentá-lo como a única opção para evitar o desastre econômico. Sob certos aspectos, seus argumentos não eram diferentes daqueles em favor do Tratado de Roma na época em que a Grã-Bretanha estava discutindo seu ingresso na Comunidade Econômica Europeia. Prosseguir como uma entidade independente seria desastroso. Unir-se à Inglaterra em parceria plena produziria um milagre econômico. Os oponentes do Tratado afirmavam que a Escócia poderia sobreviver economicamente. Mas suas principais objeções eram políticas. A perda da soberania e da nacionalidade após séculos de independência seria uma catástrofe para a Escócia.

A despeito da desaprovação geral ao Tratado fora do parlamento, este aceitou as condições. Isto ocorreu devido ao fato de que um grupo conhecido como o "esquadrão voador" desertou da oposição, vinculando-se à Corte e impingindo a União contra a intransigência dos Cavaliers e daqueles que tinham raízes no campo. Muito se discutiu a respeito dos motivos desse grupo. Para alguns historiadores, eram políticos que tinham uma visão de longo prazo quanto ao futuro de seu país. Por outro lado, os incentivos a eles dispensados pelo governo inglês levaram certo historiador a descrever a União como sendo "provavelmente a maior 'negociata política' do século XVIII". Certamente, membros do esquadrão receberam parcelas substanciais das £20.000 pagas pela Inglaterra durante as negociações. Como disse um dos ministros envolvidos: "Nós os compramos".

Tendo sido aprovada no parlamento escocês, a União não teve dificuldades sérias em Westminster. Isto deveu-se em parte ao fato de que, em ambas as casas, a maioria prevalecente era de Whigs, partido devotado à consolidação da Revolução e à sucessão protestante na Casa de Hanôver. Eles viam uma União incorporadora como a melhor garantia de sua permanência. Os Tóris propuseram algumas objeções, principalmente ao impacto que a incorporação de um país predominantemente presbiteriano teria sobre o anglicanismo na nova nação. Eles se orgulhavam de ser o partido da Igreja da Inglaterra, e asseguraram-se de que sua posição estivesse garantida no

Ato definitivo. Isso compensava uma cláusula para a proteção da Igreja escocesa, por insistência do parlamento de Edimburgo como uma precondição essencial para a aceitação do Tratado.

Nos anos imediatamente subsequentes à sua ratificação, os críticos escoceses da União tiveram o frio consolo de poder dizer: "Eu avisei". Pois não houve milagre econômico após 1º de maio de 1707, quando surgiu o reino da Grã-Bretanha. Com efeito, a introdução de taxas adicionais acrescentou um novo ônus à economia escocesa. O imposto do malte, tributo que incidia sobre um produto importante, teve particular impacto, pois foi introduzido um ano antes do fim da Guerra da Sucessão Espanhola, violando o acordo segundo o qual a cobrança seria adiada até que os conflitos houvessem cessado. Outras circunstâncias também foram consideradas violações do espírito da União, se não infrações textuais. Houve desagrado diante da abolição do conselho privado independente escocês e da aplicação das severas leis de traição inglesas na Escócia. Em 1712, as garantias à Igreja Presbiteriana foram ameaçadas pela aprovação do Ato de Patronagem. Talvez, acima de tudo, tenham sido impugnadas a honra e a dignidade da nobreza escocesa. De acordo com uma curiosa cláusula do Tratado, os pares da Escócia não tinham direito hereditário a sentar-se na Câmara dos Lordes – apenas 16 deles eram eleitos para representá-los ali. Quando o duque de Hamilton foi elevado ao título de duque inglês, não lhe permitiram entrar na Câmara alta, e, contudo, foi-lhe negado também o direito de votar na eleição dos 16 representantes.

Esse acúmulo de insatisfação culminou, em 1713, na proposta, por parte de um par escocês, de uma resolução que visava a dissolução da União. A moção foi derrotada por meros 4 votos.

Após a ascensão da Casa de Hanôver, as frustrações de muitos escoceses foram exploradas pelos jacobitas na rebelião de 1715. O Pretendente de fato havia tentado explorá-las já em 1708, em uma expedição fracassada ao Firth of Forth. Agora, seus apoiadores, liderados pelo conde de Mar, erguiam seu estandarte novamente. Se Mar tivesse sido um líder melhor, seu objetivo declarado de restaurar a independência da Escócia poderia ter sido alcançado. Em vez disso, ele hesitou, dando tempo para que o duque de Argyll organizasse a resistência. Ainda assim, as forças jacobitas superam em número as de Argyll em mais de dois para um na Batalha de Sheriffmuir. Embora ambos os lados tenham reclamado a vitória, nenhum deles efetivamente venceu. No entanto, a atitude de Mar de retirar-se do campo de batalha marcou o fim da rebelião.

O ano de 1715 também testemunhou lutas na Inglaterra. Com efeito, foi o mais sério desafio imposto pelos jacobitas ingleses ao regime de Hanôver. É verdade que apenas alguns empunharam armas em favor do Pretendente, mas tinham a simpatia, se não o apoio, de muitos Tóris que se sentiam distanciados da nova dinastia.

O partido com a maioria natural na Inglaterra e no País de Gales estava sentindo todo o impacto da proscrição. Tendo vencido 6 de um total de 7 eleições gerais antes de 1715, foram derrotados nas votações daquele ano, derrubados, como estavam convencidos, pelo apoio da Coroa a seus opo-

IMAGEM 3. O rei George I.

nentes. Certamente, havia pouca afinidade entre George I e o governo Tóri, que detinha o poder nos últimos 4 anos do reinado de Ana. Sua retirada da Guerra da Sucessão Espanhola e a negociação do Tratado de Utrecht foram vistos como traições de seus aliados, dentre eles o Eleitor de Hanôver. George estava convencido também de ter o apoio total dos Whigs em sua aspiração ao trono, enquanto muitos Tóris eram jacobitas. A ida de dois líderes Tóri, do visconde de Bolingbroke e do duque de Ormonde, para a corte do Pretendente, na França, parecia confirmar tais suspeitas. Isso ajudou também no processo contra o ex-primeiro ministro, Robert Harley, conde de Oxford, e na eliminação dos Tóris de alto a baixo na estrutura administrativa. Portanto, foi feita uma limpeza desde o conselho privado real até as comissões de paz. Isso fez que a maioria dos Tóris retirasse seu apoio a George I, ainda que poucos declarassem apoio a "Jaime III". Aqueles que haviam se rebelado no nordeste da Inglaterra foram para o Sul chegando até Preston em Lancashire antes de serem derrotados por forças do governo.

A derrota da rebelião deixou o campo livre para que os Whigs perpetuassem seu próprio poder, e eles tiraram plena vantagem disso. Em 1716, aprovaram o Ato Septenal, que ampliava o intervalo estatutário entre as eleições de 3 para 7 anos. Isso visava deliberadamente a impedir que o governo tivesse de prestar contas ao eleitorado, que, de modo consistente, mostrara preferência pelos Tóris. O apelo dos Whigs perante o povo tornou-se cada vez menos atraente, uma vez que o partido perdeu eleição após eleição. Eles ganharam clara maioria em apenas 1 das 5 eleições gerais realizadas no reinado de Ana. Embora tenham saído vitoriosos nas votações de 1715, estavam certos em recear que uma nova disputa em 1718 pudesse reverter o resultado. Não apenas os eleitores mostravam nítida preferência pelos candidatos Tóri nas eleições parlamentares, como tendiam a fazê-lo também nas eleições suplementares. Desse modo, a cidade de Londres deixou de ser a base do poder dos Whigs que havia sido no reinado de Carlos II e, em lugar disso, as eleições dos conselheiros tenderam cada vez mais em favor dos Tóris durante os reinados de Guilherme e Ana. Essa tendência foi confirmada após a ascensão de George I. O domínio Tóri sobre a cidade de Londres estava tão consolidado que, em 1722, não havia nenhum Whig como candidato parlamentar ali. Em uma tentativa de conquistar o controle sobre os assuntos municipais de Londres, os Whigs aprovaram o *City Elections Act* [ato de eleições da cidade], em 1725, que dava à Corte de Aldermen, dominada por seus partidários, um poder de veto sobre o conselho predominantemente Tóri.

IMAGEM 4. Sir Robert Walpole na Câmara dos Comuns.

A evasão do eleitorado foi uma admissão de que a supremacia do Partido Whig não se baseava no apoio popular. Pelo contrário, seu controle do poder, tão completo que a Grã-Bretanha no início do século XVIII foi descrita como um Estado de partido único, foi estabelecido pela eliminação ou supressão das alternativas. O Partido Tóri foi proscrito e um apelo inicial ao eleitorado foi frustrado. Qualquer desafio ao regime por parte das ordens inferiores era contido por uma legislação draconiana. Uma série de atos aprovados no reinado de George I demonstrava que, por mais que os Whigs tenham recorrido ao lema "Liberdade e propriedade" durante a Revolução, após a ascensão da Casa de Hanôver passaram a defender mais a propriedade que a liberdade. Após a instauração do *Riot Act* [ato do motim] em 1715, passou a ser crime capital que 12 ou mais pessoas permanecessem reunidas depois que um juiz de paz ordenasse que se dispersassem. Esse Ato também determinava a pena de morte para casos de ataques violentos contra edifícios. O *Waltham Black Act* [ato negro de Waltham], de 1723, inspirado pelos roubos cometidos por ladrões de veados, estabeleceu cerca de 50 crimes capitais, entre eles o ato de aparecer mascarado na estrada.

Em vista dessas medidas repressivas, é difícil aceitar a ideia de que Walpole tenha presidido em uma fase de estabilidade política baseada em um consenso. E, no entanto, o período de sir Robert foi um interlúdio de relativa estabilidade após as revoltas do século XVII e antes da ascensão do radicalismo no século XIX. Além disso, havia um consenso no sentido de que a maioria, ao menos na Inglaterra, aceitava a consolidação da Revolução e a sucessão protestante. A maior parte dos Tóris parecia ter até rejeitado o direito hereditário divino e inalienável dos reis e ter aceito a soberania da Coroa no parlamento e seu direito de modificar a sucessão. Alguns Tóris, porém, e até mesmo membros da população comum, aderiram ao jacobitismo como alternativa ao regime. O número exato de adeptos nunca será satisfatoriamente determinado, e, por conseguinte, sempre suscitará controvérsias. O nível de compromisso com o jacobitismo efetivamente se tornou o monstro do lago Ness na história do século XVIII – os que acreditam nesse compromisso estão convencidos não apenas de que ele existia, mas também de que era grande. Eles referem o equivalente a supostas visualizações, fotografias fora de foco e sondagens com sonares. Os céticos continuam duvidando. Mas, fora da Escócia, o apoio ativo ao Pretendente era fraco, como amargamente reconheciam aqueles que estavam dispostos a se erguer em seu favor em 1715 e 1745. Quanto a outras alternativas, como o republicanismo, quase não há vestígios delas fora de um pequeno círculo de intelectuais.

Não que o discurso político estivesse completamente subjugado nessas décadas. A religião continuava a alimentar controvérsias e a ser o pomo da discórdia entre Tóris e Whigs. Os Tóris patrocinavam a Igreja da Inglaterra contra seus rivais. Se, sob o domínio dos Stuarts, a principal ameaça à instituição anglicana parecia advir do catolicismo romano, após a revolução a dissidência parecia ser uma ameaça ainda maior. O Ato de Tolerância de 1689, permitindo o culto separado de dissidentes protestantes, seguiu-se da fundação de congregações presbiterianas, independentes, batistas e

IMAGEM 5. "O combate de George". Gravura retratando a batalha entre o rei George II e o jacobitismo, 1745.

quacres em muitas comunidades. Contudo, deixou no livro de estatutos o *Test Act* [ato de teste] e o *Corporation Act*, segundo os quais somente anglicanos praticantes podiam assumir cargos subordinados à Coroa ou nas câmaras municipais. Muitos presbiterianos romperam esse monopólio tomando a comunhão na igreja oficial para se qualificar. Esses conformistas ocasionais, como eram conhecidos, tornaram-se uma importante questão partidária no governo da rainha Ana. Em 1711, os Tóris aprovaram um *Occasional Conformity Act* [ato de conformidade ocasional], penalizando a prática. O Ato foi, porém, rejeitado pelos Whigs em 1718, e, desde então, vários atos com garantias de indenidade foram aprovados para proteger os dissidentes contra perseguições por violar o *Test Act* ou o *Corporation Act*. Mas uma campanha para rejeitar tais atos sofreu resistência por parte do governo Whig em 1736. Ela foi movida por Whigs dissidentes que estavam se opondo a Walpole. O fato de que fossem simpáticos à dissidência tornou difícil que se unissem aos Tóris em uma oposição ou em um partido do "campo" contra a Corte.

Durante o longo período de exercício de Walpole, que durou de 1720 a 1742, houve várias tentativas de se realizar um acordo entre seus oponentes para derrubá-lo. A principal questão em torno da qual Tóris e Whigs opositores poderiam se unir era a suposta corrupção de sua administração. Acusações de que Walpole era corrupto foram apresentadas desde o início, quando ele foi acusado de acobertar acordos fraudulentos envolvendo o capital da Companhia dos Mares do Sul (*South Sea Company*). Em 1720, a Companhia conseguira converter a dívida nacional, que chegava a £31.000.000, em capital próprio. Uma vez que o governo não estipulara que a conversão deveria manter-se ao par, a companhia podia ganhar se o valor de mercado das ações se elevasse acima do par. Quanto maior a diferença entre os dois valores, mais a companhia lucraria. Por conseguinte, a companhia usava todos os meios a seu dispor para forçar a elevação do preço de suas ações, incluindo o suborno de cortesãos e ministros. O mercado artificialmente inflado atingiu seu pico com £100 em ações sendo vendidas a £1.000. Então ocorreu o colapso, e muitos foram à ruína na Bolha dos Mares do Sul. Buscaram-se bodes expiatórios, primeiramente entre os diretores da companhia, depois no conselho e até na corte. Algumas vítimas foram lançadas aos lobos, sendo o ministro da Fazenda excluído da Câmara dos Comuns e enviado à Torre. Mas Walpole, que tinha as mãos limpas, protegeu seus colegas contra investigações mais aprofundadas. Por seu empenho, ganhou a alcunha de "general da dissimulação". Se os Tóris tivessem se organizado para a eleição geral de 1722, poderiam ter lucrado consideravelmente tirando proveito da Bolha. Mas, na ocasião, sua organização era insuficiente. Embora tenha havido mais disputas do que em qualquer outra eleição do século XVIII, muitas destas não ocorreram entre Tóris e Whigs, mas sim entre candidatos oponentes do próprio Partido Whig.

No decurso do parlamento subsequente, Whigs dissidentes opuseram-se ao ministério de Walpole e tentaram se aliar aos Tóris. A principal conquista dessa coalizão rural foi a derrota do esquema tributário em 1733. Esta foi uma medida proposta por Walpole para conter o contrabando de tabaco e vinho que burlava o erário com o não pagamento dos impostos alfandegários. Os produtos seriam importados para armazéns sob controle da alfândega e os impostos seriam pagos na ocasião de sua retirada para que fossem vendidos na Grã-Bretanha. Para a polícia, esse sistema exigiria uma expansão do número de funcionários com poderes de fiscalização, o que seus oponentes caracterizavam como uma extensão da tirania executiva. Choveram petições com objeções à proposta. A maioria de Walpole fracassou no parlamento, a tal ponto que ele julgou prudente abandonar a ideia.

A oposição tentou assegurar seu sucesso na eleição geral de 1734. Embora os candidatos do "campo" tenham-se saído bem onde os distritos eleitorais eram maiores, nos quais a maior parte dos apoiadores da Corte que ousaram concorrer foi derrotada, o ministério emergiu das apurações com maioria parlamentar. Em termos de distribuição de votos, Walpole sem dúvida perdeu essa eleição. Mas ele sobreviveu porque manteve o apoio dos membros eleitos pelos pequenos burgos, cuja maioria sequer enfrentara a concorrência de candidatos rivais. A oposição se queixou de ter sido trapaceada e de que Walpole devia sua sobrevivência à corrupção. Mas isso era uma explicação demasiadamente fraca para o controle da Corte sobre o sistema eleitoral. Antes do Ato Septenal de 1716, muitos pequenos burgos haviam testemunhado disputas entre candidatos oponentes Whigs e Tóris. O que definira o resultado fora o apoio da Corte a um dos lados. Durante o reinado de Ana, o apoio se alternara entre os partidos. Em 1702, 1710 e 1713, a Corte se inclinara na direção dos Tóris; em 1708, na direção dos Whigs. Após a morte de Ana, toda força do patrocínio governamental recaiu sobre os candidatos Whig nas eleições gerais de 1715, 1722, 1727 e 1734. O resultado foi que, na quarta disputa eleitoral consecutiva, muitos Tóris simplesmente desistiram da disputa desigual, deixando o campo livre para seus rivais. Enquanto a Corte pudesse contar com os Whigs, portanto, teria a maioria dentro do sistema.

Entretanto, o apoio dos Whigs não podia ser dado por certo. Após a crise dos impostos, um grupo substancial de Whigs "patriotas" passou para a oposição. Para Walpole, a ocorrência mais séria foi seu distanciamento em relação ao príncipe de Gales e do duque de Argyll, pois eram a chave do sucesso eleitoral em duas áreas cruciais, Cornualha e Escócia.

Frederico, filho mais velho de George II e da rainha Carolina, tinha uma relação conturbada com os pais. Em 1737, entrou em desavença com eles e passou a se opor a Walpole. Na eleição geral de 1741, sua considerável influência eleitoral nos distritos de Cornish, que previamente estivera à disposição dos candidatos da Corte, foi usada em oposição a estes.

O apoio da Corte era, em geral, suficiente para garantir que a maior parte dos 45 membros escoceses do parlamento apoiasse o governo vigente. Com efeito, a subserviência dos escoceses em Westminster tornou-se um lugar-comum na propaganda do partido do campo. Uma vez que a maior parte das questões tratadas no parlamento da Grã-Bretanha afetava a Inglaterra, houve poucas ocasiões para que os 45 tomassem outra atitude senão dar sua anuência ao governo. Quando as questões referentes à Escócia apareciam, porém, as coisas eram diferentes. Uma dessas questões surgiu em 1736, com as revoltas relacionadas ao capitão John Porteous, que se tornara uma figura odiada na Escócia por ordenar que suas tropas atirassem contra uma multidão que assistia a uma execução, matando 6 pessoas. Embora tenha sido sentenciado à morte por assassinato, foi-lhe concedido um adiamento da execução, o que motivou cerca de 4 mil pessoas a invadir a cadeia onde estava preso e linchá-lo. Incapaz de prender os responsáveis, o governo usou o parlamento para impor uma multa punitiva à cidade de Edimburgo. Os parlamentares e pares escoceses protestaram, afirmando que isso puniria os inocentes em vez dos culpados. Entre os mais ultrajados com a medida estava o duque de Argyll, que gerenciava o poder da Corte na Escócia. Ele se colocou contra o ministério na eleição geral de 1741, quando, ao menos uma vez, os resultados escoceses apoiaram a oposição em lugar do governo.

Quando o parlamento enfrentou Walpole, ele estava em uma posição muito precária. Se seu ministério tivesse se unido, ele poderia ter sido capaz de controlar a situação. Em vez disso, a desunião nos postos do ministério fez que os funcionários não fossem confiáveis nas cisões. Em resultado disso, a Corte não pôde sustentar a maioria na Câmara dos Comuns, e, após 7 derrotas, Walpole exonerou-se.

As duas décadas seguintes à queda de Walpole, em contraposição com os 20 anos em que esteve no comando, foram marcadas pelo embate de facções competindo pelo poder. A exoneração de Walpole levou a uma disputa acirrada em que os principais protagonistas eram os lordes Bath e Carteret, de um lado, e o duque de Newcastle e seu irmão Henry Pelham, de outro. Carteret tinha o apoio do rei, como George demonstrou ao torná-lo conde

DA UNIÃO ANGLO-ESCOCESA À UNIÃO COM A IRLANDA | **49**

de Granville. Mas os Pelhams tinha o apoio da Câmara dos Comuns, do qual tiraram proveito em 1744 e, mais acentuadamente, em 1746, quando seus membros se exoneraram em massa. Embora na segunda ocasião Granville tenha tentado formar um ministério, ele mal durou dois dias. O rei se sentiu obrigado a tornar Pelham primeiro-ministro. Por fim, ele aceitou o ministério dos pelhamitas, e seus oponentes, não vislumbrando futuro no reino do monarca que envelhecia, voltaram-se para seu filho mais velho, Frederico, príncipe de Gales, na esperança de desalojar os Pelhams quando ele ascendesse ao trono. Infelizmente para eles, Frederico morreu em 1751, contrariando seus planos. A morte de Henry Pelham em 1754, no entanto, reacendeu suas aspirações. Iniciou-se novamente uma acirrada disputa por posições entre Newcastle, que sucedeu seu irmão como primeiro-ministro, e facções rivais. Em 1756, William Pitt sobrepujou Newcastle e seu fiel seguidor na Câmara baixa, Henry Fox, conquistando ascendência sobre o parlamento. Mais uma vez, George II foi forçado a dispensar um ministro que desejaria manter e a nomear um homem que tinha o apoio da Câmara dos Comuns.

Em maio de 1756, os franceses tomaram Minorca dos ingleses. A tomada da ilha causou consternação, e surgiram clamores exigindo bodes expiatórios e culpando o primeiro-ministro, bem como o almirante Byng, considerado o responsável direto pela perda. Pitt tirou vantagem dos clamores para desabonar Newcastle, que foi abandonado por seus defensores na Câmara dos Comuns. Em resultado da reação desfavorável ao desastre no Mediterrâneo, o duque renunciou. George II não conseguiu encontrar outra alternativa senão conceder o posto a seu rival. Pitt tentou conquistar a simpatia do rei para obter a necessária aprovação da Coroa, mas não teve sucesso e foi demitido em abril de 1757. Seguiram-se três meses sem um ministério formal devido ao fracasso de qualquer coalizão política em adquirir a confiança do rei e da Câmara dos Comuns ao mesmo tempo. Somente quando Newcastle e Pitt concordaram em formar uma administração conjunta as fontes essenciais de autoridade ministerial foram também combinadas.

A administração Pitt-Newcastle presidiu a mais bem-sucedida guerra da Grã-Bretanha no século XVIII. As possessões francesas em dois continentes foram submetidas por suas forças triunfantes. Na América do Norte, toda a Nova França, do Canadá a Nova Orleans, foi adquirida para o Império Britânico. Na Índia, a influência francesa foi eliminada. Até a ilha de Guadalupe, nas Índias Ocidentais, produtora de açúcar, foi conquistada no "ano das vitórias" de 1759.

O preço dessas conquistas, no entanto, era alto. Os contribuintes tributários começaram a se opor às exigências que sobre eles recaíam para sustentar as hostilidades, e a suspeitar de que Pitt se tornava excessivamente ambicioso em suas metas de guerra, especialmente após ter exigido uma declaração de guerra contra a Espanha e também contra a França.

Entre aqueles que consideravam que o preço do conflito contínuo era alto demais estava George III, que se tornou rei após a morte de seu avô em 1760. Ele estava decidido a assegurar a paz, uma política que conduziu à queda do ministério de Pitt, que se exonerou em 1761 e foi substituído por Newcastle um ano mais tarde. Dispensar os serviços de ministros que haviam levado a Grã-Bretanha a sucessos sem precedentes na Europa e no mundo teria causado controvérsia de qualquer maneira, assim como ocorreu com a decisão da rainha Ana de deixar de lado os Whigs e, por fim, destituir o duque de Marlborough a fim de pavimentar o caminho para o Tratado de Utrecht. O que tornou as atitudes de George III ainda mais controversas foi o fato de ter substituído tais ministros não por veteranos ou rivais experientes, mas por seu "querido amigo" lorde Bute. A propriedade constitucional da promoção de seu tutor pessoal à posição de primeiro-ministro foi questionada.

O rei insistia que tinha tanto direito de nomear Bute para o primeiro posto do Tesouro quanto de dispor de qualquer cargo em seu serviço, uma vez que os ministros eram seus servidores. Seus críticos replicaram que um primeiro-ministro não poderia ser equiparado a criados domésticos, sendo que, diferentemente destes, tinha de responder perante o parlamento. Se Bute não tivesse sido capaz de conquistar a confiança dos Comuns, as declarações do rei teriam sido intoleráveis. Mas, na realidade, o favorito não perdeu um voto no parlamento. Uma diferença importante entre a política por trás dos tratados de Utrecht e de Paris foi que George III, distintamente de Ana, não teve de convocar uma eleição geral para assegurar uma maioria a fim de obter a paz. Os membros eleitos em 1761 apoiaram seu governo por meio de nada menos que cinco grandes mudanças ministeriais. Bute exonerou-se em 1763, não por ter sido derrotado no parlamento, mas porque não tinha estômago para a impetuosidade da política. O jovem rei se sentiu desamparado por seu mentor. Fora de serviço, Bute se tornou ainda mais controverso, sendo acusado de exercer uma influência oculta até muito depois de ter ocupado qualquer cargo oficial nos conselhos reais.

Com efeito, Bute se tornou um dos políticos mais difamados do século. A lenda de que Bute encorajava o rei a agir inconstitucionalmente reivindicando uma prerrogativa, embora já há muito rejeitada, era poderosa nos círculos de oposição na época. A paz que ele negociou com os franceses foi atacada como sendo uma capitulação após as gloriosas conquistas de Pitt. Entre seus críticos mais ostensivos estava John Wilkes, que fez ataques ao infeliz primeiro-ministro no jornal *North Briton*. A edição de número 45 desse periódico se tornou famosa ao publicar um ataque velado ao próprio rei.

O jornalismo afrontoso de Wilkes alcançou notoriedade porque, até a década de 1760, havia uma rede nacional de comunicações que ele podia explorar. Uma infraestrutura de vias expressas estava quase completa. As principais cidades provincianas tinham seus próprios jornais, sendo que algumas delas ostentavam dois ou até três. Esses jornais eram lidos especialmente por uma burguesia urbana que havia crescido rapidamente com a expansão do comércio e a ascensão das classes profissionais. Isso dava a Wilkes um público leitor ao qual recorria com suas denúncias contra os oligarcas encarregados dos assuntos da nação. Desse modo, à medida que o sistema eleitoral se atrofiava até se tornar cada vez menos sensível à opinião pública, certas vozes estavam começando a se fazer ouvir exigindo ser levadas em conta na política.

Wilkes chamava atenção para o crescente abismo entre tais mundos políticos quando se apresentou como candidato por Middlesex. Ele foi eleito na eleição geral de 1768, mas foi expulso do parlamento, tendo sido previamente desqualificado para o posto por ser um difamador sedicioso. Quando se lançou um edital para uma eleição suplementar para preencher a vaga, Wilkes se candidatou e foi eleito, somente para ser deposto novamente. Esse processo se repetiu por três vezes. Nas duas primeiras ocasiões, Wilkes foi eleito sem oposição; na terceira, um apoiador do governo se candidatou contra ele. Embora Wilkes tenha recebido mais votos, seu rival foi declarado legitimamente eleito pela maioria na Câmara dos Comuns. Assim, uma câmara composta em sua maior parte por membros que representavam distritos eleitorais relativamente pequenos declarou quem efetivamente deveria representar um condado populoso. Embora tecnicamente a Câmara dos Comuns tivesse o direito constitucional de fazê-lo, os eleitores de Middlesex sentiram-se ultrajados com essa desconsideração de seus desejos.

Os apoiadores de Wilkes tentaram canalizar essas energias para a causa da reforma parlamentar com a formação da Sociedade dos Defensores da Declaração dos Direitos. A sociedade, porém, fez pouco progresso, em parte devido às disputas entre seus líderes, mas principalmente porque

DA UNIÃO ANGLO-ESCOCESA À UNIÃO COM A IRLANDA | 53

IMAGEM 6. "A recepção em 1760" e "A recepção em 1770": duas gravuras retratando a popularidade do rei George III no momento de sua ascensão e sua impopularidade em 1770.

as classes às quais apelavam não estavam necessariamente inclinadas ao radicalismo político. Pelo contrário, na eleição geral de 1774, aqueles que podiam exercer o voto nos distritos eleitorais abertos o fizeram, em grande medida, em favor de candidatos que apoiavam o governo em sua determinação de suprimir a rebelião nas colônias americanas.

O parlamento foi dissolvido em 1774, um ano antes que uma dissolução fosse requerida pelo Ato Septenal, a fim de aproveitar a aparente popularidade da posição do governo com os votantes nos distritos eleitorais abertos. O panfleto *Taxation no Tyranny*, do Dr. Johnson, expressou uma atitude britânica disseminada. Ele se colocava tanto contra os simpatizantes dos colonos como contra os rebeldes americanos, cujos "preconceitos antipatrióticos são os abortos da Insensatez emprenhada pelo Facciosismo".

As atitudes em relação às colônias rebeldes se endureceram ainda mais em 1775, quando a disputa se degenerou em guerra aberta. O apoio às tentativas do ministério de esmagar a rebelião foi sustentado mesmo com a Declaração de Independência, a derrota em Saratoga e a entrada da França na guerra; mas não conseguiu sobreviver ao desastre da rendição em Yorktown em 1781. O ministério de North caiu, e foi substituído pela segunda administração do marquês de Rockingham, comprometido a reconhecer a independência dos Estados Unidos, compromisso que cumpriu no Tratado de Versalhes em 1783.

Os compromissos de Rockingham iam além do reconhecimento da independência americana. Ele também enfrentou sérios distúrbios na Irlanda e implementou uma medida de reforma econômica.

A guerra americana teve implicações vitais para a Irlanda, uma vez que esta última tinha com a Grã-Bretanha um relacionamento similar ao das colônias. O parlamento inglês reivindicava ter sobre o parlamento irlandês a mesma soberania que tinha sobre as assembleias coloniais, e, em 1720, aprovou um ato afirmando seu direito de legislar em nome da Irlanda. O parlamento de Dublin era também como uma assembleia colonial na medida em que representava uma minoria de colonizadores. As Câmaras baixas nas colônias eram eleitas por homens brancos adultos e não representavam negros nem índios. O eleitorado do parlamento irlandês, em 1720, restringia-se aos protestantes, que constituíam a grande maioria da população, sendo que os católicos romanos, frequentemente comparados aos norte-americanos nativos, ficavam privados do direito de voto. Uma vez que a ascendência protestante devia seus direitos constitucionais – e, em última análise, sua própria conservação, protegida por um exército de 12 mil homens – à conexão britânica, era menos provável que a Irlanda oferecesse resistência ao domínio de Londres, em comparação com a América do Norte. Não obstante, essa resistência ocorreu. Surgiu um ressentimento em virtude da subserviência econômica à qual a Inglaterra sujeitava a Irlanda. Por exemplo, as exportações de gado, ovinos e lã para a Inglaterra foram suspensas. A suspensão do comércio de lã irlandês havia arruinado seu principal produto de demanda constante. Tais medidas afetaram tanto os católicos quanto os protestantes, e talvez até mais estes últimos. As objeções à maneira como a Inglaterra usava a Irlanda para seus propósitos particulares, tendo pouquíssima preocupação com os interesses irlandeses, podiam ser suscitadas por questões específicas. Jonathan Swift fez objeções em seus panfletos *Drapier's Letters*, escritos contra um esquema para a cunhagem de grande quantidade de moedas de baixo valor cuja patente fora concedida pelo governo britânico a um projetista inglês em 1724. A oposição a isso levou à revogação da patente e revelou que até os protestantes na Irlanda podiam demonstrar algum patriotismo irlandês.

Com efeito, "patriotas" se tornou o nome daqueles que estavam dispostos a discursar no parlamento em Dublin contra a dominação por parte do governo britânico. Os patriotas, liderados por Henry Flood e Charles Lucas, suscitavam exigências de maior frequência na troca do parlamento no início do reinado de George III. Embora a proposta em favor de dissoluções mais regulares tenha sofrido resistência no início, por fim obteve apoio suficiente para que as autoridades consentissem com um *Octennial Act* [ato com duração de 8 anos] em 1768. Após essa concessão, o ministério de lorde North se tornou notavelmente mais receptivo frente às queixas irlandesas, oferecendo um afrouxamento parcial das barreiras ao comércio. Entretanto, a oferta se opunha tão vigorosamente aos interesses dos produtores britânicos que North teve de retroceder substancialmente. Os patriotas irlandeses seguiram então o exemplo dos colonos americanos, organizando uma interdição das importações britânicas.

A entrada da França na Guerra da Independência Americana ameaçava a segurança da Irlanda, especialmente porque 4 mil soldados haviam sido destacados de seu exército e enviados à América. A consciência da ameaça levou os irlandeses a reunir corpos de voluntários para sua própria defesa. Inicialmente, o movimento de voluntariado era exclusivamente protestante, mas por fim os católicos também aderiram. A partir da defesa, suas energias foram depois canalizadas para a política, aumentando a pressão sobre o parlamento irlandês pela exigência do livre-comércio. Propôs-se uma moção perante a Câmara dos Comuns em Dublin para restringir o fornecimento a 6 meses, num esforço para persuadir o governo britânico a ceder. North, percebendo funestos paralelos com a resistência americana, consentiu. Exultantes com seu êxito, os patriotas, agora liderados por Henry Grattan, prosseguiram, e, em 1780, exigiram independência legislativa para o parlamento irlandês. Quando essa exigência foi contrariada, Grattan recorreu aos voluntários, que aceitaram reunir-se em Dungannon, em 1782, em apoio à sua demanda. Grattan e North estavam em rota de colisão quando o primeiro-ministro saiu do poder em virtude da questão americana e foi substituído por Rockingham, que era muito mais favorável à causa patriota. Seu ministério rejeitou o Ato de 1720 que submetia Dublin ao parlamento de Westminster. A Irlanda se tornou um reino independente, devendo lealdade ao mesmo rei da Grã-Bretanha, porém tendo seu próprio parlamento.

As tentativas de tornar a legislatura irlandesa menos dependente do Poder Executivo fizeram-se acompanhar por uma campanha em prol de uma reforma econômica. As economias na administração, argumentava-se, reduziriam o nível de patrocínio disponível para os ministros e restringiriam sua capacidade de utilizá-lo para constituir um partido da Corte no parlamento. Rockingham defendia essa posição, e um de seus associados, John Dunning, propôs, em 1780, a festejada resolução segundo a qual "a influência da Coroa aumentou, está aumentando e tem de ser reduzida". Quando o marquês chegou ao poder, seu secretário Edmund Burke apresentou um projeto de lei que cortava muitos postos, incluindo a junta comercial e o secretariado das colônias. A mesma preocupação em reformar inspirou o Ato de Clerke, que proibia que os membros do parlamento tivessem contratos com o governo, e o Ato de Crewe, que proibia que os agentes fiscais votassem nas eleições parlamentares.

Outros críticos do domínio do Poder Executivo sobre a Câmara dos Comuns não consideravam que a reforma econômica tenha sido suficiente para amenizá-lo. Um deles, o major Cartwright, efetivamente defendia o sufrágio universal masculino. Outro, o reverendo Christopher Wyvill, sustentava que a preponderância de pequenos burgos minava a representatividade da Câmara dos Comuns, e que isto deveria ser compensado aumentando-se o número de cadeiras dos condados para que se elegessem candidatos do partido do campo mais independentes. Em 1779, Wyvill fundou a Associação de Yorkshire para pressionar em favor dessa mudança.

Nenhum dos casos fez grande progresso na década de 1780. Cartwright não teve grande ajuda quando um aristocrata simpatizante submeteu sua demanda à Câmara dos Lordes, num momento em que os lordes tinham de abrir caminho até a assembleia em meio a uma multidão revoltada. Os motins de Gordon atrasaram em uma geração a causa da reforma no direito de voto. Eles também indicavam que aqueles que não possuíam tal

IMAGEM 7. A Câmara dos Comuns irlandesa, 1780.

direito eram tão inclinados à posição reacionária quanto ao radicalismo, uma vez que os amotinados protestavam contra uma medida branda de isenção para os católicos.

A campanha pela redistribuição das cadeiras dos burgos corruptos para os condados conquistou maior apoio. Em certa ocasião, o movimento da Associação que a defendia chegou perto de convocar um novo parlamento. Na eleição geral de 1784, Wyvill se colocou em favor de Pitt, o Jovem. Quando o primeiro-ministro obteve a maioria dos votos, honrou sua dívida com a Associação de Yorkshire, apresentando um projeto de lei para retirar 72 cadeiras dos burgos corruptos e concedê-las aos condados. Pitt foi derrotado por 293 votos contra 149, inclusive porque fez a proposta como o projeto de um membro individual, e não como uma medida ministerial. O ministro, geralmente, era capaz de obter maioria após a eleição.

Antes da dissolução do parlamento, porém, Pitt sofreu várias derrotas, sendo uma delas uma moção de censura. Essa rara ocorrência na vida política britânica foi suscitada pela luta por poder subsequente à morte de Rockingham em 1782. Charles James Fox e o conde de Shelburne foram os principais pretendentes à sucessão. George III, que tinha uma aversão pessoal por Fox, escolheu Shelburne. Fox então associou-se a lorde North. Essa inesperada coalizão entre políticos que anteriormente haviam entrado em aguda divergência acerca da questão da guerra americana mostrou-se muito forte para o ministério. Shelburne renunciou e o rei não viu outra alternativa na época senão nomear a coalizão Fox-North para o cargo, sob a liderança nominal do duque de Portland. George III esperava, entretanto, pela primeira oportunidade para desabonar e destituir a coalizão. Essa oportunidade surgiu em dezembro de 1783, quando Fox propôs um projeto de lei que estabelecia uma comissão para a administração da Índia, sendo que as nomeações para tal comissão e aquelas a serem feitas pela mesma permaneceriam a cargo da Câmara dos Comuns e não seriam concedidas à Coroa. A denúncia dessa proposta como um ataque à prerrogativa de George pressionou os pares a se opor a ela. Com a derrota na Câmara dos Lordes, o rei destituiu a coalizão e nomeou como primeiro-ministro William Pitt, que, aos 24 anos, foi o mais jovem primeiro-ministro da história britânica. Mas a coalizão ainda controlaria a Câmara dos Comuns até que se convocasse uma nova eleição geral.

As eleições de 1784 foram as mais importantes da era georgiana. Que resultariam em maioria para o novo ministério era um fato já previamente

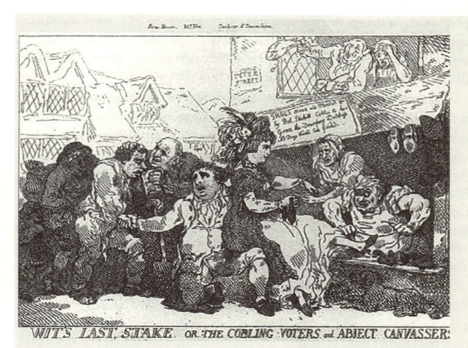

IMAGEM 8. "Wit's Last Stake", charge que retrata Charles James Fox e seus agentes, incluindo o taberneiro Sam House e a duquesa de Devonshire, granjeando votos entre os eleitores de Westminster, 1784.

determinado, dada a capacidade da Coroa de influenciar o resultado, como Fox tristemente reconheceu ao argumentar equivocadamente que George era obrigado a permitir que o parlamento cumprisse o prazo completo de 7 anos. O impacto reduzido da opinião pública sobre os resultados gerais das eleições ou sobre os procedimentos parlamentares fica claro com base no fato de que os membros eleitos na eleição geral precedente, ocorrida 4 anos antes, apoiaram ministérios muito diferentes: os de North, Rockingham, Shelburne e Portland. O fato de que tenham continuado a apoiar Portland quando George nomeou Pitt, entretanto, mostrou que a influência da Coroa também tinha limites. Embora esses limites pudessem ser superados por novas eleições, ainda assim concediam ao rei menos margem de manobra do que possuía no início de seu reinado. Desde então, a ascensão do partido havia reduzido as opções do rei. Do núcleo da conexão de Rockingham emergira um novo Partido Whig. Após a morte do marquês, o partido se uniu sob a liderança de Fox e foi reforçado pela coalizão com North. Em 1784, os candidatos da coalizão se mantiveram na mesma plataforma, a defesa dos direitos dos Comuns contra a Coroa, e usaram as mesmas cores, amarelo e azul. Os apoiadores de Pitt também aderiram à referida plataforma, a defesa da prerrogativa do rei, e usavam tonalidades distintas de amarelo ou alaranjado.

As apurações, portanto, testemunharam, pela primeira vez desde 1715, uma competição entre dois partidos. Ambos apelaram à opinião eleitoral nos distritos eleitorais abertos. Para desapontamento de Fox, os votantes, quando podiam expressar uma preferência, mostraram ter predileção por Pitt, o defensor da Coroa, a ele próprio, o defensor dos Comuns. Assim, longe de contrabalançar a influência da Coroa, como Fox esperava, os resultados nos condados e cidades efetivamente a reforçaram, conferindo a Pitt uma preponderância ainda maior do que previam seus aliados. Mais uma vez, os resultados evidenciaram que a opinião pública estava tão inclinada a ser reacionária quanto a ser radical.

Um elemento no eleitorado que era tanto radical quanto defensor de Pitt era o voto de dissensão. Assim como Wyvill, os dissidentes também esperavam que seu apoio fosse reconhecido, mas o primeiro-ministro resistia a seus apelos para rejeitar o *Test Act* e o *Corporation Act*. Por três vezes, entre 1787 e 1790, apresentaram-se no parlamento moções para que esses atos fossem rejeitados, porém sem êxito, ainda que por apenas 20 votos na segunda ocasião. Além disso, as minorias integravam a totalidade dos membros dos distritos eleitorais maiores, enquanto a maioria era composta predominantemente por funcionários públicos e por aqueles que representavam pequenos burgos. Frustrados com a derrota, os dissidentes, depois de apoiar todas as administrações desde a ascensão da Casa de Hanôver, associaram-se então aos opositores de Pitt e de seus sucessores e aos defensores da reforma parlamentar.

No final do século XVIII, a religião estava no âmago da política radical. A conexão entre religião e reforma foi revelada em 1772, com o fracasso da petição de *Feathers Tavern*. Essa petição foi uma tentativa, por parte dos unitaristas, de persuadir o parlamento a abrandar a insistência da Igreja da Inglaterra na adesão aos 39 Artigos. Quando a petição foi derrotada, por 217 votos a 71, vários ministros anglicanos que a haviam assinado deixaram a Igreja. Entre eles estavam John Jebb e Christopher Wyvill, que desde então canalizaram suas energias para a reforma do parlamento. Jebb uniu-se a Cartwright para fundar a Sociedade para a Informação Constitucional em 1780, que defendia o sufrágio universal masculino, os distritos eleitorais equitativos e a votação secreta. Wyvill foi à divisão administrativa North Riding de Yorkshire para se tornar um aristocrata rural e estabelecer a Yorkshire Association.

Esses eram indícios de que o consenso acerca da natureza da Constituição britânica estava ruindo. Na maior parte do século seguinte à Revolução Gloriosa, os comentadores, quase sem exceções, exaltavam-na por ter restaurado ou instituído a mais perfeita constituição que o homem poderia conceber. Ela teria posto em exato equilíbrio os poderes da monarquia, da aristocracia e da democracia. Cada um deles, em sua forma pura, tendia a degenerar-se – o primeiro, em tirania; o segundo, em oligarquia; e o terceiro, em anarquia. Contudo, se bem balanceados, tais tendências eram corrigidas. A Coroa e os lordes, juntos, continham as propensões anárquicas dos Comuns; a Coroa e os Comuns resistiam às aspirações oligárquicas dos lordes; e os lordes e os Comuns refreavam as ambições tirânicas da Coroa. Na prática, evidentemente, os abusos se infiltravam nesse sistema teoricamente perfeito. Por conseguinte, a corrupção era usada pela Coroa para corroer a independência dos lordes e dos Comuns, reduzindo assim sua capacidade de conter a monarquia. Entretanto, tudo o que seria preciso para reverter tais desenvolvimentos era limpar o sistema de impurezas, restaurando então o equilíbrio original. Quanto a isto, até mesmo os apoiadores de Wilkes se mostravam mais reacionários que radicais. O próprio nome de sua Sociedade de Defensores da Declaração de Direitos (*Society of Supporters of the Bill of Rights*) manifestamente remetia a essa Constituição revolucionária supostamente ideal.

O radicalismo genuíno surgiu com as críticas à própria constituição da Revolução, e não apenas a supostos abusos contra ela. Os unitaristas e dissidentes contestaram o ajuste religioso de 1789. Richard Price deixa essa contestação muito explícita em seu discurso intitulado *A Discourse on the Love of our Country*, argumentando que a Revolução, embora tenha substituído a monarquia hereditária pela contratual, não foi longe o suficiente. O muito celebrado Ato de Tolerância não rejeitou o *Test Act* e o *Corporation Act* de modo que os dissidentes protestantes continuavam destituídos de direitos civis e políticos. Ao mesmo tempo, a oportunidade de expandir o eleitorado havia sido perdida.

Price proferiu seu discurso perante a Sociedade para Comemoração da Revolução em 4 de novembro de 1789, apenas alguns meses após a eclosão da Revolução Francesa. Ele aproveitou a oportunidade para saudar esta última como uma promessa de um resultado melhor para a França que o obtido pela Grã-Bretanha em 1688.

Suas declarações provocaram uma resposta por parte de Edmund Burke em sua obra *Reflections on the Revolution in France*, em que exaltou a Revolução Gloriosa, afirmando que Price a interpretara equivocadamente. Os acontecimentos de 1688-9 haviam restaurado e preservado as instituições tradicionais da Inglaterra, enquanto que os de 1789 ameaçavam destruir as da França. A monarquia contratual ainda não havia sido estabelecida, pois para assegurar uma sucessão protestante havia sido feita apenas uma mínima abertura no princípio da hereditariedade. A preservação da Constituição na Igreja e no Estado requeria a salvaguarda do monopólio anglicano do poder. Acima de tudo, era a soberania parlamentar, e não popular, que havia sido defendida em 1689.

O tributo de Burke à Constituição impeliu Thomas Paine a iniciar uma severa denúncia contra ela em *Rights of Man* [Os direitos do homem], cuja primeira parte apareceu em 1791, seguida de uma segunda parte em 1792. A parte dois referia-se à Carta de Direitos como uma "carta de males". "O defeito", sustentava Paine, "está no sistema. A fundação e a superestrutura do governo são ruins". Ele afirmava a soberania do povo contra a soberania do parlamento. A representação do povo era muito mais beneficiada na França revolucionária do que na Inglaterra. O número de representantes franceses era proporcional ao número de habitantes tributáveis. Na Grã-Bretanha, o pequeno condado de Rutland tinha dois representantes, o mesmo número do populoso condado de Yorkshire, enquanto Old Sarum, quase destituído de habitantes, elegia dois membros do parlamento, e Manchester, com mais de 60 mil habitantes, não elegia nenhum. "Há algum critério nestas coisas?", indagava Paine. A resposta, evidentemente, era: "Não". O sistema eleitoral não se baseava em princípios racionais; ao longo de séculos, ele se desenvolveu de acordo com as contingências. Para Burke, era isso o que lhe conferia valor.

O sistema escocês, no entanto, era menos defensável, sendo mais propriamente uma criação artificial da União de 1707. Notoriamente, era ainda menos "representativo" que o sistema inglês. Se a defesa da reforma eleitoral havia perdido seu vigor na Inglaterra antes de 1790, na Escócia ela ainda se mantinha. Apresentaram-se no parlamento petições pela reforma dos burgos em 1788, 1789, 1791 e 1792. No ano de 1792, viu-se também o estabelecimento de sociedades pela reforma em toda a Escócia, que promoveu uma Convenção

IMAGEM 9. A Câmara dos Comuns, 1793-94.

Geral dos Amigos do Povo em Edimburgo. Outra convenção realizada na capital escocesa em 1793 contou também com delegados da Inglaterra.

Os membros ingleses da Convenção foram enviados pelas sociedades correspondentes constituídas em Londres, Sheffield e outras cidades do interior. A política radical adquirira agora uma nova dimensão social. Uma classe dominante intimidada pela Revolução Francesa estava aterrorizada com a perspectiva de que os "jacobinos" britânicos usassem essas sociedades como células revolucionárias. A elite se sentia particularmente apreensiva diante da divulgação da segunda parte de *Os direitos do homem* de Paine, uma edição barata que vendeu 200 mil cópias. O livro era visto como tão republicano em seu espírito, e tão hostil à monarquia e ao princípio hereditário, que Paine foi processado por difamação impressa e, após fugir para a França, condenado em sua ausência. O fato de que sua obra circulasse entre as sociedades fez que estas parecessem especialmente sediciosas aos olhos das classes governantes. Elas fecharam o cerco contra essa ameaça. Em 1794, os conservadores Whigs, liderados pelo duque de Portland, passaram para o lado do governo. O ministério Pitt-Portland tratou com severidade tudo o que fosse percebido como "jacobinismo". Assim, o Ato de *Habeas corpus* foi suspenso em 1794, e, no ano seguinte, as reuniões públicas foram proibidas a não ser que fossem aprovadas por magistrados. Os tribunais também foram usados para esmagar os "jacobinos britânicos", que atraíram atenção judicial na Convenção realizada em Edimburgo em 1793, ao enviar congratulações fraternais aos políticos franceses. Uma vez que a Grã-Bretanha entrara em guerra com a França naquele ano, tais atitudes podiam ser interpretadas como traição. O judiciário escocês reagiu sentenciando à deportação os delegados considerados culpados de encorajar o inimigo. As acusações contra os radicais ingleses, porém, resultaram em absolvição.

Embora seja um exagero descrever a reação ao radicalismo como "o Reino do Terror de Pitt", a tentativa de suprimir as sociedades radicais revelava a determinação de erradicar as críticas à Constituição. As classes dominantes não estavam preparadas para sucumbir às exigências de mudanças constitucionais vindas de baixo. Até mesmo Charles James Fox, líder dos Whigs que permaneceu na oposição, embora se opusesse à repressão, ficou horrorizado com a primeira parte da obra *Os direitos do homem*, e não foi capaz de ler a segunda parte.

A política de repressão mostrou-se eficaz. Há poucos indícios de radicalismo no restante do período das guerras contra a França revolucionária e napoleônica. A agitação política pode ser detectada por detrás dos motins navais nos ancoradouros Nore e Spithead em 1797, das revoltas por alimentos de 1800-1801 e da conspiração Despard de 1802. É discutível até que ponto isso constituía a ponta do *iceberg* de uma atividade radical forçada a ir para o submundo e se tornar mais "revolucionária" em virtude da repressão. Os motins e as revoltas eram inspirados por descontentamentos econômicos genuínos que os radicais tentavam explorar. A conspiração Despard era genuína, mas foi o braço inglês de um complô primordialmente irlandês. Na Irlanda, os revolucionários contavam com a simpatia de uma parcela substancial da população, um ingrediente essencial para se sustentar um movimento revolucionário clandestino. Na Inglaterra, não havia essas circunstâncias favoráveis. Pelo contrário, na década de 1790, a massa dos ingleses aderia ao governo. Antes da eclosão da guerra com a França, teve início uma reação popular que identificava o radicalismo ao "jacobinismo". Em 1791, uma multidão cujo lema era "a Igreja e o rei" demoliu a casa e o laboratório do unitarista Joseph Priestley em Birmingham. Em 1792, surgiram associações em defesa da "liberdade e propriedade" contra os "republicanos e igualitaristas". Embora o governo encorajasse sua formação, também representavam uma reação espontânea. Como nos casos das revoltas de Gordon e da eleição geral de 1784, onde quer que a opinião pública se manifestasse, exibia uma propensão à reação em lugar do radicalismo. Os remanescentes foxistas dos Whigs que permaneceram na oposição saíram-se mal nos distritos eleitorais abertos nas eleições de 1796. Sua alegação de que a Constituição era mais ameaçada pela Coroa e pelo Exército do que pelos franceses encontrou pouco apoio entre os eleitores.

Não que a Constituição tenha permanecido intocada durante o primeiro ministério de Pitt. Pelo contrário, houve mudanças perceptíveis envolvendo a monarquia, as relações do executivo com o parlamento e, acima de tudo, a conexão da Grã-Bretanha com a Irlanda.

A determinação de George III de encontrar um primeiro-ministro com quem pudesse trabalhar e que ao mesmo tempo fosse capaz de conquistar a confiança da Câmara dos Comuns o manteve no vórtice da luta política desde sua ascensão até a nomeação do jovem Pitt, e o resultado da eleição de 1784 gerou a combinação ideal. Então, em 1788, o rei sofreu o primeiro ataque de uma doença debilitante diagnosticada atualmente como porfiria, cujos sintomas incluem perturbação mental. Claramente incapacitado de governar, o rei teve de ser substituído por um regente. A crise de regência criou uma oportunidade para que a oposição, liderada por Charles James Fox, pressionasse em favor da prerrogativa de seu aliado, o príncipe de Gales. Mas quando o rei se recuperou, em 1789, antes que se conseguisse tirar proveito de sua enfermidade, isto relegou o grupo de Fox à bancada da oposição e consolidou a ascendência de Pitt. Ao mesmo tempo, isso deixou George pouco propenso a se comprometer com os assuntos do governo. Como comunicou a Pitt, George "apenas manteria a vigilância de supervisor que pudesse executar sem esforço ou fadiga". A falta de envolvimento do rei com as tarefas rotineiras foi um grande passo na elevação da Coroa acima dos conflitos políticos. Durante a guerra americana e o período imediatamente subsequente, George III havia participado ativamente da política e incorrera em considerável impopularidade. O triunfo de Pitt e a enfermidade do rei deram início ao processo pelo qual a Coroa passou a ser antes um símbolo nacional que um foco de lealdades partidárias.

Pitt contribuiu para o processo por meio do qual a influência da Coroa declinou, eliminando sinecuras da administração no interesse da reforma econômica. O resultado foi uma diminuição da habilidade do Executivo de controlar a Câmara dos Comuns, uma vez que o número de funcionários apontados na Câmara baixa foi muito reduzido por esses cortes. Pitt também persuadiu o rei a elevar à nobreza mais homens que seus predecessores hanoverianos. George I e George II, conscientes do choque ocasionado pela atitude da rainha Ana de dignificar 12 pares de uma só vez em 1712, e também determinados a preservar a dignidade da nobreza, mantiveram o número de nobres mais ou menos estável. Após 1790, os números se elevaram, tornando a Câmara dos Lordes maior e menos controlável.

Entretanto, a maior mudança envolveu a Irlanda. O impacto da Revolução Francesa sobre a situação irlandesa era uma ameaça muito maior ao governo britânico do que no cenário da Inglaterra. Embora a Constituição de 1782 conferisse independência legislativa à Irlanda, não satisfazia todas as demandas dos voluntários. Eles promoveram movimentações em favor da reforma parlamentar, que foram assumidas pela *Society of United Irishmen* [Sociedade dos Irlandeses Unidos], constituída em 1791. Sua defesa do sufrágio universal incluía católicos, mostrando que a Sociedade fazia jus a seu nome. O parlamento de Dublin reagiu em 1793 aprovando o *Catholic Relief Act* [ato de indulto católico], que concedia aos católicos o direito de voto, mas não a possibilidade de sentar-se no parlamento. Aqueles que apoiavam esses objetivos aspiravam a independência em relação à Grã-Bretanha, como percebeu o governo britânico ao extinguir a Sociedade dos Irlandeses Unidos em 1794. Os mais determinados fundaram a *United Irish Society* [Sociedade Irlandesa Unida] no ano seguinte. Os franceses tentaram explorar as aspirações irlandesas em seu próprio embate com a Grã-Bretanha. Tentaram desembarcar em Bantry Bay em dezembro de 1796, e expectativas de uma nova invasão em 1798 inspiraram uma insurreição na Irlanda. Pitt rendeu-se à opinião de que a única solução segura seria incorporar a Irlanda ao Reino Unido, visão partilhada pela ascendência protestante que concordou com o Ato de União de 1800. Isso acresceu 100 cadeiras irlandesas às 558 cadeiras britânicas na Câmara dos Comuns. Concordou-se em que os 32 condados irlandeses deveriam deter 2 membros cada, restando apenas 36 cadeiras para os burgos. Uma vez que havia 117 burgos representados no extinto parlamento irlandês, foi necessário efetuar uma considerável destituição de prerrogativas e uma certa reorganização. Os proprietários dos burgos destituídos foram compensados pelo Tesouro com o acerto de £1.400.

capítulo 3

A Grã-Bretanha do século XIX

O Ato de União de 1800 foi um ponto de guinada mais significativo que a Revolução Francesa ou que o Ato de Reforma de 1832 na história da Grã-Bretanha. Ele anunciou o século XIX, incorporando a Irlanda ao Reino Unido e, desse modo, situou os problemas irlandeses no topo da agenda da política britânica, até porque os 100 membros eleitos para Westminster vindos da província estavam determinados a mantê-los ali.

Dentre esses parlamentares, 64 representavam 32 condados. Assim como na Inglaterra, o requerimento era a posse de uma *freehold* de 40 xelins. Uma vez que os detentores de tais propriedades eram relativamente raros na Irlanda, porém, uma proporção muito maior dos distritos eleitorais consistia de arrendatários, o que tornava os eleitores irlandeses mais dependentes dos senhores de terras do que os eleitores ingleses. A diferença mais crucial, no entanto, era o fato de que quase 80% da população da Irlanda era católica. Embora os católicos não pudessem legalmente candidatar-se ao parlamento até 1829, podiam votar nas eleições parlamentares. O restante do eleitorado se dividia entre a Igreja oficial da Irlanda e diversas denominações protestantes, dentre as quais a maior era a dos presbiterianos em Ulster.

Enquanto o território principal da Grã-Bretanha se tornava cada vez mais industrializado no princípio do século XIX, a economia da Irlanda, paradoxalmente, tornava-se mais agrária. Embora a urbanização estivesse ocorrendo, especialmente com o crescimento de Belfast, ainda assim o país permanecia predominantemente rural, e a principal indústria, de artigos têxteis, estava em severo declínio. A estrutura social da Irlanda, portanto, permaneceu relativamente inalterada por desenvolvimentos econômicos.

Os grandes proprietários de terras, muitas vezes protestantes e absentistas, cediam a terra a arrendatários, usualmente católicos. Isto agravava as tensões entre proprietários e arrendatários, parcialmente em virtude de diferenças étnicas e religiosas, mas principalmente porque a elite fundiária reivindicava sua posse segundo os estatutos, com todos os direitos associados à propriedade, enquanto os arrendatários irlandeses viam sua posse consuetudinária como um tipo de propriedade compartilhada. Os conflitos sociais na Irlanda giravam em torno, principalmente, dessas tensões rurais.

Na Grã-Bretanha, em contraposição, a urbanização criava novas tensões, com a crescente polarização da sociedade de acordo com classes. A criação da classe trabalhadora ocorreu com o rápido crescimento das cidades industriais depois de 1800. Durante a década de 1820, a população de Brandford, na subdivisão West Riding de Yorkshire, elevou-se na extraordinária taxa de 65%, enquanto, na mesma década, Leeds cresceu em 47% e Birmingham, em 40%. As aspirações da classe trabalhadora eram articuladas por aqueles que organizavam as respectivas associações, sindicatos e, por fim, pelo cartismo. Embora o movimento cartista tenha sido a primeira campanha da classe trabalhadora, é preciso ter cuidado para não conceber o estrato mais baixo da sociedade como monolítico. Grande parte da agitação política da época era organizada por artesãos tradicionais tais como o sapateiro Thomas Hardy. Mesmo com a emergência dos operários de fábricas, é preciso estabelecer uma distinção entre os artesãos ou a "aristocracia do trabalho" e a massa dos trabalhadores.

Alimentar as massas crescentes era um grande problema. Naquelas décadas, a Grã-Bretanha inverteu sua situação de importação de produtos agrícolas, passando a importar mais do que exportava. Colheitas ruins, como as da década de 1790, fizeram que os preços alcançassem valores sem precedentes e causassem consideráveis problemas. Passou-se um certo período de tempo até que o setor agrícola da economia se ajustasse às novas demandas. Diferentemente, porém, da Irlanda, que se tornou excessivamente dependente do cultivo de batatas, com resultados desastrosos na década de 1840, o povo da Grã-Bretanha não passou fome de fato. Pelo contrário, após os distúrbios ocasionados pelas guerras com a França, a produtividade agrícola manteve os preços razoavelmente estáveis durante a década de 1820, levando a um aumento real dos salários. Isto, por sua vez, gerou uma demanda pelo consumo de artigos manufaturados.

Até onde isso estimulou uma "revolução industrial" depende do sentido atribuído a essa expressão excessivamente utilizada. Se for usada como

IMAGEM 10. Glasgow em 1835.

uma representação abreviada denotando uma transformação dramática da economia, que passa do ambiente doméstico para as unidades de produção em massa das fábricas, então dificilmente qualquer coisa do tipo ocorreu antes de 1830. Por um lado, a infraestrutura básica da economia – em termos, por exemplo, da eficiência do setor agrícola, do aprimoramento das comunicações devido às vias expressas e aos canais, da disponibilidade de crédito e da mobilidade da força de trabalho – foi muito mais promovida até 1780 do que o que levam em conta aqueles que veem as mudanças posteriores como revolucionárias. Por outro lado, a taxa de industrialização foi mais lenta do que a expressão indica. Certamente, algumas indústrias se concentraram em fábricas, como a manufatura dos têxteis de algodão em Manchester e outras cidades de Lancashire e a manufatura da lã na West Riding de Yorkshire. Mesmo isso não ocorreu da noite para o dia, mas sim gradualmente, entre 1780 e 1830. Em outras localidades, a atividade industrial, até mesmo a produção de artigos de metal em Birmingham e Sheffield, continuou a se realizar em pequenas oficinas.

Entretanto, a ampliação desses centros industriais no interior e no Norte afetou significativamente as tendências sociais. Em relação a períodos anteriores, uma maior proporção da população em crescimento se concentrava ali. Alguns dos efeitos desse fenômeno eram definitivamente nocivos. As doenças e a miséria ocasionadas pela superpopulação levaram a terríveis índices de mortalidade. O desemprego cíclico criou problemas que um sistema de apoio deficiente, destinado a tratar do subemprego crônico de uma economia agrícola, não podia solucionar. Além disso, havia a redundância de habilidades como a tecelagem em tear manual, que declinaram quando a indústria têxtil se tornou mercantilizada. Pelo lado positivo, porém, os salários na manufatura eram mais altos que na agricultura, razão pela qual os homens migravam para as cidades industriais. É um mito que tenham sido expulsos da terra pelo movimento de cercados, uma vez que a agricultura continuou a se utilizar de trabalho intensivo até um período já bem avançado no século XIX. Como não havia praticamente nenhuma mecanização na atividade agrícola, enquanto as áreas de terras cultivadas aumentavam, é preciso procurar fatores de "atração", e não de "expulsão", para explicar a migração para as cidades. Ademais, embora a tecnologia causasse redundâncias, criava também novas formas de emprego, por exemplo na construção e operação de estradas de ferro, que se expandiram rapidamente após a inauguração da linha de Stockton a Darlington, em 1825.

Assim como os sistemas legais deficientes dos Tudors e dos Stuarts não haviam sido elaborados para lidar com os problemas econômicos e sociais de uma sociedade industrial, também as provisões medievais e do início da era moderna para a representação parlamentar não visavam acomodar as aspirações políticas de um reino cada vez mais urbanizado. A elite fundiária enfrentou bem os desafios interpostos pela emergência da classe média urbana e da classe trabalhadora. É notável que a aristocracia tenha dominado o governo nacional da Grã-Bretanha até a Primeira Guerra Mundial. Os ministros do conselho vitoriano eram predominantemente pares do reino, desde o conselho de lorde Grey, provavelmente o mais aristocrático do século XIX, até o de lorde Salisbury. Os proprietários de terras constituíram a maioria dos membros do parlamento até 1885, quando, na primeira eleição geral celebrada após o terceiro Ato de Reforma, houve uma súbita queda da proporção de nobres fundiários na Câmara dos Comuns. Eles, no entanto, não foram substituídos por industriais, mas sim por profissionais. Esta pode ter sido a mudança que marcou uma adaptação política às alterações econômicas trazidas pela depressão agrícola e pela importância relativamente menor da influência fundiária na economia. É mais provável, porém, que representasse um fenômeno social. É possível que a participação no parlamento estivesse se tornando menos atraente para os aristocratas rurais, que anteriormente o consideravam um clube conveniente e um impulso para seu *status* local. Com o crescimento dos partidos e da disciplina partidária, e o alongamento das sessões, o aumento do tempo de dedicação parlamentar exigido pelo governo – em um palavra, com a profissionalização da política –, o mundo de Westminster era cada vez mais avesso aos amadores e receptivo aos políticos de carreira. Talvez a gota d'água para muitos tenha sido o fato de que, após o Ato de Reforma de 1884, eles tiveram de solicitar os votos dos trabalhadores agrícolas.

Embora a urbanização e, em seguida, a industrialização, tenham ameaçado a coerência das comunidades dos condados, os proprietários de terras sobreviveram como líderes na Grã-Bretanha rural. Eles conseguiram isto a despeito do fato de que um Ato dos Conselhos de Condado, de 1888, parecia ter ameaçado sua hegemonia rural. Essa medida, apresentada por um governo conservador, substituiu as sessões trimestrais, nas quais os magistrados administravam os assuntos dos condados, por corpos formados por membros eleitos. E, contudo, a prevista revolução social não ocorreu nos condados. Pelo contrário, a aristocracia e a nobreza continuaram a governá-los, porém agora como conselheiros de condado em vez de juízes de paz. Assim, o conde de Bath continua a presidir os assuntos de Wiltshire, embora como presidente do conselho do condado em lugar das sessões trimestrais. A maioria dos conselheiros de condado era eleita sem oposição, eleição após eleição. A ascendência da elite fundiária não foi sequer desafiada pelo Ato do Governo Local de 1894, que estabeleceu conselhos paroquiais, rurais e distritais urbanos, embora isto tenha sido instituído por um governo liberal.

A elite fundiária sobreviveu como classe governante porque se adaptou às condições sociais e econômicas em transformação. Os exemplos clássicos de sua adaptabilidade são os vários atos de reforma que ampliaram o eleitorado e estenderam os limites da participação política. Todavia, outra razão pela qual as classes governantes nunca se isolaram do restante da sociedade da Grã-Bretanha é que raramente usaram seu poder unicamente para promover seus próprios interesses em detrimento de outros.

Com efeito, o Estado, mesmo nos séculos XVII e XVIII, não protegeu cruamente o interesse fundiário. A proibição da exportação da lã, por exemplo, era desvantajosa para os fazendeiros, que constituíam uma parcela substancial daquele interesse. Contudo, a proibição foi sustentada pelo Estado, que penalizava o contrabando de lã para proteger os fabricantes de roupas feitas desse artigo. A prosperidade do setor manufatureiro na economia era considerada um dos objetivos primordiais da política, ainda que afetasse desfavoravelmente a agricultura. Evidentemente, poder-se-ia argumentar – e de fato se argumentou – que era do interesse do agricultor que uma força de trabalho predominantemente rural fosse mantida empregada, protegendo-a da competição estrangeira. Caso contrário, tecelões desempregados seriam um ônus frente ao baixo imposto pago pelos proprietários de terras. Em todo caso, o poder estatal era diretamente usado para beneficiar outro interesse que não o fundiário.

O principal exemplo da proteção estatal do interesse fundiário foi a promulgação das Leis dos cereais. Elas se tornaram alvo de queixas por parte de comerciantes e fabricantes, que as criticavam por representar um total abuso de poder por parte dos proprietários de terras que exerciam sua autoridade por meio do parlamento. Após sua revogação em 1846, porém, tornou-se difícil sustentar tais críticas. Pelo contrário, a ideologia prevalecente de *laisser-faire* permitia, teoricamente, que qualquer interesse operasse livre do controle do Estado. É verdade que, na prática, podem-se encontrar muitas exceções a essa regra, de modo a levantar dúvidas acerca do compromisso dos vitorianos com esse conceito. Uma série de atos referentes a fábricas, à saúde pública, a prisões, ferrovias, gás e água, por exemplo, demonstravam uma disposição para usar os poderes do Estado para regular as atividades sociais e econômicas. Entre 1847 e 1853, três grandes promulgações restringiram as horas trabalhadas em fábricas para um máximo de 10 por dia, entre as 6 horas da manhã e as 6 horas da tarde. Entretanto, os próprios defensores de tais medidas admitiam que recaía sobre eles o ônus de demonstrar uma razão moral para tal interferência.

A ideologia de que era melhor permitir que a própria sociedade regulasse a si mesma, a menos que a moralidade justificasse uma intervenção, era, no nível filosófico, um misto de economia política e evangelismo religioso. Como teoria econômica, apoiou-se nas contribuições de economistas como Adam Smith e Thomas Chalmers. Embora "a ciência funesta", como havia sido apelidada a economia, pudesse ser vista como um estudo puramente secular, continha também um forte elemento religioso. O homem, "ao promover seus próprios interesses", afirmava Smith, "é conduzido, por uma mão invisível, a promover um fim que não fazia parte de sua intenção". Chalmers pensava que o alívio indiscriminado da pobreza pelo Estado efetivamente contrariava a vontade de Deus. Ele aceitou a lúgubre predição de Thomas Malthus segundo a qual a população cresceria geometricamente, enquanto os recursos cresceriam aritmeticamente, até que as pressões demográficas superassem a produtividade agrícola e fossem revertidas apenas pelas calamidades da doença, da fome ou da guerra. Era, portanto, dever do Estado evitar o crescimento populacional, em vez de encorajá-lo. Uma vez que as leis não desencorajavam os pobres a se casar e ter filhos, elas deveriam ser endurecidas para impedir que os pobres se comportassem levianamente. Isso incentivaria a contenção sexual e, por conseguinte, a moralidade cristã. Esse modo de pensar estava por trás do novo *Poor Law Amendment Act* [ato de emenda da lei dos pobres] de 1834.

Em um nível mais popular, o *laisser-faire* poderia ser caracterizado como uma filosofia do interesse próprio esclarecido. Milhares de vitorianos que jamais haviam lido as obras de economistas políticos compraram *best-sellers* como *Self-Help* [*Autoajuda*], de Samuel Smiles, livro publicado em 1859, e *History of England* [*História da Inglaterra*], de lorde Macaulay. "O espírito da autoajuda é a base de todo crescimento genuíno no indivíduo", afirmava Smiles, "e, exibido nas vidas de muitos, constitui a verdadeira fonte do vigor e da força nacionais". Uma mensagem básica da *História* de Macaulay era que "nenhum infortúnio ou desgoverno ordinário trará tanta desgraça a uma nação quanto o esforço de todos os homens para melhorar a si mesmos a tornará próspera. Com frequência se verificou que o excesso de despesas, a grande tributação, restrições comerciais absurdas [...] não foram capazes de destruir o capital tão rapidamente quanto o empenho de cidadãos individuais foi capaz de criá-lo".

Entre as restrições comerciais que Macaulay presumivelmente tinha em mente figuravam os impostos alfandegários. No interesse do livre-comércio, esses impostos foram progressivamente reduzidos até que, em 1860, a receita de Gladstone deixou apenas 50 produtos sujeitos a eles. No mesmo ano, um tratado de livre-comércio foi negociado com a França. O Estado vitoriano desempenhou uma função positiva e também negativa na promoção do livre-comércio, empregando a Marinha real para proteger a frota mercante em todo o globo.

O Estado também incentivou positivamente o setor manufatureiro, como demonstrou o papel que teve ao promover a Grande Exposição de 1851, a maior celebração vitoriana da indústria. A inspiração para a "Grande Exposição Industrial de Todas as Nações" veio do príncipe Albert. Seu

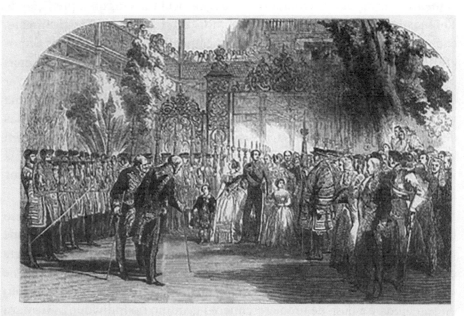

IMAGEM 11. A entrada da rainha Vitória e do príncipe Albert na inauguração da Grande Exposição.

famoso símbolo, o Palácio de Cristal, foi projetado por Paxton, que fora previamente contratado pelo duque de Devonshire para fazer imensas estufas em Chartsworth. A rainha Vitória inaugurou a Exposição, acompanhada por toda a parafernália de uma ocasião de Estado, com os passavantes dos brasões – o Manto Azul, o Dragão Vermelho, a Ponte Levadiça (*Portcullis*) e a Cruz Vermelha –, dos arautos de Windsor, York, Richmond e Lancaster, os Bastões de Prata e Ouro e assim por diante. Havia pares entre os jurados que avaliavam a exibição e concediam medalhas. Dentre os 30 júris, 6 tinham aristocratas ou representantes como presidentes. Havia até mesmo lordes entre os expositores, incluindo o marquês de Breadalbane, que expunha espécimes de suas minas, pedreiras, bosques e a lã de um bisão. Mas os aristocratas constituíam apenas um punhado dos participantes, com frequência em número inferior até mesmo ao das expositoras do sexo feminino, entre as milhares de pessoas cujas inscrições eram aceitas. Os fabricantes e inventores eram predominantemente das classes médias da Grã-Bretanha do meio do período vitoriano. Eles incluíam muitos nomes que eram, ou vieram a se tornar, marcas familiares, como Chubb, o serralheiro; Fry, o *chocolatier*; Lambert e Butler, os vendedores de fumo; Brown e Polson, Colman, Rechitt, Fortnum e Mason, Huntley e Palmer. Entretanto, a estrutura de classes era firmemente mantida. Na inauguração da exposição, apenas os portadores de ingressos especiais, que custavam 3 guinéus para "cavalheiros" e 2 guinéus para "damas", podiam comparecer à cerimônia. Dali em diante, admitia-se o público em geral a preços diferentes em dias diferentes: 5 xelins, 2,5 xelins, 1 xelim. Desse modo, as classes alta, média e baixa visitavam a Exposição em ocasiões separadas. No primeiro dia "de 1 xelim", 60 mil pessoas compareceram. Entre a abertura, no dia 1º de maio, e o encerramento, em 15 de outubro, mais de 6 milhões de pessoas pagaram ingressos e desfilaram pela estreitas portas. Embora esse número incluísse visitantes variados e estrangeiros, ainda assim era uma incrível proporção da população britânica total de cerca de 21 milhões registrada no censo de 1851.

Porém, embora a Exposição anunciasse a chegada do setor industrial da economia no cenário nacional, ele não desempenhava, no âmbito político, um papel tão dominante quanto os interesses comerciais. Isto se devia, em parte, ao fato de as indústrias estarem dispersas em muitos centros nas províncias e de não estarem concentradas na capital, como tantos negócios bancários e de seguros. Assim, a indústria estava mais afastada dos corredores do poder do que o setor financeiro. Outra razão pela qual a manufatura nunca adquiriu influência na Grã-Bretanha – cuja reputação como a primeira nação industrial poderia levar a esperar – é que começou a ser sobrepujada por concorrentes estrangeiros pouco depois de 1870. Em resposta a isso, o setor começou a clamar por proteção, o que era contrário à filosofia de livre-comércio prevalecente.

Quando o governo se recusou a atender aos apelos, os industriais tomaram atitudes para se defender dos efeitos da concorrência estrangeira reduzindo os salários de seus empregados. Um exemplo clássico dessa autoproteção ocorreu em Bradford em 1890. A região de West Riding havia sido severamente afetada pela tarifa McKinley nos Estados Unidos. Samuel Cunliffe Lister, proprietário das maiores tecelagens da cidade, retaliou ao reduzir os salários de seus tecelões em 3 xelins por semana. Eles reagiram entrando em greve em dezembro. Mantiveram-se parados por quatro longos meses, até que a greve foi interrompida. Poucos haviam sido membros do sindicato dos trabalhadores da indústria de lã desde o início, mas a greve representou um grande impulso para o movimento trabalhista em Yorkshire e foi a principal razão pela qual Bradford foi escolhida como local para o lançamento do Partido Trabalhista Independente em 1893. Durante esses anos, outros grupos de trabalhadores, vendo-se negativamente afetados pela depressão, organizaram-se em sindicatos. Em 1893, havia cerca de 1,5 milhão de sindicalistas; em 1900, havia mais de 2 milhões. A maior parte do aumento ocorreu nos chamados "novos sindicatos", que organizavam os trabalhadores por indústrias, como os estivadores e os trabalhadores da indústria de combustíveis, e não por profissões. Eles apelavam ao Estado para que interviesse nas relações industriais, assegurando melhores condições de trabalho para seus membros. O Estado vitoriano tardio, porém, era surdo a seus apelos, assim como aos dos empregadores que buscavam proteção contra a competição.

Enquanto isso, o centro de Londres reafirmava sua importância nos círculos governamentais em detrimento do setor industrial. O Tesouro, o banco da Inglaterra e as instituições financeiras locais se uniram na Grã-Bretanha do fim da era vitoriana para formar uma grande aliança em favor do livre-comércio. Foi nesses anos que o Estado britânico passou a valorizar as importações "invisíveis" de Londres mais que as exportações visíveis das cidades industriais. Na virada do século, a classe dominante consistia de uma aliança entre a velha elite fundiária e o novo setor financeiro e securitário. Seus membros pertenciam aos mesmos clubes e enviavam seus filhos às mesmas escolas públicas. Partilhavam um *ethos* que, longe de ser simpático aos industriais, positivamente os desdenhava. Esse desdém foi identificado como um elemento crucial no declínio do espírito industrial nos últimos 100 anos. Os industriais, por sua vez, passaram a se sentir como tendo *status* inferior. Em lugar de aspirarem a maiores feitos no empreendedorismo, afirmou-se que buscavam remeter seus filhos a escolas públicas e universidades, e a se estabelecerem como proprietários fundiários no interior. Assim, Armstrong, o Krupp da Tyneside vitoriana, adquiriu o castelo de Bamburgh e construiu Cragside, enquanto Samuel Cunliffe Lister, o proprietário de tecelagens, comprou 30 mil acres do estado de Yorkshire, quando os valores das propriedades despencaram, na década de 1880, e foi dignificado barão de Masham. Quão típicos eram esses magnatas industriais é uma questão discutível. O efetivo ingresso na elite fundiária era incrivelmente restrito na Grã-Bretanha vitoriana. A maior parte dos filhos de industriais herdava a empresa familiar, e não uma mansão no campo.

O fato de ter ou não ocorrido um declínio do espírito industrial é, portanto, discutível. Que houve um declínio no sentimento religioso, ou ao menos na observância formal da religião, isso é inquestionável. Em 1851, houve um censo único daqueles que compareceram às celebrações em 30 de março. Os resultados chocaram os contemporâneos. Na Inglaterra e no País de Gales, registraram-se cerca de 7,25 milhões de presenças, de uma população total de quase 18 milhões. A manipulação dos índices para apresentar melhores resultados para as igrejas e capelas dissidentes indica que aproximadamente 40% daqueles que poderiam ter comparecido não o fizeram. A Igreja da Inglaterra ficou particularmente perturbada com a constatação. Cerca de dois terços de seus bancos ficaram desocupados naquele domingo, enquanto que quase a metade daqueles que assistiram às celebrações o fez na Igreja Católica Romana ou em igrejas dissidentes. Na Escócia, aparentemente, a ida à igreja era mais prevalecente que na Inglaterra, tendo sido registrados cerca de 1,75 milhão de comparecimentos em uma população de quase 3 milhões. A Igreja estabelecida da Escócia, porém, teve uma parcela de seguidores ainda menor que a dos anglicanos na Inglaterra, apenas um terço do total. O restante compareceu principalmente às cerimônias da Igreja Livre e da Igreja Presbiteriana Unida, ambas dissidentes da Igreja estabelecida, que conseguiram manter suas congregações.

Os números de comparecimentos eram ainda menores nos distritos da classe trabalhadora nas cidades industriais. Tanto as igrejas como as capelas dissidentes não conseguiam acomodar os trabalhadores de Clydeside, Tyneside, de West Riding de Yorkshire e do distrito algodoeiro de Lancashire. Não foi por falta de tentativas, mas o clero, especialmente o das igrejas estabelecidas, provinha, inevitavelmente, da classe média, e não conseguia considerar as atitudes da classe trabalhadora. Somente os padres católicos nascidos na Irlanda parecem ter partilhado a perspectiva de seus rebanhos. O principal problema era encontrar espaço para suas congregações, uma vez que havia apenas 186.111 assentos nas igrejas católicas. Algumas paróquias anglicanas teriam tido até mais dificuldade de acomodar as massas caso estas decidissem comparecer. Em Bradford, Yorkshire, por exemplo, a igreja paroquial atendia a uma população de 78.332 pessoas, tendo 1.400 assentos, dos quais todos, com exceção de 200, eram alugados.

O censo religioso estimulou as igrejas a empreenderem uma campanha, financiada por contribuições voluntárias, o que aumentou drasticamente a acomodação para os fiéis, deixando para trás as estruturas góticas que são os remanescentes visíveis mais proeminentes da era vitoriana na Grã-Bretanha moderna. Entre 1851 e 1880, a oferta de assentos na região industrial de Lancashire foi ampliada em 106% pelo batistas, 90% pelos católicos romanos, 85% pelos metodistas e 39% pelos anglicanos. A ampliação efetuada por estes últimos foi, em termos absolutos, a maior de todas, de 133.351 assentos para 185.630, o que representava mais do que todas as outras somadas. Todavia, a população total da Grã-Bretanha aumentara em aproximadamente 30%, chegando a 25.974.339. As igrejas e capelas tinham de se apressar simplesmente para permanecer no mesmo lugar.

E, a despeito do censo ter chocado na época, a Grã-Bretanha vitoriana era uma sociedade religiosa. Os índices de comparecimentos registrados em 1851 não precisariam ser manipulados para agradar aos cristãos no fim do século XX. A sociedade secular de hoje é um desenvolvimento recente. Aqueles que não compareceram aos seus cultos em 30 de março de 1851 dificilmente poderiam estar se divertindo em encontros públicos, uma vez que as leis a respeito dos entretenimentos aos domingos eram muito estritas. Nem mesmo o Palácio de Cristal tinha permissão para abrir no dia que os vitorianos chamavam de "Sabá".

O lorde Palmerston, embora não fosse exatamente um modelo de devoção em sua vida pessoal, era um vitoriano típico em sua atitude em relação à religião ao vê-la como um meio de controle social. Ele desconsiderou o resultado do censo religioso, estando convencido de que a Igreja oficial respondia por dois terços dos fiéis, e que as "dissensões", como ele continuava a chamá-las, por um terço. Em seu modo de ver, o anglicanismo superior, com sua ênfase na doutrina e na liturgia, exercia apelo sobre as classes mais altas, enquanto a Igreja baixa, ou o anglicanismo evangélico, com sua insistência na regeneração, exercia maior apelo sobre as classes média e baixa. Como primeiro-ministro, Palmerston pedia conselhos a lorde Shaftesbury, evangélico, que era também seu genro, acerca da promoção dos bispos, preferindo o clero da Igreja baixa, considerando que os homens da alta Igreja estavam desconectados das massas. O fato de que alguns anglicanos da alta Igreja haviam se convertido ao catolicismo romano no auge do chamado movimento de Oxford, na década de 1840, confirmou sua crença. Enquanto a atitude de Palmerston frente às afiliações religiosas e à sociologia eclesiástica fosse um tanto arrogante, ele tinha razão em certo sentido. Se instados a declarar uma denominação, a maior parte das pessoas na Inglaterra vitoriana provavelmente diria "Igreja da Inglaterra", o que constituía uma das razões pelas quais as propostas para forçá-las a manifestar sua adesão religiosa no censo de 1861 enfrentou resistência, mesmo pelas igrejas dissidentes.

IMAGEM 12. O recenseador em uma habitação em Gray's Inn Lane.

O censo, portanto, não apenas registrava estatísticas vitais como também refletia valores sociais. A apresentação do relatório de 1851 deixou isto bem claro ao afirmar que havia um forte desejo na Grã-Bretanha pela "posse de uma casa inteira". Como explicou o autor anônimo, "isso estabelece um círculo nítido e definido em torno de sua família e seu lar – é o santuário de suas aflições, suas alegrias e meditações". Há muitos valores vitorianos embutidos aí. O idealizado aspirante à propriedade de uma casa é um homem, pois tratava-se de uma sociedade dominada pelos homens. A casa se tornara o centro de um culto doméstico. Ele é presidido pelo que os analisadores do censo denominaram "o chefe do lar" e que outros chamavam de "o arrimo da família". A casa era também "o lugar da mulher", onde, como uma criada doméstica superior, a esposa desempenhava o papel de "anjo da casa". O ideal doméstico foi consagrado na invenção vitoriana do Natal. Essa festa familiar, com a árvore de Natal introduzida pelo príncipe Albert e o jantar popularizado por Charles Dickens em *A Christmas Carol* [Um hino de Natal], reforçou o mito das pessoas vivendo numa casa, ainda que humilde, chefiada por um pai e marido patriarcal.

Essa aspiração era concretizada de fato apenas por uma minoria de homens e mulheres casados das classes alta e média. O homem rico, em seu castelo, como o duque de Northumberland, em Alnwick, certamente tinha sua casa. A maior parte da pequena nobreza rural também tinha suas casas. Mas, abaixo desse nível da sociedade, a vasta maioria das casas, desde as espaçosas casas suburbanas até as casas geminadas do norte industrial, eram alugadas. A maior parte dos homens solteiros, mesmo os profissionais, alugava parte de uma casa, em vez de ter a propriedade integral. Quase todos os trabalhadores, ao menos os que estavam abaixo da "aristocracia do trabalho", solteiros ou casados, alugavam acomodações. Muitos homens e mulheres do serviço doméstico viviam no lar de um casal, atendendo às suas necessidades e às de seus filhos. Entre 1851 e 1871, o número desses criados aumentou em cerca de 60% quando a prosperidade da metade do período vitoriano permitiu que cada vez mais lares de classe média os contratasse. Na análise dos dados do censo, a proporção de famílias sustentadas somente pelo pai ou pela mãe era mais ou menos a mesma de hoje, embora a causa fosse a morte, e não o divórcio de um cônjuge. Muitas mulheres morriam no parto. Aquelas que sobreviviam aos partos tendiam a viver mais que seus maridos. Como viúvas, elas nem sempre eram mantidas no seio da família.

Pelo contrário, muitas passavam seus anos de declínio em instituições como albergues ou lares particulares.

No que se refere a isto, a rainha Vitória era típica da era à qual conferiu seu nome, pois tornou-se viúva em 1861. Seu luto prolongado após a morte do príncipe consorte levou-a a se tornar um tanto reclusa. Ela não suportava ficar no Palácio de Buckingham, e passava seu tempo entre o Castelo de Windsor, Osborne (na ilha de Wight) e Balmoral, na Escócia. Sua incapacidade emocional de participar das funções do Estado tais como a abertura do parlamento causava murmúrios na imprensa. Mas houve exagero nas avaliações de quanto as críticas à monarca se direcionaram para a condenação da monarquia em si nas décadas de 1860 e 1870. E, quando finalmente saiu de seu prolongado pesar, Vitória se tornou uma das mais populares monarcas da história britânica. O entusiasmo com os jubileus de 1887 e 1897 ultrapassou todas as críticas precedentes à dinastia governante. Quando de sua morte, em 1901, a Coroa nunca havia estado tão firmemente consolidada como instituição.

IMAGEM 13. Osborne House, ilha de Wight.

A produção cênica das celebrações dos jubileus inventou a tradição de que os britânicos sempre foram bons em promover espetáculos do Estado. Na realidade, esforços semelhantes anteriores tiveram resultados inferiores aos das monarquias continentais. Foi efetivamente no final do século XIX e início do XX, quando as demais monarquias entraram em declínio, que a monarquia britânica fez um grande esforço para sustentar a imagem das cabeças coroadas por meio da organização de ocasiões reais espetaculares, estando entre as mais pródigas a coroação de Eduardo VII. Isso ajudou a garantir a popularidade da monarquia e, com ela, de toda a hierarquia social com a qual estava associada. Uma das razões pelas quais a nobreza hereditária ainda exerce influência sobre a vida pública é o fato de ser apoiada pela realeza. O lugar especial da família real na opinião pública britânica foi uma das principais razões pelas quais uma classe governante que há muito tempo deixou de gozar de grande importância econômica ainda sobrevive obstinadamente no século XX.

O fato de ter sobrevivido ao século XIX, com seu crescimento demográfico, industrial e urbano sem precedentes, é uma incrível indicação da adaptabilidade das instituições britânicas à mudança social e econômica. A despeito das tensões entre a Igreja e as capelas dissidentes, não houve, na Grã-Bretanha vitoriana, a contraparte do violento anticlericalismo testemunhado no continente. Tampouco houve um movimento radical que tenha chegado perto de ameaçar a segurança do Estado.

capítulo 4

De Pitt a Palmerston

Quando Pitt indicou que pretendia que o Ato de União conferisse aos católicos a plena emancipação, George III recusou-se a aceitar. A recusa do rei levou o primeiro-ministro a renunciar em 1801. A renúncia de Pitt parece demonstrar que a Coroa tinha autoridade definitiva, a despeito das mudanças constitucionais recentes. Para George, certamente, era uma questão de princípio ter jurado defender a constituição protestante na Igreja e no Estado, e ele via a emancipação católica como uma violação de seu juramento de coroação. Contudo, se Pitt tivesse decidido enfrentar a vontade real nessa questão, é difícil imaginar como o rei poderia ter se contraposto a ele. O ministério de Henry Addington, que o substituiu, tinha uma base muito reduzida e efetivamente só durou enquanto o antigo premiê não se opôs a ele. Quando Pitt se contrapôs, Addington caiu e foi substituído por seu predecessor. O segundo ministério de Pitt chegou ao fim inesperadamente em 1806, com sua morte prematura aos 45 anos.

Pitt morreu em meio à mais titânica batalha já travada pela Grã-Bretanha contra um inimigo estrangeiro. A guerra declarada pela França em 1793 durou 22 anos, com apenas um breve intervalo, a Paz de Amiens negociada em 1801, que terminou em 1803. Embora as guerras contra Luís XIV tenham sido quase tão prolongadas quanto, nelas, a Grã-Bretanha não esteve, como agora, praticamente isolada e em sério risco de sofrer uma invasão francesa. Na época da morte de Pitt, a ameaça de invasão havia sido eliminada pela Marinha, principalmente pela vitória de Nelson em Trafalgar, em 1805. Mas a perspectiva de vencer a França ainda era muito incerta. Ainda se passariam 9 anos antes que uma coalizão contra Napoleão finalmente o derrotasse na Batalha de Waterloo em 1815.

IMAGEM 14. O rei George III em Windsor, 1807.

Pitt estabeleceu as fundações para esse colossal esforço de guerra com suas medidas financeiras. O custo total das guerras chegou a £1.039.000.000. Em termos reais, nos últimos 10 anos do conflito, o governo desembolsou no esforço de guerra, a cada ano, mais de três vezes o que havia sido gasto na Guerra de Independência Americana. Contudo, enquanto as guerras precedentes haviam sido amplamente financiadas por empréstimos baseados na garantia de tributos futuros, Pitt, em seu ministério, adotou medidas para assegurar que as despesas de guerra fossem pagas, em grande medida, por tributos atuais. Tais medidas envolviam o aumento dos valores dos tributos existentes e a introdução de novos, inclusive o primeiro imposto sobre a renda criado em 1799. Embora o nível desse ônus tributário não tivesse precedentes, provocou, notavelmente, muito poucas queixas, o que é outro indício de que o governo britânico podia contar com o apoio da massa da população durante os conflitos com a França revolucionária e napoleônica.

Após as guerras, porém, o consenso por elas estimulado terminou. Em 1816, uma proposta para dar prosseguimento ao imposto de renda foi derrubada no parlamento por 238 votos contra 201. Naquele ano, ocorreram grandes revoltas rurais, seguidas pela Revolta de Spa Fields em 1817. Esses distúrbios, ocasionados em parte por uma recessão pós-guerra, culminaram no chamado "Massacre" de Peterloo em 1819. Multidões reunidas no largo Saint Peter, em Manchester, para ouvir o "Orador" Hunt defender a reforma parlamentar foram dispersadas por milícias e tropas regulares, com o resultado de que muitos ficaram seriamente feridos e onze foram mortos. O governo reagiu à agitação com medidas repressivas semelhantes às implantadas por Pitt na década de 1790. O Ato de *Habeas corpus* foi suspenso em 1817, e, em 1819, instituíram-se os Seis Atos. Três deles visavam evitar que radicais organizassem reuniões ou se preparassem para insurreições, dois controlavam a imprensa e um restringia os direitos legais dos acusados de libelo ou conspiração sediciosa. Os Whigs não se opuseram ao projeto de lei que impedia os civis de participar de atividades paramilitares. Eles avaliavam que ninguém no parlamento era favorável a permitir a formação, o treinamento e o municiamento de exércitos privados. Eles se opuseram, porém, a outros 5 projetos de lei, forçando 16 votações até que fossem aprovados na Câmara dos Comuns. Embora tenham sido aprovados com maioria confortável, as questões suscitadas polarizaram o parlamento em grupos distintos a favor e contra a supressão dos radicais pelo governo.

As divergências não se restringiram ao parlamento. O Massacre de Peterloo dividiu a sociedade inglesa, com a organização de petições e de grandes assembleias a favor e contra a atitude adotada pelas autoridades. Novamente, poder-se-ia presumir que os poderes estabelecidos não podiam assumir como garantida a adesão da maioria. Essa era a questão controversa da rainha Carolina. Em 1795, o príncipe de Gales havia se casado com a princesa Carolina de Brunswick. Um ano após o matrimônio, embora compartilhasse a Carlton House, o casal levava uma vida separada, o que levou a boatos na imprensa. Em 1814, Carolina foi para o exterior e saiu das colunas de fofocas inglesas, embora rendesse muitos exemplares para os jornalistas do continente. O príncipe pressionou por evidências para obter o divórcio, mas não obteve nada até a morte de seu pai, em 1820, quando se tornou rei George IV e a princesa, para constrangimento seu e do ministério, tornou-se sua rainha. O novo rei recusou que o nome de sua esposa fosse incluído no Livro de Orações juntamente com o seu. Os ministros tentaram desesperadamente encontrar uma solução que evitasse que Carolina fosse reconhecida como rainha e lhe forneceram uma compensação pela perda do título real. Em meio a essa crise, Carolina chegou na Inglaterra com uma recepção tumultuada, que pressagiava a reação popular ao episódio.

O governo, liderado por lorde Liverpool, apresentou um projeto de lei que privava Carolina de seu direito à Coroa, e, além disso, a divorciava do rei por "intercurso licencioso, vergonhoso e adúltero em diversos lugares e países". A proposta encontrou dificuldades na Câmara dos Lordes, e Liverpool se viu obrigado a retirá-la. George, evidentemente, estava furioso. Em certo momento, pareceu-lhe que poderia recorrer aos Whigs para salvá-lo do impasse, mas a opinião pública os inclinou a favor da rainha e não estavam em posição de ajudar. Gravuras retratavam o corpulento rei da maneira mais obesa e grotesca, enquanto as multidões aclamavam Carolina onde quer que aparecesse.

Quando os Whigs tentaram levar adiante a remoção da *Pain and Penalties Bill* [projeto de lei de penalidades] com exigências de que a rainha fosse restabelecida na liturgia e com uma moção de censura ao governo, foram rechaçados por grandes maiorias. Os independentes estavam demasiadamente atentos às emoções populares desencadeadas pelo julgamento – e pelo modo como os Whigs o estavam explorando – para votar contra o ministério. A crise terminou com a morte repentina da rainha, em 1821, pois a contenda de Carolina morreu com ela.

Após a agitação de seu caso, a política do restante da administração de lorde Liverpool foi um anticlímax. Os anos de inquietação que manti-

IMAGEM 15. O julgamento da rainha Carolina, 1820.

veram elevada a temperatura política chegaram ao fim, com a recuperação econômica marcando a maior parte da década de 1820. O ministério, com a reputação da repressão dos anos de adversidade pós-guerra, reagiu à nova atmosfera abrandando sua atitude autoritária. A mudança foi tão marcante a ponto de ser vista como uma transição para o chamado torismo liberal. Os "Tóris liberais" incluíam George Canning, que se tornou secretário do exterior em 1822, após o suicídio de Castlereagh, e Robert Peel, que, como ministro do Interior, presidiu muitas reformas, incluindo o estabelecimento da força policial metropolitana. Suas políticas deixaram pouco espaço para que os Whigs se queixassem. Como admitiu lorde Grey em 1824, "não há questão pública que excite, nenhum sentimento público que provoque uma simpatia, nenhuma perspectiva pública que possa me envolver em especulações futuras".

Mesmo o ímpeto por reformas parecia ter-se abrandado. "A prosperidade do país", afirmou lorde Lansdowne em 1825, "quase eliminou as reformas das mentes dos reformadores". Isso constituía um certo exagero. Algumas medidas reformistas foram promovidas mesmo nessa década. Em 1821, o notoriamente corrupto burgo de Grampound, em Cornualha, foi destituído e suas duas cadeiras concedidas a Yorkshire; essa foi a primeira modificação nos eleitorados ingleses desde o reinado de Charles II. Em 1822, lorde Russell propôs transferir cerca de 100 cadeiras de burgos para condados e cidades sem representação. Embora tenha sido derrotado por 269 votos a 164, a minoria foi a votação mais numerosa em favor da reforma desde 1785.

Nos últimos anos do ministério de Liverpool, a principal divisão foi entre os "ultratóris", na direita, e os Tóris liberais e os Whigs, na esquerda. Assim, quando o primeiro-ministro teve um derrame, em 1827, e se exonerou, Canning, líder dos Tóris liberais, formou um governo que incluía alguns Whigs. Naquele verão, porém, Canning morreu repentinamente, e um de seus apoiadores, lorde Goderick, assumiu. Goderick presidiu um dos mais breves ministérios da história britânica, que podia reivindicar a honra de nunca ter tido de enfrentar o parlamento. Na renúncia de Goderick, o rei pediu que o duque de Wellington formasse um governo.

O ministério de Wellington marcou um estágio crucial no desenvolvimento da política partidária. Até a morte do lorde Liverpool, o cenário político havia sido o de um Partido Tóri – como era cada vez mais denominado – nos postos oficiais, com amplo apoio no parlamento e no campo, e um Partido Whig na oposição, tendendo à fragmentação em Westminster e exercendo muito pouco apelo sobre membros independentes do parlamento ou o público em geral. Nos anos de 1828 a 1820, tudo mudou. O Partido Tóri ruiu, perdendo o apoio dos independentes e dos eleitores, que passaram para o lado de um Partido Whig unido e confiante.

A principal razão dessa rápida transição foi a de que, em 1829, Wellington se viu forçado a efetuar a emancipação católica rejeitando as leis penais que privavam os católicos de plenos direitos civis e políticos. Os Tóris, que avaliavam que a Constituição na Igreja e no Estado havia sido ameaçada pela rejeição do *Test Act* e do *Corporation Act* no ano anterior, consideraram essa atitude como a gota d'água. O primeiro-ministro julgava não ter alternativa, uma vez que a eleição de um católico, Daniel O'Connell, para County Clare forçou-o a isso. Ele poderia fazer que o parlamento declarasse O'Connell desqualificado para assumir seu posto, o que representava um risco e repetia o episódio de Wilkes em circunstâncias muito mais adversas, ou poderia conferir aos católicos plenos direitos civis e políticos, incluindo o voto. Seus oponentes ultratóris argumentaram que ele deveria ter feito que o rei dissolvesse o parlamento. Contudo, isso provavelmente elegeria uma maioria oposta à emancipação.

Nada revela mais claramente o conservadorismo de muitos eleitores e até de sujeitos não emancipados do que o fato de que houve 20 mil petições contra a emancipação católica. Wellington, paradoxalmente, favoreceu os reformistas, revelando quão distanciado o parlamento não reformado estava em relação às atitudes conservadoras, e não radicais, do público. Até mesmo alguns ultratóris já aceitavam que algumas reformas parlamentares eram desejáveis. Assim, o marquês de Blandford propôs, em fevereiro de 1830, a abolição de todos os burgos corruptos, sendo suas cadeiras transferidas para os condados e as cidades, o direito de voto dos proprietários de casas nos burgos e a extensão do voto aos enfiteutas nos condados. Embora essa proposta tenha sido derrotada com folga, uma moção apresentada por Russell segundo a qual Birmingham, Leeds e Manchester deveriam ter cadeiras no parlamento perdeu apenas por uma pequena margem.

A reforma surgiu como a grande questão nas votações de 1830. Uma eleição geral que se fez necessária devido à morte de George IV, contra o pano de fundo de uma recessão econômica, indicava que o voto popular estava comprometido com ela. Os resultados, porém, não indicaram uma clara maioria em favor de uma medida reformista. Com efeito, o primeiro projeto de lei reformista foi derrubado na nova Câmara. Wellington até tentou permanecer no posto após a reunião do parlamento, mas, tendo sido abandonado por tantos de seus aliados Tóris, tanto ultratóris quanto liberais, suas manobras não tinham eficácia. Ele ajudou a precipitar sua própria queda em um famoso discurso se opondo a qualquer tipo de reforma, afirmando que "o país possuía, no momento presente, uma legislatura que respondia a todos os bons propósitos da legislação, e em maior grau que qualquer legislatura o havia feito em qualquer país". Ele iria ainda mais longe, dizendo que "a legislatura e o sistema de representação possuíam plena e total confiança do país". Seu governo caiu em novembro, frente a uma moção a respeito da "lista civil".

Conde Grey formou então um ministério comprometido com a reforma. Em janeiro de 1813, um comitê presidido por lorde Durham propôs ao gabinete um esquema para a redistribuição das cadeiras e a extensão do direito de voto: 61 burgos perderiam suas duas cadeiras, e 47 perderiam uma delas. A maioria das cadeiras seria transferida para condados e grandes cidades. Como qualificação para os votantes nos burgos seria necessária uma propriedade avaliada em £20 anuais. Os novos eleitores votariam por meio de uma cédula secreta. Esta última proposta foi abandonada pelo gabinete, em grande medida devido ao fato de que as votações secretas eram dissimuladas e indignas dos ingleses. Reduziram então a qualificação para propriedades com rendimento de £10 anuais. Um projeto com base nisso foi apresentado no parlamento por lorde John Russell em março. A segunda audiência foi aprovada na Câmara dos Comuns com uma pequena margem: 302 contra 301. Em abril, o projeto foi derrubado no comitê e Grey pediu ao rei uma dissolução.

A controvérsia em torno da qual girou a eleição geral de 1831 foi exclusivamente a questão da reforma. Isso resultou em um lema: "o projeto de lei, todo o projeto e nada além do projeto". Se apenas 200 membros independentes haviam sido eleitos em 1830, desta vez havia somente cerca de 50. Os Whigs pró-reforma estavam em número de 370, e os Tóris antirreformistas, de 235. Em resultado disso, o projeto de lei teve facilidade na Câmara dos Comuns, obtendo uma segunda audiência por 367 votos contra 231 e uma audiência final por 345 contra 236. Então, em 8 de outubro, o projeto foi derrotado na Câmara dos Lordes. Foi preciso apresentar um terceiro projeto, incorporando algumas emendas. O número de burgos que perderiam ambas as cadeiras foi reduzido para 56, enquanto o número daqueles que perderiam uma das cadeiras foi reduzido para 30. Esse projeto foi aprovado em sua terceira audiência, em março de 1832, por 355 votos contra 239. Entretanto, embora os lordes lhe tenham concedido uma segunda audiência, o projeto foi derrotado em um comitê da Câmara dos Lordes em 7 de maio. Grey pediu a William IV que lhe desse poder para forçar a aprovação na Câmara dos Lordes, criando 50 novos pares. Quando o rei recusou o pedido, o primeiro-ministro renunciou. Wellington tentou formar um ministério mas fracassou. Então William não teve escolha senão recorrer novamente a Grey e prometer dignificar homens o bastante para aprovar o projeto, caso necessário. Em junho, o projeto obteve uma terceira audiência por 106 contra 22. Nitidamente, muitos pares decidiram se abster em lugar de dar ao rei o

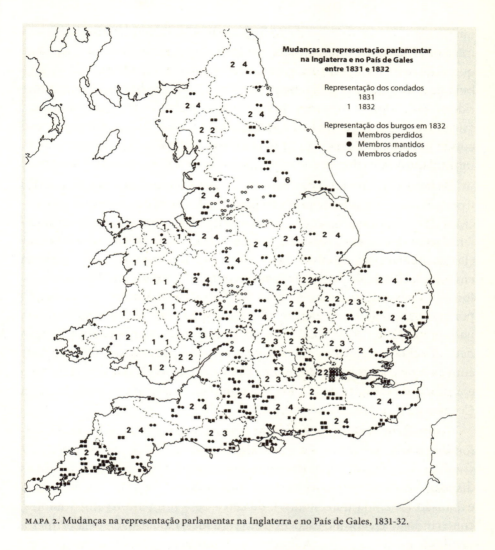

MAPA 2. Mudanças na representação parlamentar na Inglaterra e no País de Gales, 1831-32.

constrangimento de conspirar contra a Câmara superior. Em 7 de junho, William conferiu ao projeto a sanção real. Ele se recusou a comparecer em pessoa e ordenou que não houvesse celebrações públicas para comemorar a aprovação do Ato de Reforma.

O rei claramente sentia ter sido coagido. Contudo, é discutível até que ponto o projeto chegou ao livro de estatutos por meio de coerção. Com certeza houve tentativas de pressionar o parlamento para aprová-lo. Após a derrota do primeiro projeto em outubro de 1831, houve revoltas em Bristol, onde se situava o palácio do bispo, e em Nottingham, onde o castelo foi queimado. Quando o duque de Wellington tentou formar um ministério em maio de 1832, houve uma considerável agitação externa contra ele. Alegou-se que a União Política de Birmingham, estabelecida em 1830, havia sido incumbida de liderar uma rebelião naquela cidade e que lhe haviam sido prometidos 1.500 homens armados. Francis Place, líder dos radicais londrinos, afirmou ter recebido a oferta dos serviços de um líder militar, um misterioso conde polonês. Todavia, não se deve considerar que tais rumores tenham intimidado o vencedor de Waterloo a ponto de levá-lo a renunciar a seu posto.

Além disso, a maioria dos membros a favor da reforma na Câmara dos Comuns não era motivada pelo medo, mas pela convicção. Estavam convencidos de que as anomalias do sistema eleitoral não reformado eram indefensáveis e de que era necessário efetuar certa redistribuição para trazer as classes médias para o âmbito da Constituição. Era uma concessão baseada em uma aceitação da justiça de suas reivindicações, mais que uma rendição forçada à custa de ameaças. Como manifestou lorde Macaulay, o princípio por detrás da medida era "permitir à classe média uma parcela ampla e direta na representação". Ele prosseguiu, afirmando que isso foi alcançado "sem nenhum choque violento contra as instituições de nosso país", em contraste com as profecias exageradas de uma minoria que previa que isso abalaria o equilíbrio da Câmara dos Comuns a ponto de ameaçar a sobrevivência da Coroa e da Câmara dos Lordes.

As mudanças efetivas realizadas pela lei foram mais modestas. O eleitorado na Inglaterra e no País de Gales elevou-se de 366.250 para 652.777 votantes, que foram primeiramente registrados de acordo com as novas disposições para o registro eleitoral, um aumento de 78%. Na Escócia, a expansão foi ainda mais notável, de cerca de 4 mil para 65 mil votantes, conferindo ao eleitorado escocês uma verdadeira identidade pela primeira vez desde o Ato de União. A mudança foi sentida principalmente nos condados, onde, além dos já contemplados detentores de *freeholds* de 40 xelins, acrescentaram-se os enfiteutas de propriedades de £10 e os arrendatários com £50 de renda. Isto aumentou o eleitorado dos condados na Inglaterra e no País de Gales em 83%. Os condados também se beneficiaram com a redistribuição das cadeiras, sendo que Yorkshire obteve um total de 6, 26 condados obtiveram 4 cadeiras, e 7 outros obtiveram 3 representantes. Mesmo assim a proporção de cadeiras dos condados e dos burgos permaneceu desfavorável para os primeiros em um país preponderantemente rural. Dentre os burgos, 22 obtiveram representação e ganharam duas cadeiras, incluindo

Birmingham, Leeds, Manchester e Sheffield, enquanto 19 receberam uma cadeira, incluindo Whitby. O princípio de concessão de direitos políticos nas cidades se baseava na propriedade de casas com um valor tributável de £10 por ano. Uma vez que os valores das propriedades variavam muito de uma região para outra, criaram-se grandes anomalias. Em Londres, onde os valores eram altos, muitos lares se qualificavam, e o resultado disso foi um significativo aumento no eleitorado, conferindo direitos até mesmo a artesãos. Em Leeds, onde os valores eram baixos, em contraposição, poucos lares se qualificavam, com o resultado de que somente cerca de 5 mil votantes foram registrados em uma cidade com 125 mil habitantes. Os novos eleitorados assim criados não conferiram direitos à classe média no sentido de estender o voto ao interesse manufatureiro emergente; antes, o voto foi concedido a comerciantes, como os que haviam recebido o direito nos antigos burgos de homens livres. Entretanto, a noção de representar interesses em lugar de indivíduos foi utilizada para justificar tais anomalias. Assim Whitby obteve o direito de voto, e não Doncaster, uma cidade de dimensões similares, pelo fato de que o porto representava o interesse da pesca.

O resultado disso foi o surgimento de dois grandes tipos de eleitorado. Havia distritos eleitorais rurais, de condados e cidades de negócios, que detinham muitas características do sistema eleitoral tradicional, e havia as cidades que obtinham cadeiras pela primeira vez. Algumas delas rapidamente adquiriram características familiares. Huddersfield, por exemplo, estava sob o domínio dos Ramsdens, uma próspera família proprietária de tecelagens. Outras, por outro lado, exibiam uma firme independência, sendo frequentemente contestadas e experimentando grandes reviravoltas.

A sobrevivência de tipos de comportamento eleitoral da era não reformada na era reformada devia muito à permanência de comunidades de deferência nas áreas rurais ainda no século XIX. A aristocracia e a pequena nobreza mantinham o controle nos condados e nas cidades de comércio. Alguns burgos ainda tinham proprietários mesmo depois de 1832; por exemplo, Ripon. A sobrevivência desses distritos eleitorais foi atribuída ao propósito deliberado de alguns defensores do Ato de Reforma, que concediam cadeiras ao novo interesse manufatureiro por considerar que tinham direito de gerenciar livremente suas próprias áreas. Por isto, uma cláusula no projeto original, que impedia que proprietários de *freeholds* nos burgos votassem nos condados, e a chamada cláusula de Chandos, que concedia direito de voto a locatários de propriedades de £50, foram ambas atribuídas a uma ação preventiva por parte de aristocratas rurais que desejavam curar os desenvolvimentos que haviam feito a reforma parecer essencial em vez de conceder influência eleitoral a eles. Embora de fato isso pareça ter acontecido mais por acaso que propositadamente, as continuidades de muitos distritos eleitorais rurais de antes de 1832 garantiram que a reforma não representasse uma mudança abrupta de todo o sistema.

Ainda que o sistema eleitoral não tenha sido ajustado para conferir poder à classe média, todavia, visava cuidar de seus interesses. Esses interesses encontraram expressão em outras reformas, como a abolição da escravidão no Império Britânico em 1833, o *Poor Law Amendment Act* de 1834 e o *Municipal Corporations Act* [ato das corporações municipais] de 1835.

A abolição da escravidão foi a culminação bem-sucedida de uma campanha que unira humanitários de todos os partidos. Seu principal defensor, durante décadas, foi o velho aliado de Pitt, William Wilberforce, um Tóri evangélico. Embora a causa tenha sido adotada por muitos candidatos Whig na eleição geral de 1832, isso não dividiu o novo parlamento segundo linhas partidárias. Ainda assim, o Ato de Reforma auxiliou sua aprovação, já que os distritos eleitorais maiores elegeram mais de cem membros encarregados de apoiar o repúdio à escravidão, enquanto que a anulação do direito de voto de muitos pequenos burgos privou a causa da escravidão de alguns apoiadores. Contudo, eles ainda eram poderosos o suficiente para negociar £20.000.000 do governo como compensação por suas "perdas".

O *Poor Law Amendment Act*, embora viesse a suscitar violenta oposição fora do parlamento, enfrentou muito pouca em seu interior. No máximo 50 membros levantaram objeções; alguns radicais, alguns Tóris e alguns irlandeses. A massa dos parlamentares apoiava uma medida que viam ter a aprovação esmagadora das classes recém-emancipadas. A medida tirou os pobres das mãos de juízes de paz e funcionários distritais, que os gerenciavam anteriormente, e colocou-os sob a responsabilidade de comissões de tutores, eleitos para supervisionar uniões de distritos e subordinados a membros do comitê central de assistência aos pobres. O princípio de menor elegibilidade, segundo o qual os beneficiários da assistência social não deveriam estar em melhor situação que aqueles que recebiam os piores salários, estava por trás do novo esquema. Os apoiadores do sistema defendiam que ele assegurava que os pobres tivessem incentivos para procurar emprego e para de tornarem autossuficientes. Os que se opunham ao esquema censuravam-no como sendo um pretexto para reduzir os gastos com a assistência social. Uma maneira de concretizar o princípio era insistir na abolição da assistência externa e oferecer assistência em abrigos nos quais os internos teriam trabalho e seriam separados por sexos. Essas condições provocaram intenso ressentimento. O ato foi visto como indicação de que o voto dera aos eleitores acesso ao maquinário da legislação, que podia ser usado para efetivar os interesses dos emancipados em detrimento dos não votantes. Acima de qualquer outra lei promulgada pelo parlamento reformado, esse ato teve maior efeito em persuadir os não votantes de que o voto era vital para proteger seus interesses.

O *Municipal Corporations Act* substituiu as oligarquias que se autoperpetuavam em 179 corporações de burgos por conselheiros eleitos escolhidos por proprietários de casas que pagavam taxas, um direito mais amplo que o do Ato de Reforma, que incluía até contribuintes do sexo feminino. Ele dava voz direta à classe média urbana no que se referia ao governo de seus municípios e cidades. O Ato teve aprovação fácil no parlamento, embora muitas das antigas corporações que substituiu fossem baluartes do Tóris, enquanto que as novas municipalidades recém-constituídas caíram nas mãos dos Whigs desde o princípio. A comissão real que investigava os burgos, conquanto tenha produzido um extenso relatório, estava convencida de que havia anacronismos corruptos e injustificáveis já mesmo antes de iniciar a averiguação. O estatuto resultante, portanto, não foi uma medida dos Whigs.

Em contraposição, as questões religiosas continuaram a dividir Whigs e Tóris na década de 1830. O Ato de Reforma de 1832 encerrou a longa era na qual a Igreja instituída desfrutara de tratamento especial por parte do Estado. As verbas públicas deixaram de ser destinadas à edificação de novas igrejas. Os Whigs adotaram uma atitude que foi apelidada de "anglicanismo liberal" diante de questões como conceder renda extra da Igreja da Irlanda para instituições de caridade seculares e tratar as escolas "não conformistas" em paridade com os estabelecimentos educacionais anglicanos no que se referia ao recebimento de subsídios estatais. Esta atitude contribuiu muito para auxiliar a recuperação do Partido Tóri durante a década de 1830. Em 1832, os Tóris estavam reduzidos a 150 parlamentares. Em 1835, obtiveram 290 cadeiras; em 1837, 313; e, por fim, na eleição geral de 1841, conquistaram maioria. Sir Robert Peel assumiu o posto de primeiro-ministro, sendo o primeiro a fazê-lo diretamente, em resultado da vitória em eleição.

A religião permaneceu ocupando um papel central na política no governo de Peel. Assim, em 1845, sua proposta de aumentar a subvenção governamental ao colégio católico em Maynooth, na Irlanda, suscitou considerável oposição. Houve copiosas petições contra ela. Se na década de 1830 as questões religiosas polarizaram os partidos, a subvenção de Maynooth os dividiu. Gladstone renunciou ao ministério por causa dela. Os Tóris se dividiram quase equitativamente a favor e contra a subvenção, e Peel só teve êxito por meio do apoio dos Whigs. Isto foi um prenúncio da desintegração do Partido Tóri em torno do repúdio às Leis dos cereais.

As Leis dos cereais, tendo sido a primeira delas aprovada em 1815, impuseram tributos protecionistas sobre o trigo e outros cereais importados. Os opositores do sistema objetavam que isto protegia os produtores de alimentos de demanda constante em detrimento dos consumidores. Liderados por John Brigh e Richard Cobden, eles protestaram afirmando que se tratava de um caso paradigmático de abuso de privilégios por parte da elite fundiária. Em 1838, fundaram a *Anti-corn Law League* [Liga contra a Lei dos cereais], em Manchester, para organizar uma campanha por seu repúdio. A Liga combateu os proprietários de terras e entoou o brado "pão barato" na eleição geral de 1841. Ela também lançou candidatos nas eleições suplementares, embora tenha logo aprendido que suas perspectivas eram melhores nas cidades manufatureiras do que nas comerciais. Quando a fome da batata devastou a Irlanda em 1845, a Liga defendeu que os grãos deveriam ser enviados para lá com dinheiro público para mitigar a fome. Ela também destacou que subsidiar tanto os consumidores irlandeses como os produtores ingleses era indefensável.

Peel chegou à mesma conclusão de maneira independente. Com efeito, sua estratégia orçamentária imediatamente após a vitória na eleição de 1841 foi reduzir os impostos em favor do livre-comércio, compensando a perda do fisco com um novo imposto de renda. Ele esperava convencer gradualmente o Partido Tóri a aceitar sua política fiscal, a ponto de baixar as tarifas sobre o milho importado. A fome na Irlanda não deixou tempo para um lento processo de conversão. Em vez disso, Peel decidiu rejeitar as Leis dos cereais imediatamente.

A decisão de Peel dividiu o Partido Tóri. A rejeição ocasionou uma divisão entre "protecionistas" e "peelistas". Embora nada distinguisse socialmente os parlamentares nos dois lados, uma vez que a maior parte dos Tóris era da aristocracia rural, havia uma distinção entre os tipos de eleitorados que representavam. Os protecionistas representavam os condados e as cidades de comércio, enquanto os peelistas, especialmente as cidades e os distritos manufatureiros. Isso levou os protecionistas a afirmar que o interesse fundiário havia sido vencido pelos novos interesses beneficiados pelo Ato de Reforma, e até a culpar a *Anti-corn Law League* pela rejeição. Com efeito, embora a Liga estivesse disposta a aceitar a responsabilidade, a rejeição das Leis dos cereais não teve maior relação com seu movimento do que a remoção de mísseis Cruise de solo britânico teve relação com a Campanha pelo Desarmamento Nuclear. Ambos os resultados foram alcançados em virtude de decisões executivas tomadas por governos intransigentes frente a grupos de pressão.

Se o movimento contra as Leis dos cereais pode ser visto como o último grande conflito de interesses no sentido característico do século XVIII, o desafio apresentado pelo cartismo é geralmente observado como o primeiro conflito na luta de classes da Grã-Bretanha moderna. Os proponentes da Carta do Povo consideravam que o Ato de Reforma comprava a classe média ao conceder-lhe o direito de voto. Em sua opinião, a classe média usava seu poder eleitoral para sustentar seus interesses, em detrimento da classe trabalhadora. O *Poor Law Amendment Act* de 1834 era consequência direta da reforma e parecia destinar-se a reduzir o custo da assistência aos pobres, que recaía amplamente sobre a classe média, ao aumentar a dificuldade de obtenção de auxílio por parte dos trabalhadores. A fim de proteger os interesses da classe trabalhadora, portanto, era essencial obter o voto para todos os adultos de sexo masculino.

O que suscitou a consciência da classe trabalhadora, mais ainda que a lei para os pobres, foi o caso dos trabalhadores de Dorchester. Em 1834, 6 membros da *Friendly Society of Agricultural Labourers* [sociedade amistosa dos trabalhadores rurais], mais conhecidos como os "mártires de Tolpuddle", foram sentenciados a 7 anos de deportação para a Austrália por ingressar em uma associação ilegal, consistindo tal ilegalidade na questão técnica de ministrar juramentos secretos. William Lovett, um marceneiro londrino, estabeleceu o Comitê de Dorchester para organizar protestos contra as sentenças. Em 1836, Lovett se tornou cofundador, junto com Henry Hetherington, da *London Working Men's Association* [associação dos homens trabalhadores de Londres]. Dois anos mais tarde, essa organização patrocinou a Carta Nacional, exigindo o sufrágio masculino universal, parlamentos anuais, voto secreto, distritos eleitorais equitativos, remuneração aos parlamentares

IMAGEM 16. O encontro de cartistas em Kennington, 10 de abril de 1848.

e a abolição das qualificações referentes a propriedades para ingressar na Câmara dos Comuns. Assim nascia o cartismo.

A Carta, com seus 6 tópicos, foi apresentada ao parlamento em três ocasiões: em julho de 1839, novamente em maio de 1842 e, por último, em abril de 1848. Na primeira vez, afirmou-se que a petição que a acompanhava continha 4,3 milhões de assinaturas; na segunda, 3,3 milhões, e, na terceira, 5,7 milhões. A terceira petição foi examinada com suspeita rapidez por um comitê da Câmara dos Comuns, que afirmou que ela continha menos de 2 milhões de assinaturas, incluindo nomes falsos como "Mr. Punch" e "rainha Vitória". Mesmo essa estimativa muito conservadora, no entanto, revela que o cartismo genuinamente obteve apoio em massa.

A manutenção desse apoio, e sua canalização para um movimento político, apresentava um grande problema para os líderes cartistas. A liderança era dividida, particularmente entre a capital e as províncias. Embora ela tivesse sido assumida por Londres, o movimento se espalhou rapidamente, especialmente nos distritos manufatureiros e mineradores. No norte da Inglaterra, o metodista J. R. Stephens e Feargus O'Connor, editor do *Northern Star*, eram capazes de comandar grande número de seguidores. O'Connor, com efeito, não era, inicialmente, o megalomaníaco que veio a se tornar mais tarde, mas, pelo contrário, era uma figura carismática, cuja influência sobre o movimento era maior que a de outros aspirantes a líder. A liderança difusa era, em certa medida, um reflexo dos objetivos divergentes de vários cartistas. Alguns, especialmente os londrinos, insistiam na persuasão moral por meio de petições pacíficas. Outros defendiam o uso da força física, e, de fato, houve um levante armado em Newport, Monmouthshire, em 1839.

A rebelião ocorreu no decurso da depressão entre 1837 e 1839. Muitos historiadores veem as idas e vindas do cartismo como uma reação visceral às condições econômicas, ecoando as palavras de Stephens, segundo o qual o movimento era "uma questão de garfo e faca". Mas a depressão não afetou em grande medida o nordeste da Inglaterra nem o sudoeste da Escócia – e, no entanto, Newcastle upon Tyne e Glasgow tornaram-se importantes centros do movimento cartista. Além disso, a Carta não exigia donativos para os pobres, mas sim representação parlamentar para a classe trabalhadora. Pretendia-se que a conquista do voto conferisse aos trabalhadores um reconhecimento de seus interesses, assim como o Ato de Reforma havia feito pela classe média. Esses interesses foram negativamente afetados pela recessão econômica, e, por conseguinte, não é de surpreender que o cartismo tenha tido maior apoio em um momento de crise do que quando a economia se recuperou.

Isso não significa que aqueles que estavam no poder ignorassem completamente os interesses da classe trabalhadora. Embora recusassem firmemente a aceitar a Carta, mostrando mais uma vez que a classe governante se unia quando estava sob ameaça, fizeram algumas concessões diante da agitação da classe trabalhadora. Entre elas, a mais importante foi o Ato das Dez Horas, de 1847. Isso foi a culminação de uma campanha sustentada por mais de uma década pelos cartistas, por Tóris evangélicos como lorde Ashley e Richard Oastler e por reformadores como John Fielden de Todmorden. Acerca de sua bem-sucedida aprovação, Karl Marx foi levado a observar que, pela primeira vez, "a economia política da classe média sucumbiu à economia política da classe trabalhadora".

A agitação cartista desempenhou um papel reduzido, porém, na eleição geral de 1847, que foi dominada pelas questões suscitadas pela religião e pela rejeição das Leis dos cereais. Os Tóris, divididos, foram excluídos nas votações, e estiveram em minoria em todas as eleições gerais até a de 1874, que se realizou após a aprovação do segundo Ato de Reforma. É verdade que houve ministérios conservadores liderados por lorde Derby em 1852, 1858 e 1866, mas foram governos de minoria que não gozavam do apoio do eleitorado. Alguns peelistas associaram-se ao primeiro após a morte do próprio Peel, em 1850, e o abandono do protecionismo por parte de Derby. A maior parte, porém, apoiou o governo de coalizão de lorde Aberdeen em 1852, que estabeleceu a base para o desenvolvimento do Partido Liberal.

O primeiro ministério de Derby foi formado depois que lorde John Russell, que sucedeu Peel como primeiro-ministro em 1846, perdeu o apoio dos membros irlandeses em Westminster. Russell perdeu a simpatia que os membros irlandeses dedicavam aos Whigs devido a uma irrupção contra a "agressão papal". Quando o papa restaurou a hierarquia católica em 1850, conferindo ao líder do clero católico na Inglaterra o título de arcebispo de Westminster, Russell, por ímpeto ou por um oportunismo calculado que saiu pela culatra, publicou uma condenação dessa nomeação e prosseguiu com um projeto de lei que impediria que os bispos católicos detivessem títulos ingleses. Embora o projeto tenha sido aprovado, indispôs os irlandeses, que aproveitaram a primeira oportunidade para atacar os Whigs. Os conservadores, porém, tiveram dificuldades em formar um ministério para substituir o de Russell. O governo de minoria de Derby ficou famoso como o ministério "Quem? Quem?", em virtude da audível incredulidade do surdo duque de Wellington ao ouvir a lista de seus ministros ser lida na Câmara dos Lordes. O ministério durou até 1852, quando foi derrotado após o primeiro dos clássicos embates entre Benjamin Disraeli e William Gladstone. Disraeli, como ministro da Fazenda, apresentou um orçamento cujo principal aspecto era uma distinção entre a renda obtida com trabalho e aquela proveniente de capital para propósitos tributários. À uma da manhã, Gladstone demoliu suas premissas com um discurso brilhante. Subsequentemente, aceitou o posto de ministro na administração de lorde Aberdeen.

Aberdeen presidiu uma coalizão de peelistas, como eram ele próprio e Gladstone, e de Whigs, como lorde John Russell e Palmerston, veteranos do ministério Grey que aprovara o Ato de Reforma. Foi uma administração reformista em um período pacífico, infelizmente interrompido pela Guerra da Crimeia. Desse modo, o orçamento de Gladstone de 1853 se baseava na suspensão gradual do imposto de renda, uma proposta eliminada pelas exigências financeiras do esforço de guerra. Similarmente, o projeto de reforma de Russell de 1854, que visava estender e aprofundar o direito de voto, foi abandonado após a irrupção da guerra.

A expansão russa nos Bálcãs em detrimento da Turquia foi vista como uma ameaça ao equilíbrio de poder. Aberdeen, porém, estava relutante em apoiar a Turquia, pois a considerava uma tirania islâmica corrupta que perseguia minorias cristãs em seus domínios. Aqueles em seu gabinete que defendiam o uso da força militar, liderados por Palmerston, venceram essa relutância. Foram auxiliados por uma clamorosa campanha da imprensa. Jornais como o *Daily Telegraph*, o *Morning Chronicle* e o *Morning Herald* exploraram um nacionalismo beligerante que clamava por guerra contra a Rússia.

Quando a guerra irrompeu, em 1854, o Exército britânico estava exposto ao jornalismo investigativo, que levava ao público leitor em casa – e, infelizmente, no exterior – mais informações sobre o conflito do que jamais se havia levado antes. A princípio, a campanha para tomar Sebastopol dos russos correu razoavelmente bem, com vitórias em Alma e Inkerman. Quando a defesa do porto não cedeu antes do duro inverno de 1854-5, porém, exigindo que os britânicos se entrincheirassem até a primavera, as inadequações de sua capacidades militar e naval para sustentar o cerco foram expostas, especialmente nos relatos do correspondente do jornal *The Times*. O governo de Aberdeen não conseguiu sobreviver à publicidade constante e foi derrubado em uma moção para instituir um comitê com o objetivo de investigar sua conduta na guerra.

Palmerston era a escolha inevitável do primeiro-ministro, embora a rainha tentasse evitá-lo. Ele formou uma coalizão similar à de Aberdeen. A despeito de que alguns peelistas proeminentes, incluindo Gladstone, tenham abandonado a coalizão logo depois, seu governo sobreviveu. Palmerston foi ajudado por uma guinada para melhor na Crimeia. Sebastopol finalmente foi conquistada por seus sitiantes britânicos e franceses em 1855, e o Exército passou muito melhor durante o inverno de 1955-6 do que no ano anterior. O primeiro-ministro conseguiu até apresentar a Conferência de Paz de Paris, que encerrou a guerra em 1856, como um triunfo. Embora tenha sido criticado na época e depois, o tratado neutralizou o mar Negro como zona de combates navais, o que não foi um resultado insignificante das hostilidades.

A Guerra da Crimeia impulsionou a imagem beligerante de Palmerston. Ele a projetou ainda mais com guerras na Pérsia e na China. Sua política externa agressiva levou a um debate a respeito de uma moção de não confiança na qual Disraeli o desafiou a ir para a área rural com o seguinte *slogan* eleitoral: "Não à reforma! Novos impostos! Cantão fulgurante! Pérsia invadida!". Quando a moção foi sustentada, Palmerston conseguiu que a rainha dissolvesse o parlamento e venceu a eleição geral subsequente. As eleições de 1857 são geralmente vistas como uma vitória para a política de Palmerston. Certamente, seus oponentes radicais foram derrotados, e tanto Bright como Cobden perderam suas cadeiras. Mas Palmerston não podia se queixar de que a maioria lhe devesse favores pessoais quando esta se voltou contra ele em 1858. Após um atentado contra a vida do imperador francês, Luís Napoleão declarou que o complô para o assassinato havia sido elaborado na Grã-Bretanha e exigiu atitudes contra os terroristas dali. Palmerston reagiu concordando em eliminar os terroristas estrangeiros que residiam em solo britânico e apresentou um projeto de lei sobre Conspiração para Assassinato. O projeto, porém, foi recebido como uma submissão a um poder estrangeiro, e Palmerston renunciou quando ele foi derrotado no parlamento.

Lorde Derby formou então outro governo de minoria. Ele foi mantido no poder por mais de um ano, em grande medida pela desorganização de seus oponentes, que formavam um grupo heterogêneo de liberais, peelistas, radicais e Whigs. Derby tentou persuadir o líder peelista, Gladstone, a se unir a seu governo. Se tivesse sido bem-sucedido, a história posterior da política vitoriana poderia ter sido muito diferente. Gladstone, porém, se recusou, pois, como ele disse, "a reconstituição de um partido só pode ser realizada pelo retorno das antigas influências a seus lugares, e não pela conexão de uma pessoa isolada".

Os partidos de fato estavam em um estado de fluxo no decorrer da década de 1850. Os conservadores sob a liderança de Derby abandonaram o protecionismo, eliminaram o requerimento de que os parlamentares detivessem propriedades reais ou pessoais e se comprometeram com um certo grau de reforma parlamentar. É verdade que, com esses desenvolvimentos, o partido realmente perdeu sua antiga identidade e até mesmo a razão ideológica de sua existência. É um tributo às habilidades políticas e à fidelidade de Derby, e especialmente às de seu mais hábil lugar-tenente, Benjamin Disraeli, o fato de terem mantido o partido unido ao longo de uma geração na adversidade, ou, ao menos, em uma minoria aparentemente permanente.

A reforma ocasionou a queda de seu governo. Russell propôs uma medida mais radical, resultando em uma derrota ministerial no parlamento. Derby decidiu não apenas renunciar, mas ir para a zona rural. Embora os resultados da eleição de 1859 tenham sido uma nítida melhora em relação à de 1857, para os apoiadores do primeiro-ministro eles ainda deixaram seus rivais em maioria. Em resposta à perspectiva de outro governo de minoria conservadora mantido no poder em virtude de sua própria desorganização, seus oponentes se reuniram em um encontro histórico em *Willis's Rooms* em junho de 1859, encontro que, desde então, tem sido considerado como o nascimento do moderno Partido Liberal.

Pouco depois do encontro, a oposição unida derrubou o governo de Derby em um voto direto de não confiança. Essa foi a quinta vez que um ministro foi destituído com êxito por uma maioria na Câmara dos Comuns desde 1852. Desse modo, a década de 1850 foi um período único na história da política britânica, marcado por aquilo que os contemporâneos denominaram "governo parlamentar". Nos séculos precedentes, as maiorias foram mantidas unidas pela influência do executivo. O declínio da capacidade da Coroa de manter o apoio dos ministérios foi, em certa medida, suplantado pela ascensão do partido no início do século XIX. Mas o colapso do Partido Tóri, em 1846, prenunciou uma era em que o membro independente tinha mais poder de formar e derrubar ministérios do que em qualquer outra época, anterior ou posterior. Seria um breve interlúdio. Após 1859, a disciplina partidária exerceria controle suficiente sobre os procedimentos na Câmara dos Comuns para substituir o governo parlamentar pelo governo partidário.

Com efeito, o Partido Liberal impingiu Palmerston à rainha Vitória como primeiro-ministro após a queda de Derby. A rainha preferia lorde Granville como seu principal conselheiro, mas ele não conseguiu formar um governo.

O último ministério de Palmerston foi, em certa medida, dominado por assuntos estrangeiros, sendo que as questões domésticas foram, comparativamente, rotineiras. Em 1864, o primeiro-ministro se gabou: "não há realmente nada a ser feito. Não podemos continuar fazendo acréscimos aos estatutos *ad infinitum*." Isto provavelmente foi dito como gracejo, e ainda subestimava suas próprias conquistas. Seu governo administrou o *Bankruptcy Act* [ato de bancarrota] de 1861, o *Companies Act* [ato das companhias] de 1862 e o *Poor Law Act* [ato da lei dos pobres] de 1864, que deu fim ao "assentamento", ou seja, à necessidade de que os requerentes estabelecessem estar "assentados" na paróquia em que reivindicavam assistência. É provável que Palmerston tenha negligenciado os assuntos domésticos, ciente de que eles poderiam abalar a recém-adquirida unidade dos liberais. Ele ficou aliviado quando Russell abandonou seu projeto de reforma em troca de se tornar secretário do exterior. Palmerston seguiu uma política externa vigorosa, talvez pelo fato de que desempenhar um papel proeminente no cenário mundial exerceria apelo sobre o eleitorado e, por conseguinte, o fortaleceria contra uma derrota parlamentar.

O principal elemento no cenário internacional quando o ministério foi formado era a Itália. O movimento pela unificação italiana alcançou o seu auge nos anos entre 1859 e 1861. Em 1859, a península consistia de 7 territórios separados. Dois anos mais tarde, foi unificada sob a Coroa de Piemonte-Savoy, apenas os territórios controlados pelo papa em Roma e os austríacos em Veneza permanecendo fora do novo reino. O papel da Grã-Bretanha foi o de um poder interessado, porém não envolvido. Alguns ministros do gabinete, incluindo o próprio Palmerston, Gladstone, que era ministro da Fazenda, e Russell, eram simpáticos às aspirações italianas. Outros, contudo, preocupavam-se com o modo como essas aspirações assumiam a forma de um antagonismo frente à influência austríaca no norte da Itália, e foram encorajados pela rainha e pelo príncipe Albert, que não simpatizava com os aspectos liberais do nacionalismo italiano. Ao mesmo tempo, todos os políticos britânicos suspeitavam das ambições francesas ao sul dos Alpes. Embora esses anos tenham testemunhado uma aproximação entre a Grã-Bretanha e a França, sinalizada pelo tratado comercial de 1860, o alinhamento de Luís Napoleão com Piemonte contra a Áustria foi visto com desconfiança, especialmente quando obteve para ele a anexação de Nice e Saboia. Houve um alívio na Grã-Bretanha quando o imperador francês abandonou Piemonte e fez um acordo com a Áustria. Agora que o nacionalismo italiano estava isento do imperialismo francês, poderia ser aclamado pelos observadores externos. O sucesso de Garibaldi em incorporar Nápoles e a Sicília à nova nação foi bem recebido pelo gabinete.

Enquanto a Itália se unificava, os Estados Unidos da América se despedaçavam. O início da Guerra Civil Americana, em 1861, apresentou oportunidades e problemas para o governo britânico. Alguns políticos estavam contentes com a secessão da Confederação porque criava um equilíbrio de poder na América do Norte que eles consideravam ser de interesse da Grã-Bretanha. Outros eram até simpáticos ao Sul, preferindo seu etos aristocrático à imagem burguesa do Norte. Os problemas surgiram devido à dependência das tecelagens de algodão de Lancashire em relação aos estados do Norte para seus suprimento de matéria-prima. Quando esse suprimento foi cortado, a escassez de algodão gerou desemprego e penúria no noroeste da Inglaterra. Segundo John Bright, essas influências dividiram a sociedade de acordo com as classes – a aristocracia e seus clientes burgueses apoiando o Sul, enquanto os trabalhadores em privação apoiavam o Norte.

Embora muitos historiadores tenham repetido essa afirmação, a realidade era mais complicada. O incidente de "Trent", em que dois agentes sulistas que se dirigiam à Inglaterra foram presos por um oficial nortista no litoral de Cuba, provocou tensão entre o presidente Lincoln e Palmerston. Contudo, foi o príncipe Albert quem acalmou os ânimos no gabinete, prestando seu último serviço ao país que adotara antes de sua morte. E os aristocratas lordes Palmerston e Russell censuraram Gladstone após um discurso em Newcastle upon Tyne em que ele praticamente reconheceu a soberania da Confederação.

Se os governantes da Grã-Bretanha estavam muito divididos acerca da questão, assim como os súditos, os trabalhadores das tecelagens de Lancashire estavam longe de se unir em apoio ao Norte. Pelo contrário, como demonstrou Mary Ellison, Bright não falava por eles. Muitos trabalhadores das tecelagens de algodão de fato estavam a favor do Sul. O grau de compromisso em Lancashire não variava de acordo com diferenças políticas ou religiosas, mas dependia diretamente da intensidade do desemprego causado pela escassez de algodão. Os políticos se enganaram porque os trabalhadores desempregados não se rebelavam nem se manifestavam com violência. Aqueles que recordavam as perturbações cartistas associavam o cartismo de força física com as áreas em depressão. Eles ficaram aliviados ao ver que uma depressão nos distritos têxteis algodoeiros não produziu um ressurgimento da militância da classe trabalhadora. Em certa medida, isso se devia a uma maior eficiência da assistência aos pobres. Mas foi atribuído à simpatia pelos objetivos bélicos dos unionistas. Teve efeitos duradouros na política. Nos debates sobre o projeto de reforma de 1866, Robert Lowe expressou uma visão desdenhosa da classe trabalhadora. "Se você quer venalidade", perguntou, "se quer embriaguez e facilidade para ser intimidado [...] se [...] quer pessoas impulsivas, irrefletidas e violentas [...], irá procurar no alto ou embaixo?". Gladstone respondeu com a única palavra "Lancashire".

No caso da Itália, e até da América, a Força Naval britânica conquistou seu respeito como um grande poder, mas onde os recursos militares tinham importância ela não conseguiu exercer a mesma influência, como mostrou a Guerra da Crimeia. A disputa entre a Dinamarca e a Prússia pelos ducados de Schleswig e Holstein demonstraria isso novamente. Palmerston fez alarde sobre ajudar os dinamarqueses, mas seu blefe foi exposto em 1864, quando Bismarck anexou os ducados em favor da Prússia e da Áustria. Os Tóris imediatamente apresentaram uma moção de censura em ambas as câmaras do parlamento, afirmando que a falha do governo "em manter sua política declarada de apoiar a integridade e a independência da Dinamarca [...] enfraqueceu a justa influência desse país nos conselhos da Europa e, desse modo, enfraqueceu as garantias de paz". A moção foi aprovada por 9 votos na Câmara dos Lordes, mas, na Câmara dos Comuns, após um debate de dois dias, foi derrotada quando uma emenda apoiada pelo governo foi aprovada por 313 votos contra 295. Nem mesmo Disraeli, o proponente da moção, conseguiu conter sua admiração por Palmerston, que, "após a divisão, escalou uma exaustiva escadaria até a galeria das senhoras [...] Que determinação! Subir aqueles formidáveis degraus às três da madrugada e aos 80 anos de idade".

Palmerston viveu para concorrer ainda outra eleição geral, apoiando-se, nas palavras de lorde Stanley, "em nenhum tema em particular a não ser a confiança no primeiro-ministro". Ele venceu. Em julho de 1865, foram eleitos 370 liberais e 288 conservadores. Três meses mais tarde, "Pam" estava morto.

capítulo 5

Do segundo Ato de Reforma à Guerra dos Bôeres

Após a morte de Palmerston, lorde Russell formou um governo comprometido com a reforma parlamentar, uma questão que seu predecessor havia mantido paralisada nos últimos 5 anos. As dificuldades que o novo primeiro-ministro enfrentaria em seu próprio partido foram demonstradas em 1865, quando o projeto de lei de um parlamentar não pertencente ao governo foi derrotado por uma conjunção de Tóris e liberais contrários à reforma. Estes últimos formavam o núcleo do que John Bright chamaria de "Caverna de Odolam", alcunha extraída do esconderijo bíblico onde Davi reuniu em torno de si "todos aqueles que estavam em dificuldades, todos os endividados e todos os descontentes". Os "odolamitas" se associaram aos conservadores para derrubar o projeto de lei proposto por Russell. Com isso, Russell renunciou, e foi substituído por lorde Derby, que, novamente, formou um governo de minoria. Derby anunciou: "não pretendemos meramente preencher uma lacuna, pela terceira vez, até que apraza ao Partido Liberal esquecer suas dissensões e apresentar uma medida que nos despeje do gabinete para que eles mesmos ali nos substituam". Ele se propôs a manter os liberais divididos e sustentar seu ministério aprovando uma medida de reforma, e foi fortalecido nessa resolução pelo apoio do monarca, cujas visões ele tratava com a mesma deferência de todos os políticos vitorianos. Além disso, como Derby disse a Disraeli: "A rainha quer que 'nós' resolvamos isso".

Vitória confiava nos conservadores para solucionar a questão da reforma, supostamente prevendo que uma medida aprovada por eles seria menos radical que qualquer outra ratificada por seus rivais. No final, porém, o segundo Ato de Reforma, ao se tornar lei, teve abrangência mais ampla do que qualquer um esperaria: concedeu direito de voto a todos os proprietários de casas do sexo masculino que residissem há pelo menos um ano nos burgos e tivessem pago suas taxas pessoalmente. Concedeu o voto até mesmo a locatários que pagassem ao menos £10 por ano de aluguel. Nos condados, o Ato de Reforma reduziu a qualificação, incorporando donos de propriedades com rendimento de pelo menos £12 por ano. O efeito dessas mudanças foi aumentar o eleitorado na Inglaterra e no País de Gales de 965 mil para 1,997 milhão. O aumento foi mais acentuado nos burgos, cujos eleitorados cresceram em 134% entre 1866 e 1869, do que nos condados, cujos eleitorados aumentaram em 37%. Na Escócia, o número de votos nos burgos quase triplicou, indo de cerca de 55 mil para 152 mil. Um Ato de Reforma escocês aprovado no ano seguinte redistribuiu 7 cadeiras inglesas destituídas em 1867, 3 delas para os condados, 2 para universidades, 1 para Dundee e 1 para Glasgow. Ao todo, os burgos ingleses perderam 52 cadeiras na redistribuição do segundo Ato de Reforma, 23 das quais foram acrescentadas aos condados.

Os liberais afirmavam que o acréscimo de cadeiras aos condados era uma medida partidária para fortalecer os interesses Tóris.

Com todas as manobras em torno do projeto de lei, Disraeli certamente tinha em mente favorecer seu partido. Contudo, por mais que tenha desejado influenciar o eleitorado, não conseguiu fazer passar uma medida nitidamente partidária, uma vez que o ministro não possuía maioria na Câmara dos Comuns. Para que o projeto sobrevivesse, ele tinha de explorar as divisões entre seus oponentes e manter alguns deles do seu lado. A princípio, ele obteve alguns apoiadores "odolamitas", que pensavam que o projeto conservador estava fadado a ser mais restritivo que o de Russell, e relutantemente aceitaram que a reforma era inevitável agora que ambos os partidos a haviam encampado. Todavia, essa tática falhou. Os odolamitas recusaram unir-se ao ministério, enquanto alguns ministros Tóri, também opostos à reforma, renunciaram. Disraeli demonstrou ser um mestre da estratégia quando, a fim de manter o controle da Câmara dos Comuns, apelou aos radicais entre os liberais. Consequentemente, o projeto se tornou cada vez mais radical. Inicialmente, uma qualificação ligada à contribuição residencial foi compensada por propostas para equilibrar a extensão do direito de voto, assim criado para conferir maior peso ao voto dos mais ricos, por exemplo, permitindo que indivíduos de determinadas categorias tivessem dois votos. Tais propostas foram depois abandonadas. Por fim, a salvaguarda de que os proprietários residentes deveriam pagar suas próprias taxas foi substancialmente enfraquecida por uma emenda que abolia a contribuição combinada, de modo que as taxas passaram a ser incluídas nos aluguéis e a ser pagas pelo proprietário. Nos burgos parlamentares, as taxas tinham de ser deduzidas do aluguel e pagas pelo arrendatário. Estima-se que apenas essa emenda tenha possibilitado a qualificação de mais de 400 mil contribuintes combinados, e, em última análise, quase 1 milhão de proprietários nos registros eleitorais da Inglaterra e de Gales.

A aceitação da emenda de Hodgkinson, como se sabia, foi atribuída a pressões externas. Certamente houve certa agitação em torno da reforma, especialmente por parte de duas organizações: a Liga da Reforma e a União da Reforma. Ambas organizaram encontros para manter a pressão em prol da reforma desde o colapso do ministério de Russell até a reunião do parlamento após a formação do ministério de Derby. Os membros da União da Reforma tendiam a ser de classe média, e, por conseguinte, aos olhos vitorianos, "respeitáveis". A Liga da Reforma, porém, realizava comícios com as massas, como os ocorridos em Hyde Park em julho de 1866 e maio de 1867. O fato de que a emenda de Hodgkinson tenha sido aceita pouco depois do segundo comício foi visto por alguns como mais que uma mera coincidência, e salientou-se muito a admissão, por parte de Disraeli, de havê-la aceitado para "destruir a presente agitação e extinguir Gladstone e companhia". É quase certo, porém, que a expressão "a presente agitação" se referisse às exigências radicais pela reforma dentro do parlamento, e não fora dele. Disraeli precisava do apoio dos radicais do parlamento para sustentar sua maioria na Câmara dos Comuns. Se ele tivesse cedido a pressões externas ao parlamento, teria perdido o apoio dos conservadores em seu próprio grupo.

Isto não significa que a consideração do mundo fora de Whitehall estivesse totalmente ausente nos cálculos de Disraeli. Muito pelo contrário; as implicações sociais da reforma eram cruciais para ele. Desde o fim do cartismo e a ascensão da chamada "aristocracia do trabalho" nos anos seguintes a 1848, os argumentos em prol de se estender o direito de voto de modo a incluir no eleitorado os elementos "respeitáveis" da classe trabalhadora impuseram-se em ambos os partidos. Eles distinguiram o artesão da "escória", dos "arruaceiros" e "brutamontes" que se encontravam na base da pirâmide social. Eles buscavam conceder direito de voto a artesãos respeitáveis, deixando a "escória" sem voto. O problema era como estabelecer uma distinção legal entre eles. Russell e Gladstone primeiramente tentaram, em 1866, estabelecer uma linha divisória usando os valores tributários das propriedades, mas, por fim, abandonaram a ideia por ser muito complexa tecnicamente e, em lugar disso, procuraram estabelecer uma divisão com base nos aluguéis. Disraeli não gostou dessa distinção, em parte porque foi levado a acreditar que ela produziria apenas uma ampliação mínima do direito de voto para os artesãos que detinham melhores condições sociais e que beneficiaria os liberais. Em 1867, ele apresentou propostas mais radicais, não simplesmente por propósitos táticos, mas também porque acreditava genuinamente que, quanto mais artesãos obtivessem direito de voto, melhor seria para o Partido Conservador. Daí provém sua insistência no pagamento pessoal das taxas, que sustentou como um claro sinal de respeitabilidade. Por conseguinte, Gladstone também tentou emendar a proposta sugerindo um valor tributário mínimo, em vez da concessão do direito de voto a todos os contribuintes. Foi um tanto quanto astucioso da parte do "William do Povo" afirmar essa ideia como um contraponto a Disraeli quando ele próprio a havia abandonado como impraticável no ano precedente. Tais considerações partidárias ajudaram a precipitar a "revolta da casa de chá" por parte dos liberais que se recusaram a apoiar a emenda restritiva de Gladstone, assegurando assim sua derrota. Muitos parlamentares, entretanto, estavam receosos quanto aos efeitos de um direito de voto ligado à propriedade, preocupados que alguns distritos eleitorais pudessem ser inundados por votantes da classe trabalhadora. Foram eles que ficaram mais perturbados quando um relatório encomendado em 1865 revelou que o número de trabalhadores que obtiveram direito de voto em muitos burgos através do primeiro Ato de Reforma havia sido substancialmente maior do que tencionavam os formuladores da lei.

A solução conservadora para esse problema foi tentar isolar os condados e as cidades mercantis das novas conurbações industriais. Em certa medida, foram bem-sucedidos. Como vimos, o direito de voto nos condados foi expandido de modo muito menos drástico do que nos burgos. Além disso, a redistribuição das cadeiras ainda deixou as áreas rurais com mais representantes do que deveriam ter, considerando-se o fato de que havia um número maior de pessoas vivendo nas cidades do que no campo, como revelara o censo de 1851. Isso criou anomalias, de modo que, diferentemente do primeiro Ato de Reforma, o segundo não foi visto como uma solução "definitiva" para o problema da representação. Era amplamente aceito que a redistribuição do direito de voto, se não a extensão desse direito, era inevitável.

A aprovação do segundo Ato de Reforma marcou a transição de um período de governo parlamentar para um período de governo partidário. Se, depois de 1832, os ministros mudaram mais como resultado de derrotas no parlamento do que de derrotas nas votações, depois de 1867, renunciaram conforme o resultado das eleições gerais. Disraeli foi o primeiro a deixar o cargo, tendo substituído Derby como primeiro-ministro no início de 1868. Embora tenha sido derrotado pela oposição em maio, manteve-se no cargo até o outono, quando houve uma eleição com base nos registros feitos de acordo com as novas cláusulas.

Os liberais conseguiram derrotar Disraeli porque haviam encontrado um tópico em torno do qual podiam se unir após o desacerto em que haviam sido impelidos pela questão da reforma. O tema acerca do qual se reagruparam foi a desoficialização da Igreja da Irlanda, o ramo irlandês da comunidade anglicana que, embora abrangesse apenas um quinto da população, ainda tinha o *status* de uma Igreja oficial. Gladstone, cuja crença na conveniência do momento previamente o levara a protelar fomentar a questão, agora repentinamente julgava que a ocasião era propícia. Ele possuía a habilidade de situar as questões em uma incubadora política caso sua "maturação" fosse oportuna. A desoficialização da Igreja irlandesa constituía, assim, um dos principais tópicos na plataforma do Partido Liberal nas eleições de 1868. Ela congregou uma aliança curiosa de católicos romanos e protestantes dissidentes contra a Igreja da Irlanda. Gladstone, anglicano da alta Igreja, chegou a ser acusado de ser um criptocatólico nas campanhas eleitorais. Não obstante, conseguiu um mandato, com os liberais obtendo 387 cadeiras frente às 271 dos conservadores.

Embora a unidade dos liberais em torno da questão tenha tido êxito em efetuar a desoficialização da Igreja da Irlanda, outras questões irlandesas, mais uma vez, levaram à fragmentação. A famosa expressão de Gladstone, "Minha missão é pacificar a Irlanda", levou até mesmo alguns de seus apoiadores a acusá-lo de contemporizar a violência perpetrada pela Irmandade Republicana Irlandesa, ou pelos fenianos, como eram chamados. Suas atividades incluíam "afrontas" tais como um ataque a um posto policial em Manchester e uma explosão fatal na prisão de Clerkenwell em 1867. Uma das reivindicações que exploravam e que Gladstone esperava eliminar era a do direito do arrendatário, a prerrogativa costumeira, não reconhecida pela lei, de manter, transmitir por herança e até de vender o usufruto de uma terra arrendada. O problema foi exacerbado pelo fato de que muitos arrendatários eram católicos, e muitos proprietários eram protestantes e até absentistas residentes na Inglaterra. Mas as diferenças religiosas e étnicas não causam os conflitos. Na realidade, havia um desacordo a respeito da natureza da propriedade. Para os proprietários, especialmente aqueles que também tinham propriedades na Inglaterra, sua propriedade era absoluta, com base tanto no direito consuetudinário quanto no direito escrito. Para os arrendatários católicos, o costume imemorial conferia àqueles que incorporaram seu trabalho ao solo uma copropriedade sobre este. O *Land Act* [ato da terra] de 1870, de Gladstone, fez uma tímida tentativa de conciliar essas visões divergentes, mas não contentou nenhumas delas, e, com efeito, teve o efeito de afastar muitos proprietários ingleses, incluindo alguns Whigs que tradicionalmente haviam apoiado os liberais, pois consideraram a medida como um ataque à propriedade.

Por fim, uma tentativa de fornecer educação universitária para todas as seitas na Irlanda, tanto católicas como protestantes, acarretou a derrota do governo. Em lugar de fundar uma universidade católica independente, Gladstone procurou fundir o Trinity College, em Dublin, e as unidades do Queen's College, fundadas por Peel em Belfast, Cork e Galway, em uma única instituição irlandesa. Alguns radicais objetaram às cláusulas do projeto que visavam evitar a confrontação entre as denominações, por exemplo, não nomeando professores para lecionar religião, história moderna ou filosofia. Disraeli viu sua chance, e, nas primeiras horas do dia 12 de março de 1873, reuniu uma maioria de três contra o projeto. Gladstone ofereceu sua renúncia, mas ficou desconcertado quando Disraeli recusou-se a formar um governo. O líder Tóri recusou-se a presidir um ministério minoritário, e estava relutante em arriscar uma eleição geral em 1873, uma vez que, embora as eleições suplementares estivessem correndo em favor dos candidatos da oposição, os liberais ainda pareciam estar vencendo. Assim, os liberais continuaram cambaleando como um governo manco até a eleição geral de 1874, quando os conservadores conquistaram 100 cadeiras a mais que seus rivais.

A derrota liberal em 1874 é geralmente atribuída a sua impopularidade universal frente ao eleitorado. Como disse G. M. Young, "em seus seis anos de gabinete, essa grande porém desventurada administração conseguiu ofender, inquietar ou desapontar quase todos os interesses no país". O que ele chamava de "interesse aristocrata" foi contrariado pela introdução de exames competitivos para o ingresso no funcionalismo público e pela abolição da aquisição de patentes no Exército. Os anglicanos estavam não apenas consternados com a desoficialização da Igreja da Irlanda, mas também mortificados com a eliminação dos exames religiosos em Oxford e Cambridge. Tampouco estavam todos os dissidentes contentes com o *Education Act* [ato de educação] de 1870, apresentado por W. E. Forster, o radical vice-presidente do comitê do Conselho de Educação.

O *Education Act* de Forster marcou um grande afastamento em relação ao princípio liberal de não intervenção. No que dizia respeito à educação, os liberais há muito tempo defendiam o voluntarismo, mas, embora alguns liberais influentes continuassem a sustentar o princípio voluntarista, a maior parte admitia, já no fim da década de 1860, que ele não proporcionava um sistema educacional adequado – algum tipo de providência oriunda do Estado era essencial. A questão era qual forma ela deveria assumir. A *National Education League* [liga nacional da educação], fundada em 1869, queria uma instrução compulsória, livre e não sectária. Uma vez que a maior parte das escolas voluntárias eram estabelecimentos da Igreja da Irlanda, os anglicanos reagiram formando a *National Education Union* [união nacional da educação] para defender que o Estado deveria suplementar as escolas denominacionais. O Ato de 1870 estava muito mais de acordo com as propostas da União do que com as propostas da Liga. Ele autorizava a formação de conselhos escolares para inspecionar a oferta educacional local e estabelecer escolas públicas se essa oferta fosse considerada inadequada. A instrução religiosa não denominacional deveria ser oferecida nessas escolas, porém os pais podiam remover seus filhos de tais aulas caso tivessem objeções.

Por fim, o governo liberal se afastou dos interesses das cervejarias e destilarias com medidas que restringiam a venda de álcool. Um projeto de lei de 1871, que buscava regular a emissão de licenças, provocou a cólera de todo o comércio de bebidas antes de ser abandonado. Mais tarde, Gladstone atribuiu a derrota de seu partido nas eleições ao alvoroço gerado por tais propostas. Como ele expressou em uma carta dirigida ao irmão: "fomos derrotados numa torrente de gim e cerveja".

Essa foi a primeira eleição geral em que essas conclusões não podem ser confrontadas com as evidências dos registros de votos. O *Secret Ballot Act* [ato da votação secreta], de 1872, pôs fim ao registro de votos nas eleições parlamentares. A introdução do voto secreto, após décadas de movimentos em seu favor, ocorreu, em ampla medida, em virtude das práticas corruptas na eleição geral de 1868, a primeira realizada já sob o sistema de direito de voto expandido do segundo Ato de Reforma. O suborno ainda era ostensivo em alguns burgos. Em Beverley, por exemplo, o romancista Anthony Trollope foi derrotado por uma máquina Tóri tão corrupta que sua petição contra ela resultou na perda do direito de voto da cidade. O voto secreto era considerado o único remédio contra tais práticas. Ele não se concretizou por meio de pressão por parte do eleitorado, e tampouco pode ser seriamente atribuído à pressão de patronos eleitorais, que sentiam que seu controle sobre as comunidades que lhes eram deferentes estava sendo ameaçado pela expansão do eleitorado. Antes, o voto secreto foi adotado porque líderes políticos estavam convencidos de ele que havia se tornado essencial. Assim, Gladstone, que anteriormente se opusera ao voto secreto no mais autêntico estilo vitoriano, pela razão de ser "covarde", chegou à conclusão de que era uma proteção necessária contra a influência indevida, fosse por parte de proprietários de terras, proprietários de tecelagens ou de sindicatos trabalhistas.

Gladstone chegou de fato a analisar o resultado da eleição de 1874 em um artigo publicado. Alguns liberais protestaram, alegando ter sido uma trapaça, uma vez que as votações haviam sido de 1.263.254 votos seus contra 1.071.325 computados para os conservadores. Gladstone, porém, negou isso, destacando que havia muitos distritos eleitorais incontestes, especialmente em cadeiras consolidadas dos Tóris, para que os totais fossem significativos, ainda que essa fosse a primeira eleição em que ambos os partidos receberam mais de 1 milhão de votos. Ele atribuiu isto à tendência dos Whigs, liberais e radicais de combater uns aos outros, deixando o campo livre para os oponentes conservadores. Psefologistas modernos oferecem uma análise mais sofisticada, indicando uma "virada" de 5% dos conservadores sobre os liberais entre 1868 e 1874. Mas as variações geográficas mostram que fatores locais foram importantes, e revelam também que os liberais tinham a maioria das cadeiras escocesas e galesas e eram fortes no norte da Inglaterra. Os êxitos dos conservadores ocorreram principalmente nos condados e nos distritos eleitorais urbanos no sul da Inglaterra. Ironicamente, Disraeli presidia duas nações na época de seu maior triunfo.

A formação do grande ministério de Disraeli imediatamente posterior ao ministério de Gladstone tornou a década de 1870 decisiva no desenvolvimento político partidário. Antes disso, a configuração dos partidos havia sido complicada por correntes entrecruzadas. Posteriormente, a Grã-Bretanha estava tão dividida em dois partidos que Gilbert e Sullivan não estavam exagerando quando afirmaram que toda criança nascia "como um pequeno liberal ou um pequeno conservador".

Os conservadores usaram seu primeiro período de poder real desde a década de 1840 para tratar de questões com as quais não haviam estado previamente associados. Com efeito, o ano de 1874 testemunhou uma enxurrada de leis tratando de problemas sociais. Um *Agricultural Holdings Act* [ato agrário de terras arrendadas] seguiu o exemplo do *Irish Land Act* [ato da terra irlandesa], de Gladstone, conferindo aos arrendatários na Grã-Bretanha o direito de ser compensados por benfeitorias realizadas durante seu período de arrendamento. Um *Artisan's Dwelling Act* [ato de moradia do artesão] conferiu a 87 conselhos municipais autoridade para demolir cortiços e substituí-los por moradias melhores. Os sindicatos se beneficiaram com o *Employers and Workmen Act* [ato dos empregadores e trabalhadores] e com o *Protection of Property Act* [ato de proteção à propriedade]. O primeiro modificou a base legal das relações industriais, que deixou de ser o conceito desigual de mestre e servo e passou a reconhecer a liberdade de contrato do trabalhador e o direito à negociação coletiva, enquanto o segundo legalizou o piquete pacífico. Outros atos consolidaram a legislação referente à saúde pública, salvaguardaram os fundos de sociedades mutuantes e protegeram mulheres e crianças nas fábricas.

A legislação foi atribuída à preocupação de Disraeli com a "democracia Tóri". Mas o primeiro-ministro nem sequer tinha um programa, que dizer uma filosofia. Ele era, no melhor dos casos, pragmático; no pior, oportunista. A principal inspiração por trás das leis não era sua, mas do ministro do Interior, R. A. Cross. Cross, que havia sido educado em Rugby e Cambridge e se tornara banqueiro e magistrado, dificilmente tinha perfil para defender medidas desfavoráveis à ordem estabelecida. Na medida em que a legislação referente aos sindicatos tornava-se mais que um remédio para uma estrutura legal anacrônica, era calculada para exercer apelo sobre um movimento que se percebia ter sido negligenciado pelo governo precedente. O *Criminal Law Amendment Act* [ato de emenda da lei criminal] de 1871 tornara o piquete praticamente ilegal. Os sindicalistas, que anteriormente haviam se inclinado a apoiar os liberais, abandonaram-nos nas eleições de 1874, e poderiam até ter votado em candidatos Tóris, especialmente caso estes últimos se prontificassem a apoiar o repúdio de leis nefastas. Quanto a isso, os dois atos relativos aos sindicatos cumpriram promessas eleitorais. Não que a disputa pelos votos dos trabalhadores tenha tido êxito em longo prazo. A despeito do fato de que, em 1880, até um liberal admitisse que os conservadores haviam feito mais pelos trabalhadores em 5 anos do que seu partido havia feito em 15, os sindicatos retornaram à sua adesão prévia na eleição geral daquele ano. Por que razão os trabalhadores abandonaram os Tóris em 1880 não está claro. A exacerbação eleitoral é tão frequentemente repetida nos termos de um debate entre os dois partidos acerca de política externa que se tende a assumir que os eleitores tenham sido influenciados por esse debate. Contudo, essa hipótese não pode ser verificada de modo conclusivo. É possível que a crescente depressão econômica tenha prejudicado os conservadores – especialmente entre a classe trabalhadora – mais do que qualquer preocupação com a suposta imoralidade de suas relações com outros poderes. Curiosamente, os próprios conservadores davam pouca ênfase aos créditos que pudessem angariar de suas reformas sociais, e defendiam, primordialmente, sua política externa. Eles pareciam estar convencidos de que sua adoção de posturas palmerstonianas, agora identificadas como "jingoísmo" devido a uma canção popular da época, exerceria mais apelo político que as denúncias liberais contra a mesma.

A principal área em que suas atividades eram criticadas eram os Bálcãs. Desde a Guerra da Crimeia, a diretriz política britânica estava comprometida em manter de pé o decadente Império Otomano a fim de impedir que a Rússia ficasse com as sobras. Em 1876, essa política falhou quando os turcos suprimiram com extrema ferocidade uma revolta de cristãos ortodoxos na Bulgária, massacrando milhares de pessoas. Disraeli tentou amenizar o incidente, mas os "horrores búlgaros" provocaram clamor público. A indignação foi instigada com petições e comícios públicos, organizados em grande medida por dissidentes e por relatos divulgados na imprensa, entre os quais foram especialmente eficientes os de W. T. Stead no periódico *Northern Echo*, sediado em Darlington. O alvoroço público estimulou Gladstone, que viu uma oportunidade para unir os liberais contra Disraeli. A desorganização dos liberais na eleição de 1874 o havia desalentado de tal modo que, logo no início do novo parlamento, renunciou à liderança do partido em favor dos Whigs – Granville na Câmara dos Lordes e Hartington na Câmara dos Comuns. Gladstone chegara até a anunciar seu desejo por um intervalo de aposentadoria entre o parlamento e o túmulo. Porém, a indignação moral e o cálculo político travaram um novo combate ferrenho com o líder conservador, que, a essa altura, ele cordialmente odiava. O *Grand Old Man* [Grande Ancião] entrou na batalha com um panfleto intitulado *Bulgarian Horrors and the Question of the East* [Os horrores búlgaros e a questão do Oriente]. Foram vendidas 40 mil cópias em poucos dias após a publicação. "Daquela data em diante", escreveu Gladstone anos mais tarde, "até a consumação final em 1879-80, fiz da questão oriental o principal tópico de minha vida". A agitação búlgara isolou os líderes Whigs do Partido Liberal, que se ressentiam do que consideravam como uma sabotagem deliberada de sua liderança por parte de Gladstone, com uma tentativa demagógica de arrancá-la deles. Esses líderes não lamentaram quando uma tentativa de Gladstone de forçar o governo a impor reformas à Turquia foi derrotada. Suas suspeitas de que Gladstone se aproximava da ala radical do partido pareciam se confirmar quando ele aceitou um convite para comparecer ao encontro de formação da National Liberal Federation, em 1877. Gladstone partilhou a plataforma, em Birmingham, com a força motriz por trás dessa Federação, o membro radical do parlamento, Joseph Chamberlain.

O próprio Disraeli amenizou a questão oriental como um assunto imediato no Congresso de Berlim de 1878. O primeiro-ministro, que havia sido conde de Beaconsfield, compareceu em pessoa e obteve certo crédito pelo resultado bem-sucedido. Se ele tivesse impelido a rainha Vitória a dissolver o parlamento nessa conjuntura, isso poderia ter levado os conservadores a outra vitória. Sua reputação pessoal estava em alta, não só em virtude de seu triunfo em Berlim, mas também devido à aquisição, para a Grã-Bretanha, das ações do canal de Suez do quediva egípcio e à obtenção do título de imperatriz da Índia para a rainha. Uma eleição "súbita" para aproveitar sua popularidade estava, entretanto, fora de questão.

A decisão de postergar a dissolução se mostraria fatal, pois, nesse ínterim, surgiram novos desastres, externos e internos. No estrangeiro, compromissos imperiais na Índia e na África do Sul geraram atritos nas fronteiras. Irromperam hostilidades no Afeganistão e na Zululândia, culminando na perda de vidas britânicas. Embora não fosse razoável responsabilizar Disraeli por esses acontecimentos, Gladstone tirou proveito dos fatos politicamente, denunciando o "*beaconsfieldism*", como incomodamente chamava. Talvez ainda mais prejudicial tenha sido a depressão na economia doméstica, fazendo que o desemprego aumentasse e a o preço do trigo desabasse em 1879. Industriais e fazendeiros pediam proteção, mas Disraeli recusou-se a responder.

Gladstone criticou as atitudes governamentais em sua rápida viagem pelas pequenas cidades interioranas até Edimburgo no fim de 1879, a chamada "campanha de Midlothian". Ele deu ênfase aos desastres no exterior, pois os liberais, assim como os Tóris, também não tinham uma solução para a recessão.

Disraeli poderia ter protelado a dissolução até fevereiro de 1881. Em vez disso, decidiu-se por uma eleição imediata no início de 1880, quando duas eleições suplementares, em Liverpool e Southwark, pareciam indicar uma transferência de votos em favor dos conservadores. Porém, quando uma eleição geral foi realizada, revelou-se uma virada de 5% em favor dos liberais em relação aos resultados de 1874. Houve um comparecimento mais elevado, com mais de 3 milhões de votos computados pela primeira vez. Os liberais obtiveram 56% dos votos, obtendo 351 cadeiras, frente às 239 obtidas pelos conservadores. Os Tóris foram reduzidos ao pequeno número que tinham em 1868 na Escócia e quase eliminados no País de Gales. As cadeiras de diversos condados ficaram com os liberais, e, se tivessem apresentado mais candidatos, teriam conquistado muitos outros condados. Nas grandes cidades, a derrota não foi tão completa quanto havia sido em 1868. Todavia, o resultado da disputa foi uma derrota para o *beaconsfieldism*. O próprio Disraeli não viveu para lutar mais uma batalha, falecendo em 1881.

Ao ser derrotado, Disraeli advertiu para o problema da autonomia governamental na Irlanda. Gladstone desconsiderou tais alertas, atribuindo aos conservadores a responsabilidade pela contrariedade dos irlandeses. No entanto, enquanto 57 defensores da autonomia de governo haviam sido eleitos em 1874, em 1880, elegeram-se 62. Eles encontraram um líder carismático em Charles Stewart Parnell, que liderou a maioria dos parlamentares irlandeses em Westminster na década seguinte. Ele também foi presidente da Liga da Terra, formada em 1879 para assumir a causa dos arrendatários na Irlanda. A depressão agrícola prejudicou a agricultura irlandesa com especial severidade após o fracasso da colheita de 1879. A queda dos preços ocasionada pela importação de artigos alimentícios mais baratos do exterior significou que muitos arrendatários não tinham como pagar seus arrendamentos. Seguiu-se então a cessação de pagamentos dos arrendamentos, provocando represálias por parte dos proprietários. A Liga da Terra retaliou, e eclodiram os "atentados" – termo preferido pelos vitorianos para designar os atos de violência envolvendo irlandeses.

O governo de Gladstone reagiu a esses problemas com o método do agrado e do porrete. O agrado foi mais um *Land Act* [ato da terra] acatando as reivindicações dos arrendatários: preços justos pelos arrendamentos; estabilidade do arrendamento; e livre venda do direito de usufruto. O porrete foi um *Coercion Act* [ato de coerção] que conferiu ao vice-rei poderes draconianos. Parnell explorou todas as táticas obstrutivas disponíveis para impedir o progresso do projeto, prolongando uma sessão da Câmara dos Comuns por 41 horas em janeiro de 1881. Os procedimentos da Câmara tiveram de ser modificados para permitir o encerramento dos debates, a fim de evitar futuras obstruções desse tipo. Em outubro, Parnell foi preso, segundo os termos do *Coercion Act*, por sua associação com a campanha de violência da Liga da Terra. A consequência foi provocar novos "atentados", culminando nas mortes do vice-rei e de seu secretário em Phoenix Park, Dublin, em maio de 1882. Contudo, Parnell, que havia sido libertado da prisão alguns dias antes, repudiou inteiramente os perpetradores do atentado e atuou como mediador entre os ingleses e os irlandeses descontentes. Seus esforços ajudaram a reverter a onda de violência no verão de 1882, embora uma melhora nas condições subjacentes que deram origem à mesma também tenha contribuído para tornar os próximos anos mais tranquilos.

Gladstone percebia que o *Land Act* de 1881 não havia "alcançado o cerne" da questão irlandesa, mas julgava que dera "um grande passo rumo à solução" ao incluir a Irlanda no *Franchise Act* [lei do direito de voto] de 1884. Esse foi o primeiro ato de reforma aplicado a todo o Reino Unido. Ele conferia direito de voto a todos nos condados ingleses e galeses e também na Irlanda e na Escócia, com base no voto por burgo estabelecido na Inglaterra pelo segundo Ato de Reforma. Assim, os proprietários contribuintes, os locatários que pagassem £10 ou mais de aluguel por ano e os ocupantes de terras ou imóveis avaliados em £10 anuais tinham direito de votar desde que fossem residentes por pelo menos 12 meses. O resultado foi um aumento dramático do eleitorado. Na Inglaterra e no País de Gales, o eleitorado se expandiu de 2,6 milhões para 4,4 milhões de votantes, ou quase dois terços dos homens adultos. Na Escócia, o efeito foi o de conferir direito de voto a cerca de 60% da população adulta do sexo masculino. Mas o aumento foi especialmente notório na Irlanda, onde 50% de todos os homens ganharam direito de voto, em contraste com a proporção de um em cada seis que possuía tal direito após o segundo Ato de Reforma.

O aumento geral do eleitorado alarmou os conservadores. Eles temiam que uma eleição sob tais condições nos distritos eleitorais existentes os reduzisse à condição permanente de oposição, que quase foi seu destino em 1832. Incapazes de impedir a aprovação do projeto na Câmara dos Comuns, eles reuniram forças suficientes na Câmara dos Lordes para derrubá-lo em julho de 1884. O argumento da moção era que a medida deveria fazer-se acompanhar de "cláusulas para tornar proporcional o direito de eleger membros de modo a assegurar uma representação verdadeira e justa do povo". Em outras palavras, eles queriam uma redistribuição das cadeiras que reconfigurasse o equilíbrio de forças em seu favor.

A rejeição do *Franchise Bill* pelos pares levou a um ataque a seus privilégios por seus apoiadores mais radicais. Até mesmo Gladstone, que convocou uma sessão especial do parlamento no outono para reapresentar a proposta, convocou também manifestações de apoio ao longo do verão. Cerca de 100 mil trabalhadores marcharam em Londres no dia 21 de julho. Essa e outras manifestações transcorreram pacificamente, mas houve uma revolta em Aston Park, Birmingham, quando os liberais invadiram um encontro de Tóris. Entretanto, se as manifestações surtiram efeito, foi o de fortalecer a resolução dos conservadores de repudiar novamente o projeto, a menos que viesse acompanhado de uma proposta de redistribuição de cadeiras.

Encontrou-se uma saída original para o impasse quando os líderes partidários concordaram em se encontrar em Downing Street para discutir um esquema a fim de redefinir os limites das circunscrições eleitorais. Após a crise constitucional, essa solução produziu, de certo modo, um tipo de farsa, com mapas espalhados pelo chão da sala, enquanto Gladstone e o marquês de Salisbury, sucessor de Disraeli como líder Tóri, com mais 4 de seus colegas, debruçados sobre eles. Salisbury mostrou-se extremamente hábil na negociação, saindo com um bom acordo para seu partido. O resultado foi um acordo segundo o qual os burgos com menos de 15 mil habitantes perderiam sua representação independente, enquanto aqueles que possuíssem entre 15 mil e 50 mil habitantes perderiam uma cadeira no parlamento. Isso produziu um total de 138 cadeiras a serem redistribuídas. Dentre elas, 94 foram atribuídas a condados, enquanto o restante foi conferido a cidades populosas. Assim, Londres elevou seu número de representantes de 22 para 62. Os encarregados das circunscrições eleitorais que implementaram as intenções do Ato foram instruídos, na medida do possível, a criar distritos eleitorais homogêneos, distinguindo não apenas

DO SEGUNDO ATO DE REFORMA À GUERRA DOS BÔERES | 121

distritos rurais e urbanos, mas também bairros de classe média e ruas habitadas pela classe trabalhadora. O resultado disso foi fornecer aos conservadores uma vantagem inerente ao sistema, compensando o viés liberal que atuara nos distritos eleitorais criados pelos atos de reforma precedentes.

Contudo, por mais amplas que tenham sido as mudanças, não se pode dizer que a *Franchise Act* e o Ato de Redistribuição tenham levado a democracia à Grã-Bretanha. Como vimos, a proporção de homens adultos que se qualificavam para o voto estava, mesmo em teoria, entre metade e dois terços do total. Na prática, era bem mais baixa que isso, devido às tecnicalidades do processo de registro. Os locatários, por exemplo, dificilmente conseguiam obter o registro eleitoral, a despeito das intenções do segundo e do terceiro Atos de Reforma de incluí-los. No melhor dos casos, apenas 50% dos homens adultos de fato obtinham o registro, mesmo na Inglaterra e no País de Gales. Uma proposta de se conferir o direito de voto às mulheres fracassou. A Grã-Bretanha ainda teria um longo caminho a percorrer antes de chegar à democracia plena.

O Ato de Redistribuição criou a norma do distrito eleitoral composto por um único membro. Nem a ala radical nem a ala Whig do Partido Liberal ficaram contentes com isso, uma vez que os distritos eleitorais plurais lhes haviam permitido partilhar sua representação. Após 1867, por exemplo, Birmingham, junto com outras cidades, tinha três cadeiras. A cuidadosa organização feita pela "panelinha" liderada por Joseph Chamberlain garantiu que candidatos liberais se apossassem de todas as três. No entanto, Gladstone estava convencido de que disputas entre candidatos liberais rivais favorecera os conservadores, e recebeu de bom grado essa mudança, uma vez que assegurava disputas polarizadas entre dois partidos. O Ato também mantinha o sistema do "primeiro a cruzar a linha de chegada", no qual o candidato com o maior número de votos – e não com a maioria dos votos – é eleito. Os defensores da representação proporcional criticaram esse sistema na época, mas a consideração concedida a suas alegações na Câmara dos Comuns foi ainda menor que a da proposta de conceder o direito de voto às mulheres.

A primeira eleição geral sob as novas disposições foi realizada em novembro de 1885. Na ocasião da dissolução do parlamento estava no poder um ministério conservador liderado por lorde Salisbury, e os Tóris haviam rejeitado o orçamento de Gladstone em junho. O ministério de Salisbury foi, porém, visto como um governo provisório até que os novos registros eleitorais estivessem prontos e se pudesse realizar uma disputa. O cômputo dos votos revelou um comparecimento de 81%, o maior do século XIX, e o menor número de cadeiras conquistadas sem disputa. Na Grã-Bretanha não se deu muita importância à questão irlandesa que viria a dominar o parlamento. A religião era o assunto mais premente, especialmente na Escócia. Além disso, Joseph Chamberlain e outros radicais apresentaram propostas pela educação gratuita, habitações baratas e reforma agrária. Os resultados conferiram aos liberais 335 cadeiras e aos conservadores, 249. Mais uma vez, os liberais foram mais bem-sucedidos na Escócia e no País de Gales, onde assumiram 89% das cadeiras, do que na Inglaterra, onde obtiveram 53%. Fizeram mais progresso que o usual nos condados ingleses, talvez por terem conferido o direito de voto aos trabalhadores agrícolas, que agora votavam pela primeira vez. Por outro lado, os conservadores invadiram os distritos eleitorais urbanos, e especialmente os subúrbios.

Os resultados para a Irlanda, porém, transformaram a situação. Ali, os nacionalistas de Parnell conquistaram praticamente tudo, obtendo 85 cadeiras. Somente os conservadores evitaram uma tomada total, obtendo 17 cadeiras da província de Ulster, pois os liberais foram aniquilados na Irlanda.

Os 86 apoiadores de Parnell – incluindo um de Liverpool – mantiveram o equilíbrio exato entre os partidos britânicos em Westminster. A questão era para que lado tenderiam. O próprio Parnell instara para que os votantes irlandeses na Grã-Bretanha apoiassem os candidatos conservadores. Uma vez que havia poucos votantes registrados, porém, isso provavelmente não surtiu resultados. Quando Salisbury sinalizou que favoreceria a coerção na Irlanda, enquanto Gladstone sinalizou, naquilo que ficou conhecido como "o boato de Hawarden", que apoiaria a autonomia de governo, a situação inevitavelmente se inclinou em favor dos liberais. Salisbury foi destituído e Gladstone formou sua terceira administração no início de 1886.

O *Home Rule Bill* [projeto de lei de autonomia de governo] apresentado por Gladstone era uma medida modesta. Os assuntos "imperiais", que incluíam a política externa e a tributação indireta, seriam mantidos em Westminster. Os irlandeses seriam autônomos dentro dessa estrutura, responsabilizando-se pelos assuntos que afetassem apenas o seu país. E, no entanto, não teriam mais representação no parlamento do Reino Unido. Isto provocou uma rebelião por parte dos próprios apoiadores de Gladstone, que se denominavam "unionistas liberais", pois não estavam dispostos a dissolver a União. Dentre eles, 94 votaram em alinhamento com os conservadores

IMAGEM 17. "Seu primeiro voto", uma visão paternalista do trabalhador agrícola com seu recém-concedido direito de voto.

para derrubar o projeto em sua segunda apresentação. Em resultado disso, o governo de Gladstone caiu.

A rebelião dos unionistas liberais seguia as fissuras ideológicas do partido. Joseph Chamberlain, o líder radical, era um dos principais rebeldes junto com lorde Hartington, o mais proeminente dos Whigs. Em certo nível, eles eram os perdedores de um jogo disputado com Gladstone pelas altas posições na liderança do Partido Liberal. Na verdade rebelaram-se mais Whigs que radicais, o que tem sido considerado como a razão do afastamento definitivo dos proprietários de terras Whig em relação ao Partido Liberal rumo ao seu hábitat natural nos bancos conservadores, permitindo que o liberalismo se tornasse mais radical. Entretanto, uma análise mais detida da cisão revela que todas as seções do partido, tanto a dos liberais moderados como as dos Whigs e radicais, uniram-se aos rebeldes e permaneceram leais a Gladstone. Gladstone foi deixado então com uma amostragem representativa do partido que havia triunfado nas eleições de 1885, mais que com os remanescentes radicais.

Seu poder muito reduzido, porém, estava longe de triunfar na eleição geral convocada por Gladstone imediatamente após a derrota de seu projeto de lei de autonomia. Os conservadores cooperaram com os unionistas liberais, não se opondo a eles nos distritos eleitorais onde poderiam derrotar um liberal gladstoniano, a menos que houvesse a intervenção de um candidato conservador. Os conservadores e os unionistas liberais suplantaram os liberais gladstonianos no sul da Inglaterra, remetendo-os de volta a seus baluartes no Norte, a Escócia e Gales. Os votantes escoceses e galeses, porém, demonstraram sua lealdade a Gladstone não apenas opondo-se aos candidatos conservadores, mas também apoiando os liberais contra os unionistas liberais.

O resultado foi que os conservadores emergiram como o maior partido na Câmara dos Comuns, com 317 cadeiras. Os liberais gladstonianos formaram o segundo partido, com 191 cadeiras. Os nacionalistas irlandeses tinham seu próprio partido com 85 cadeiras. Os unionistas liberais contavam 77 cadeiras, o que os tornava o menor partido da Câmara. Contudo, eram numerosos o bastante para manter os conservadores no poder, mesmo que meramente se abstivessem, ou para suplantá-los caso se unissem com seus antigos colegas e com os apoiadores de Parnell. O Partido Liberal frequentemente se cindira no passado, permitindo aos conservadores curtos períodos no poder até que se unisse novamente. Dessa vez, porém, a divisão foi permanente, concedendo aos conservadores um período de 20 anos no poder, com a breve exceção do governo liberal de 1892 a 1895. O terceiro marquês de Salisbury, que sucedeu Gladstone como primeiro-ministro, recebeu bem a saída dos unionistas liberais das fileiras de seu rival, desfecho que há muito havia previsto. Pois talvez Salisbury tenha sido o único dos políticos de alto escalão no século XIX a aceitar que a principal dinâmica da política era o antagonismo de classes. Ele previa um futuro conflito entre as classes proprietárias e as massas, e instintivamente sabia em que lado ele e o Partido Conservador deveriam se posicionar. Preocupava-o que muitos proprietários de terras Whig, por razões de histórico familiar mais que por próprios interesses, permanecessem no Partido Liberal a despeito de que este também abrigasse radicais da índole de John Bright, que defendia a guerra de classes contra os aristocratas, e Joseph Chamberlain, que certa vez havia descrito o próprio Salisbury como pertencendo à classe que, como os lírios do campo, não trabalhavam nem fiavam. Embora, ironicamente, Chamberlain e Bright tenham se afastado dos liberais junto com os unionistas liberais, seus colegas incluíam o grupo daqueles cuja aliança com os conservadores havia sido encorajada pelo novo primeiro-ministro.

Ainda que estivessem dispostos a manter seu governo no poder, até 1895, não estavam propensos a se unir em uma coalizão. Salisbury, por conseguinte, teve de formar seu primeiro ministério com base em seus próprios apoiadores. Ele próprio não assumiu o habitual primeiro posto no Tesouro, mas sim a secretaria de Relações Exteriores. Uma vez que era um par, sua escolha como líder da Câmara dos Comuns era crucial. Após a elevação de Disraeli à dignidade de par, os conservadores na Câmara dos Comuns haviam sido liderados por sir Stafford Northcote, mas sua incompetência esgotara a paciência de alguns membros mais jovens do parlamento que formaram o que ficou conhecido, a princípio como gracejo, como o Quarto Partido. Eles conseguiram garantir que Salisbury, e não Northcote, liderasse o partido rumo à sua vitória eleitoral em 1886. Quando se tornou primeiro-ministro, portanto, Salisbury tinha uma dívida de gratidão com esse grupo. Dentre eles destacava-se lorde Randolph Churchill, que Salisbury não apenas tornou líder da Câmara dos Comuns, mas também ministro da Fazenda.

Churchill representava uma nova espécie de conservador, que acolhia, em vez de repudiar, a perspectiva da democracia. Admirava muito Bismarck, que presidira um regime conservador na Alemanha recém-unida, a despeito – ou talvez em virtude – de seu sistema eleitoral democrático. A controversa presidência de Churchill na União Nacional de Associações Conservadoras conferiu-lhe a oportunidade de pôr em prática seu conceito de "democracia Tóri". Sua ambição impaciente fez dele um espinho na carne de Salisbury, ou, como expressou o primeiro-ministro, "um abscesso em sua nuca". Em dezembro de 1886, Churchill renunciou à presidência em protesto contra as estimativas do orçamento naval. Isso foi uma manobra calculada para obter a liderança. Ele chegou até a jogar com a ideia de uma coalizão entre os radicais de Chamberlain e os conservadores churchillianos em um novo partido. Mas a manobra falhou porque Churchill superestimou a força de sua própria posição e subestimou a de Salisbury. Foi o primeiro-ministro quem deu o primeiro passo rumo a um realinhamento dos partidos ao conseguir que o unionista liberal Goschen substituísse Churchill como ministro da Fazenda. Após sua queda, Churchill rapidamente declinou, à medida que as crises da sífilis e sua entrega ao álcool e aos medicamentos para compensá-las cobraram o seu preço.

Não haveria outro desafio sério à liderança de Salisbury. Quando ele deixou o cargo em 1902, foi para se aposentar, e não por uma derrota no parlamento ou nas eleições. A sua renúncia ao posto de primeiro-ministro foi a primeira desse tipo por mais de um século.

A façanha de Salisbury foi ainda mais notável pelo fato de que ele se sentia desconectado de seu tempo. Longe de representar um novo tipo de conservador, ele incorporava o torismo mais antiquado. Era devotado à rainha, à monarquia e à Igreja da Inglaterra. Com efeito, afirmou-se que a "política religiosa era sua mais alta prioridade como primeiro-ministro". Desse modo, ele estava disposto a subsidiar as escolas elementares confessionais, tornando gratuito o acesso às mesmas em 1891, uma vez que serviam a um propósito mais moral que as escolas públicas. A religião era necessária para proporcionar um cimento social que compensasse o efeito desintegrador da orientação rumo à democracia. Embora temesse essa orientação, considerava-a inevitável. Tudo o que os conservadores podiam fazer era tentar controlá-la. Enquanto Churchill admirava o êxito de Bismarck do conseguir isso na Alemanha, Salisbury passou a admirar a Constituição dos Estados Unidos da América, com seu sistema de controle da tirania da maioria. A Grã-Bretanha não tinha a salvaguarda de uma Suprema Corte, que, em sua opinião, teria declarado inconstitucionais alguns itens da legislação irlandesa de Gladstone; mas, por outro lado, tinha a

Câmara dos Lordes e o Partido Conservador, que podiam desempenhar uma função semelhante.

No último ministério de Gladstone, a Câmara dos Lordes foi usada para rejeitar leis aprovadas pela Câmara dos Comuns. Salisbury podia dizer que os liberais não haviam tido um mandato em seus próprios termos, uma vez que o resultado das eleições de 1892 havia sido tão pouco decisivo que ele chegou a se manter no cargo até que fosse derrubado por um voto de não confiança no novo parlamento. Os resultados conferiram aos liberais o maior número de cadeiras, 272, mas por muito pouco, já que os conservadores obtiveram 268. Eles eram, portanto, dependentes dos nacionalistas irlandeses, que conquistaram 80 cadeiras. Estes últimos dificilmente apoiariam Salisbury diante da política coercitiva adotada por seu sobrinho Arthur Balfour em relação à Irlanda. Contudo, foram desmoralizados depois que seu líder, Parnell, foi desacreditado por ter sido citado como corresponsável em um caso de divórcio por adultério em 1890. Embora os unionistas liberais tivessem sido reduzidos a apenas 46 cadeiras, Salisbury podia dizer que havia na Grã-Bretanha, e especialmente na Inglaterra, onde os conservadores e seus aliados detinham 57% das cadeiras, uma maioria em favor da preservação da União. Consequentemente, quando o projeto da lei de autonomia de governo de Gladstone foi aprovado na Câmara dos Comuns, Salisbury não teve receio de liderar uma oposição a este na Câmara dos Lordes, repudiando-o por 419 votos contra 41. Gladstone poderia ter denunciado a manobra de Salisbury, pedindo à rainha uma dissolução e disputando uma eleição com base em uma plataforma do povo contra os pares, mas não havia manobra a ser denunciada. Em vez disso, aferrou-se ao cargo por mais seis meses e depois renunciou, deixando que lorde Rosebery enfrentasse uma inevitável derrota em uma votação na Câmara dos Comuns em 1895.

A rainha pediu que Salisbury formasse um governo. Seu segundo ministério foi, desde o princípio, uma coalizão entre conservadores e unionistas liberais. Mais uma vez, ele mesmo assumiu a secretaria de relações exteriores, conferindo o primeiro posto do Tesouro a Balfour. Ofereceu então 4 cadeiras no gabinete aos unionistas liberais, para que fossem preenchidas como quisessem. Para sua surpresa, Joseph Chamberlain escolheu a secretaria colonial. Logo que o ministério foi formado, Salisbury conseguiu que a rainha dissolvesse o parlamento.

A vitória dos conservadores e dos unionistas liberais era um desfecho prenunciado, já que os liberais não chegaram a disputar sequer 130 cadeiras. Entretanto, a magnitude desse triunfo surpreendeu o próprio Salisbury, pois conferiu aos conservadores a maioria global, fazendo que se arrependessem do tratamento generoso dispensado aos unionistas liberais na distribuição dos postos no governo de coalizão. A avalanche de cadeiras, porém, não refletia uma transferência sísmica de votos. O sistema eleitoral estabelecido em 1884 e 1885 podia produzir grandes mudanças na composição da Câmara dos Comuns a partir de pequenas alterações no comportamento eleitoral. Estimou-se que o resultado da eleição de 1895 tenha representado uma tendência de apenas 3% em favor dos conservadores e unionistas liberais. Com uma margem tão estreita, considerações tais como organização, verbas e apoio da imprensa eram cruciais. A máquina conservadora foi supervisionada por R. R. Middleton, cujos esforços nos distritos eleitorais foram recompensados pelo partido com um cheque de £10.000 em um banquete realizado após a vitória. Além da profissionalmente organizada União Nacional das Associações Conservadoras, havia a extremamente bem-sucedida organização voluntária da Liga de Primrose, fundada em 1884, que, em 1895, tinha mais de 1 milhão de membros. Esses esforços substituíram as atividades dos magnatas que controlavam as eleições às suas próprias custas até que o Ato de Práticas Corruptas de 1883 limitasse as quantias de dinheiro a serem gastas pelos candidatos. Antes disso, os candidatos liberais haviam sido, no geral, mais bem financiados, dada a riqueza dos Whigs mais proeminentes. Sua separação do partido, porém, possibilitou que seus rivais obtivessem mais verbas dali em diante. Novamente, a imprensa havia tendido a apoiar os liberais no apogeu de Gladstone, ao passo que, durante a década 1890, inclinou-se mais em favor dos conservadores. Todas essas considerações ajudaram Salisbury a obter a primeira maioria geral desde 1874.

O Partido Trabalhista Independente, fundado dois anos antes, apresentou apenas 28 candidatos, sendo todos eles derrotados. Todavia, Salisbury via o socialismo como uma nítida ameaça ao sistema capitalista, e dava prioridade às reformas sociais como um meio de evitá-lo. Logo após a eleição geral, ele anunciou publicamente que "conseguimos, na medida do possível, tornar este país mais agradável de viver para a vasta maioria". Ele tratou das questões trabalhistas com o Ato de Conciliação de 1896, que permitiu que a Câmara de Comércio tivesse poder de arbitragem entre empregadores e empregados, e com um esquema para compensar trabalhadores lesionados em acidentes industriais. Seu governo também aprovou medidas que visavam melhorar a saúde pública e as condições de trabalho. Ele chegou até a promover um esquema para criar pensões de aposentadoria, mas o cálculo atuarial para isso naufragou com os elevados custos acarretados pela irrupção da Guerra dos Bôeres.

Essas propostas prenunciavam a política baseada em classes do século XX. Na década de 1890, elas suscitaram pouca controvérsia em comparação com as questões religiosas que ainda ocasionavam mais divergências. Elas certamente ameaçavam dividir a coalizão de Salisbury quando um projeto de lei educacional proposto em 1896 contrariou os unionistas liberais porque relegava os dissidentes religiosos. Propôs-se que se estabelecessem comitês educacionais nos condados e nos burgos dos condados para supervisionar todas as escolas, tanto aquelas administradas pelos comitês compostos por autoridades locais quanto aquelas dirigidas por denominações religiosas. Embora se oferecesse maior apoio financeiro às escolas confessionais, a perspectiva de controle burocrático mostrou-se inaceitável para os próprios apoiadores do governo, e o projeto foi abandonado.

A coalizão unionista sobreviveu à crise em parte por ter permanecido unida em torno da questão da Irlanda. Sua política, originada mais do cinismo que do altruísmo, era "matar a autonomia de governo com delicadeza". Sucessivos Atos de Aquisição de Propriedades para permitir que os arrendatários comprassem os terrenos que ocupavam tentavam extinguir o tipo de agitação explorado pela *United Land League*, fundada por William O'Brien em 1898. Também nesse ano foi aprovado o *Irish Local Government Act* [ato do governo local irlandês], que introduziu o novo sistema britânico de conselhos dos condados e conselhos dos distritos rurais e urbanos. Embora os nacionalistas tenham obtido três quartos das cadeiras nas primeiras eleições, não consideravam isso um substituto da autonomia de governo. Pelo contrário, instigou-se o nacionalismo irlandês contra o imperialismo britânico, especialmente após a irrupção da Guerra dos Bôeres, fazendo que o partido parlamentar cerrasse suas fileiras sob a liderança de John Redmond, antigo apoiador de Parnell.

O imperialismo teve mais o efeito de desgastar que de consolidar a aliança entre o primeiro-ministro conservador e seu secretário colonial unionista liberal, Joseph Chamberlain. Em seu cargo de secretário de Relações Exteriores, Salisbury tentou proteger os interesses imperiais recém-adquiridos da Grã-Bretanha, mais que seus interesses internos tradicionais. Desse modo, no Mediterrâneo, a Grã-Bretanha acostumara-se a alinhar-se à França para defender a Turquia contra a expansão russa. Mas, no fim do século XIX, o Poder Naval francês era visto como uma ameaça à presença britânica no Egito. Salisbury estava, portanto, ansioso para desobrigar-se de defender a Turquia e se concentrar em apoiar os compromissos egípcios. Em 1898, a rivalidade imperial entre a França e a Grã-Bretanha quase chegou a provocar hostilidades no Sudão quando expedições militares dos dois países se chocaram em Fachoda.

Entretanto, Salisbury não era um militar imperialista. Quando soube das notícias de que a expedição britânica havia derrotado uma força sudanesa duas semanas antes do incidente de Fachoda, ele escreveu: "Um massacre de 16 mil deve satisfazer nossos jingos por pelo menos seis meses". Entre os jingoístas estava Chamberlain, que demonstrou seu fervor pela expansão imperial na África do Sul. Ele esteve envolvido na incursão de Jameson em 1895, quando um ataque à República bôer de Transval foi rechaçado. Para piorar a coisa, o imperador alemão enviou um telegrama felicitando Kruger, o presidente de Transval, por ter derrotado a incursão. Os atritos entre colonos britânicos no Cabo e os bôeres no interior deviam-se em grande medida à descoberta de ouro e diamantes na vizinhança de Johannesburgo. Milhares de colonos afluíram ao local na esperança de enriquecer rapidamente. O alto comissário britânico na Cidade do Cabo, sir Alfred Milner, usou sua presença para pressionar Kruger a conferir direitos civis aos colonos. Interpretando isso como um cavalo de Troia, Kruger fez um ataque antecipado contra os britânicos em 1899. A Guerra dos Bôeres havia começado.

A princípio, as coisas foram mal para a Grã-Bretanha. Longe de exigir apenas uma reduzida força expedicionária para combater os bôeres em poucas semanas, o conflito se tornou um grande confronto que durou mais de dois anos. Cerca de 22 mil soldados, de um total de 447 mil do lado britânico, morreram devido a ferimentos ou doenças. O custo da guerra chegou a £200.000.000. A perda de prestígio foi ainda maior. A maior potência do planeta havia sido não apenas humilhada por uma pequena república de fazendeiros, mas também os métodos usados para assegurar a vitória defini-

IMAGEM 18. "A campanha cáqui: uma rendição", o carpinteiro radical seduzido pela sereia patriótica.

tiva deslustraram sua pretensão de superioridade moral. Para derrotar os guerrilheiros, os britânicos adotaram uma tática de terra arrasada, despojando regiões inteiras de seus habitantes e confinando-os em "campos de concentração" nos quais morreram de 18 mil a 28 mil pessoas.

A ocupação de Transval em agosto de 1900 persuadiu o primeiro-ministro a convocar uma eleição geral. Entretanto, Salisbury pessoalmente não tentou tirar proveito do aparente triunfo final sobre os bôeres. Seu discurso eleitoral foi retraído, argumentando que as divisões no Partido Liberal o haviam tornado inadequado para o governo. Coube a Chamberlain instigar a histeria jingoísta com a afirmação de que "cada cadeira perdida pelo governo é uma cadeira ganha pelos bôeres". A disputa resultante nas eleições

IMAGEM 19. A rainha Vitória em idade avançada.

passou a ser conhecida, desde então, como a eleição "cáqui".[2] Até onde isso marcou o triunfo do jingoísmo, porém, é uma questão controversa. A maioria geral unionista foi derrubada, perdendo 18 cadeiras sobre o total que haviam obtido em 1895. O número de cadeiras não disputadas se elevou, enquanto o comparecimento onde houve disputas diminuiu, de modo que o total de votos computados caiu em mais de 1 milhão. Por outro lado, os unionistas obtiveram uma percentagem maior dos votos, alcançando a rara façanha de conquistar mais da metade deles. Além disso, obtiveram a maioria das cadeiras escocesas, um proeza única para os conservadores e seus aliados, e todas as cadeiras de Londres com exceção de 8, enquanto muitos distritos eleitorais da classe trabalhadora, como Brightside, Sheffield, desertaram do campo liberal. Isso foi conseguido contra uma recente tendência de vitórias de seus oponentes nas eleições suplementares, diferentemente da situação de 5 anos antes. A eleição, por conseguinte, cessou o movimento pendular que havia proporcionado maiorias a cada um dos partidos em eleições alternadas desde 1868, dando aos conservadores e unionistas liberais duas vitórias seguidas sobre os liberais e outros.

Salisbury, então com 71 anos, queria exonerar-se como primeiro-ministro, mas, como explicou ao finalmente renunciar em 1902, "Por algum tempo, cogitei tomar essa atitude por motivos de saúde, mas fui demovido da ideia pelo receio de que, enquanto a guerra continuasse, eu pudesse dar a impressão de que havia uma divisão no gabinete". Pode-se concluir que isso não era um mero pretexto devido à sua atitude de abdicar do cargo de secretário de assuntos externos ao formar sua última administração após a eleição geral. Qualquer ambição remanescente que pudesse subsistir foi extinta com a morte da rainha Vitória em 1901. Havia um sólido vínculo entre o primeiro-ministro e a rainha. Em contraposição, ele tinha pouca consideração por Eduardo VII. Salisbury era essencialmente um vitoriano. Sua renúncia marcou o fim de uma era na política, assim como a morte da rainha o fez na vida da nação.

---

2   Tendo sido assim batizada devido à cor do uniforme inglês utilizado na Guerra dos Bôeres. (N.E.)

capítulo 6

A GRÃ-BRETANHA NO SÉCULO XX

Assim como alguns historiadores argumentaram em favor da existência de um "longo século XVIII" que se estenderia até 1832, alega-se, de modo similar, que haveria um "longo século XIX", que se encerraria depois de seu final cronológico em 1900. Não há dúvida de que começar a história da Grã-Bretanha no século XX com a eleição geral de 1906 é uma ideia atraente, embora se possa defender, de modo ainda mais convincente, que o período vitoriano seja ampliado de modo a incluir o período eduardiano e inclusive os anos do pré-guerra que foram bruscamente interrompidos em 1914. Sem dúvida, a Primeira Guerra Mundial foi uma linha divisória na história britânica – e assim ela foi vista. No entanto, a primeira guerra que marcou a passagem para o século XX, o conflito com os bôeres no sul da África, também representou um evento suficientemente decisivo para justificar que se comece a contar a história da Grã-Bretanha pós-vitoriana em torno da época da morte da própria rainha Vitória.

A Guerra dos Bôeres abalou a confiança vitoriana. As presunçosas suposições, beirando a arrogância, de que a história, se não a providência, selecionara os britânicos para que fossem seus filhos prediletos, para que oferecessem ao restante do mundo o modelo do progresso material e moral, sofrera sérios golpes desde seu apogeu, em 1851, ano da Grande Exposição. O desafio dos concorrentes econômicos, especialmente Alemanha e Estados Unidos, suscitou dúvidas a respeito de sua superioridade material, enquanto a perceptível decadência na década de 1890 solapou as pretensões de liderança moral. Mas a crença na superioridade britânica sobrevivera tenazmente. Um conflito no qual a maior potência imperial do mundo seria capaz de resistir por três anos graças a um pequeno grupo de colonos parecia, no entanto, confirmar o triste declínio de sua posição dominante em meados do século XIX.

A lastimável condição física dos recrutas que ofereceram seus serviços na guerra parecia ser uma manifestação dessa situação. Muitos deles tiveram de ser rejeitados e declarados inaptos após um exame médico que não era nem muito rigoroso. Alguns alarmistas chegaram a concluir que isto era uma prova da degeneração da raça britânica. Esses receios provocaram a instituição do Comitê Interdepartamental de Degeneração Física em 1903. Racistas atribuíram a suposta degeneração a características raciais hereditárias. Entretanto, a maior parte dos comentaristas culpou os efeitos de um ambiente industrial no estado de saúde da classe trabalhadora. Eles reconheciam que, enquanto as famílias da classe média claramente limitavam o seu tamanho, os pais da classe trabalhadora não praticavam nenhum tipo de planejamento familiar e, portanto, tinham mais filhos. Também apontaram que a mortalidade infantil em todo o país girava em torno de 10,5%, enquanto nas grandes conurbações estava em cerca de 20%.

Em 1901, aproximadamente 78% de uma população de 37 milhões de habitantes vivia em cidades e capitais regionais. As condições sociais nas zonas urbanas sem dúvida haviam melhorado em relação ao terrível estado de miséria e insalubridade em que se encontravam na época da ascensão da rainha Vitória. Isto ocorreu não apenas nos novos "subúrbios" da classe média, mas também nas partes mais pobres das cidades. A água limpa e uma rede de esgotos eficaz eliminaram a cólera e outros riscos à saúde associados à falta da higiene básica. O nível de vida também melhorou, e, junto com ele, a expectativa de vida. Apesar disso, os padrões nutricionais, especialmente entre os trabalhadores não qualificados e suas famílias, eram em grande medida responsáveis pela má condição física dos voluntários ao serviço militar na Guerra dos Bôeres. As péssimas condições de moradia também contribuíram para a elevada incidência de bronquite, tuberculose e outras afecções pulmonares que os afligiam.

Essas condições não se modificaram radicalmente nos anos transcorridos entre o conflito e o começo da Primeira Guerra Mundial. Quando se iniciou uma nova fase de recrutamento, as pessoas ficaram novamente impressionadas com a quantidade de indivíduos que tiveram de ser recusados devido à baixa estatura, ao peso insuficiente e por não estarem de modo geral aptos para o serviço ativo ou, na verdade, para nenhuma espécie de serviço militar. Ironicamente, aqueles que foram rejeitados teriam maior chance de ter uma vida mais longa do que se não houvesse uma guerra, pois os padrões nutricionais melhoraram durante este período, não apenas de modo geral, mas especialmente para os trabalhadores semi e não qualificados. Durante os anos de guerra, a "diluição" do trabalho, com a qual os sindicatos permitiram que trabalhadores semiqualificados realizassem trabalhos qualificados, significou que muitos deles poderiam obter salários melhores do que os que recebiam antes e, uma vez que os preços não subiram proporcionalmente, eles poderiam se permitir uma alimentação mais nutritiva.

Aqueles que foram aceitos no Exército, por outro lado, tinham a menor expectativa de vida do século. Isto afetou sobretudo as classes altas, já que poucos de seus integrantes eram considerados não aptos e a maioria serviu na condição de oficiais subalternos, que eram os grupos mais vulneráveis nas batalhas. As baixas entre os oficiais eram tão elevadas que é preciso dar algum crédito à ideia de uma "geração perdida" em consequência da Primeira Guerra Mundial. A morte de quase 750 mil pessoas deixou uma ferida psicológica que demorou mais de uma geração para ser curada.

O intenso patriotismo gerado por esse sacrifício também ficou evidente durante a Guerra dos Bôeres. Desse modo, a eleição "cáqui" de 1900 foi caracterizada pelo mesmo tipo de entusiasmo e jingoísmo cego que acompanhou o recrutamento em 1914. Em 1902 e também em 1919, erigiram-se monumentos aos mortos em combate, com suas listas dos homens que "caíram" durante o conflito. Esses sentimentos eram muito mais poderosos do que as vozes que se levantavam contra o imperialismo e o nacionalismo durante as guerras, ou os *slogans* de luta de classes que se bradavam nos intervalos entre as mesmas. Tais sentimentos expressavam uma profunda lealdade ao rei e ao país, até mesmo – ou, talvez, especialmente – entre as classes mais pobres da sociedade.

Ainda assim, a Grã-Bretanha continuou sendo um país com consciência de classe. Alguns monumentos aos mortos enumeravam em primeiro lugar os oficiais "caídos" em combate, os suboficiais e os soldados rasos por último, como se as distinções de classe fossem delineadas pela própria morte, pois os oficiais provinham das classes altas, especialmente das famílias que mandavam seus filhos a escolas públicas e às universidades tradicionais. Usualmente, eram famílias de proprietários de terras que formavam a espinha dorsal da classe dominante. Mas o impacto da "grande depressão" da década de 1890 na renda da terra fez que as terras perdessem sua atratividade como investimento. Naturalmente, elas sempre tiveram mais que um único atrativo econômico, já que outorgavam aos seus proprietários prestígio social e influência política. Mas até mesmo essas vantagens dos proprietários de terras pareciam estar perdendo algo de sua glória. As pessoas estavam mais dispostas tanto a vender como a comprar terras e cerca de um quarto das propriedades da Grã-Bretanha mudou de dono nos anos imediatamente posteriores à Grande Guerra. A partir de então, a classe dominante passou a ser menos obviamente constituída por proprietários de terras. Desse modo, no final dos anos 1920, somente 14% dos parlamentares conservadores eram de origem rural, em comparação com 32% de comerciantes e 35% de profissionais liberais. Ao mesmo tempo, quase metade deles frequentara grandes escolas públicas, enquanto 45% deles tinham se formado em Oxford ou Cambridge.

Sem dúvida, a educação se transformou mais em um indicador das distinções de classe do que em fonte de riqueza. Cerca de 6% dos estudantes da nação obtinham sua educação em escolas particulares. Em 1918, o restante tinha de receber educação obrigatória até os 14 anos de idade. A maior parte era educada em escolas "elementares" gratuitas, enquanto uma pequena minoria também frequentava escolas "secundárias" nas quais pagavam-se mensalidades. No intervalo entre as guerras, foram elaboradas várias propostas para prolongar a escolaridade até os 15 anos de idade e oferecer educação gratuita para todos, mas isto não foi plenamente implementado até o *Education Act* de 1944. Essa lei supunha que as crianças possuíam habilidades inatas. Algumas delas, uma minoria, eram "acadêmicas" e deviam ser incentivadas a ir para escolas especiais. Outras possuíam habilidades técnicas e deveriam ir para escolas apropriadas a fim de receber treinamento. O restante deveria receber uma educação básica em escolas secundárias modernas. Aos 11 anos de idade realizam-se exames para decidir que tipo de educação secundária seria a mais apropriada depois da escola primária. Essas suposições psicológicas tinham implicações classistas. As crianças de classe média, consideradas como "acadêmicas" de modo inato, iam principalmente para as escolas especiais. As escolas técnicas foram projetadas para os filhos da classe trabalhadora qualificada, embora poucas autoridades locais fornecessem provisões para esse tipo de ensino. A maior parte dos filhos da classe trabalhadora, tanto qualificada como semiqualificada ou não qualificada, frequentava as escolas secundárias modernas.

O sistema educacional tendia a reafirmar os estereótipos sexuais, bem como os sociais. Uma das críticas à seleção da educação secundária por meio da aplicação do exame às crianças de 11 anos de idade era que, proporcionalmente, as escolas especiais tinham mais vagas para meninos do que para meninas, ainda que nessa idade as meninas obtivessem, estatisticamente, melhores resultados nos exames que os meninos. Presumia-se que os meninos prosseguiriam até a educação superior e entrariam nos negócios ou seriam profissionais liberais, enquanto as meninas sairiam da escola para assumir trabalhos temporários até que se casassem e se tornassem esposas e mães em tempo integral. Isto estava em contradição com o crescimento de oportunidades para as mulheres no século XX. Em 1911, cerca de 590 mil mulheres estavam empregadas no comércio ou eram profissionais liberais. A Primeira Guerra Mundial fez que essa cifra duplicasse.

As conquistas das mulheres durante o período de guerra foram, porém, efêmeras. Entre 1914 e 1918, aproximadamente 1,345 milhão de mulheres ingressaram na força de trabalho. Elas encontraram serviço em postos que anteriormente haviam sido ocupados por muito poucas mulheres – ou nenhuma. No final do século XIX, as mulheres da classe média que desejassem ter uma carreira profissional tinham de se tornar governantas ou professoras, enquanto as garotas das classes mais baixas iam, em sua grande maioria, para o trabalho doméstico. Agora passaram a encontrar trabalho em farmácias, fábricas, hospitais, escritórios e nos transportes. Os sindicatos, receando que as mulheres fossem uma fonte de trabalho barato e preocupados em garantir que os soldados recuperassem seus empregos quando voltassem para casa, tratavam-nas friamente. Elas, em grande medida, abandonaram seus trabalhos quando a guerra terminou. Se antes haviam sido instadas pela imprensa a assumir empregos, especialmente nas fábricas de munições, foram depois coagidas a abandoná-los quando deixaram de ser necessárias. Muitas retornaram ao serviço doméstico, pois, embora o número de criados em cada lar tenha caído dramaticamente na década de 1920 quando os aparelhos domésticos que "economizavam trabalho" os substituíram, ainda assim o número de casas que contratavam criados aumentou no período entreguerras. A guerra, portanto, não estimulou muito a tendência de crescimento da população feminina empregada, que, de qualquer maneira, ampliou-se de mais de 4 milhões em 1901 para 5,6 milhões em 1931.

Contrariamente a uma visão amplamente difundida, a guerra não promoveu muito o reconhecimento da contribuição feminina ao obter o direito

IMAGEM 20. O rei George V fazendo sua primeira transmissão radiofônica de Natal em 1932.

de voto para elas. A guerra não persuadiu os políticos de que, já que as mulheres podiam fazer o trabalho dos homens, estariam aptas a assumir também outros papéis masculinos. As jovens fabricantes de munições teriam de esperar algum tempo até atingir a idade de 30 anos na qual, após 1918, as mulheres adquiriram o direito de votar nas eleições parlamentares. Elas podiam ter de esperar ainda mais, até que se tornassem contribuintes ou esposas de contribuintes, o que era um requisito adicional da lei. Somente em 1928 as mulheres ganharam o direito de voto igual ao dos homens.

Quando as mulheres votavam, porém, tendiam a impulsionar o elemento conservador dentro do eleitorado. A concessão do direito de voto às mulheres reforçou as forças de inércia na sociedade britânica, que preservara suas instituições e sua estrutura de classes a despeito das pressões da mudança social e econômica. É um tanto paradoxal que essas estruturas e instituições tenham sobrevivido ao elevado desemprego e à militância sindical do período entreguerras. Mas, efetivamente, a década de 1920 e, especialmente, a de 1930 foram décadas de crescente prosperidade para a maioria dos integrantes da classe trabalhadora que conseguiram manter seus empregos. Essa seção da comunidade se beneficiou da produção de bens de consumo nas novas indústrias elétricas e de engenharia. A manufatura de gramofones e discos, rádios, ferros elétricos de passar roupas e aspiradores de pó criou uma certa explosão de consumo, uma vez que, no final da década de 1930, a maior parte das famílias havia adquirido tais produtos. A produção de automóveis também criou empregos, embora sua aquisição estivesse altamente restrita à classe média, sendo que os meios de transporte particulares do trabalhador eram bicicletas simples e motorizadas. A elevação do nível de vida dos trabalhadores aprofundou a distância entre as famílias "respeitáveis" e as "rudes". Os lares nos quais o marido e até a esposa frequentavam tabernas, enquanto suas crianças vestiam trapos e tamancos ou andavam descalças, tornaram-se bem menos prevalentes do que haviam sido antes da Primeira Guerra Mundial. As conquistas dos trabalhadores semiqualificados ou não qualificados durante a guerra sofreram retrocessos devido ao desemprego em massa no intervalo entre as guerras mundiais, mas seu nível de vida não se rebaixou à condição na qual se encontrava antes da Primeira Guerra. Isto se devia em parte ao fornecimento, por parte do governo nacional, de benefícios aos desempregados, e, por parte de autoridades locais, de moradias populares públicas que substituíram os cortiços. O estilo de vida dos trabalhadores que conseguiam se manter no emprego melhorou dramaticamente. Muitos, se não a maioria, podiam comprar roupas novas para seus filhos no Pentecostes, visitando seus vizinhos para exibi-los e receber um *penny*. Muitos também iam para o litoral nos feriados anuais. A capacidade das famílias da classe trabalhadora de custear esses "luxos" era em parte resultante da limitação de seu número de filhos. O controle de natalidade, que, antes de 1914, havia sido amplamente praticado pelas classes alta e média, agora estava difundido em toda a sociedade.

As novas indústrias trouxeram prosperidade aos distritos nos quais estavam localizadas, estando a maioria delas na parte central e no sudeste da Inglaterra. Cada vez mais, a nação estava sendo dividida em duas áreas econômicas, uma de prosperidade, outra de depressão. Nos locais onde predominavam as antigas indústrias em decadência – os distritos têxteis do Norte, os estaleiros do Nordeste e da Escócia e as jazidas carboníferas do sul de Gales, Yorkshire e County Durham –, os níveis de desemprego elevavam-se muito acima da média nacional. Essas eram as regiões das marchas do desespero e da fome. Muitos as abandonaram para procurar trabalho na região mais próspera do Sul. Como resultado, as tendências populacionais dos dois séculos anteriores se inverteram, e a migração reajustou o equilíbrio das áreas industriais mais antigas do Norte, da Escócia e de Gales na direção do interior do país e dos condados no entorno de Londres. Isso fez que se temesse que as terras que haviam sido o eixo da Revolução Industrial se transformassem em terras devolutas, nas quais o desespero pudesse conduzir ao descontentamento político.

A perda da esperança sem dúvida conduziu à depressão e ao desespero. Homens desempregados foram levados ao suicídio, talvez até dois por semana, em média, no começo da década de 1930. Mas a depressão não gerou uma ameaça séria ao sistema. O moral da classe trabalhadora do Norte se manteve, durante anos de privações materiais, graças a um modo de vida que, na década de 1930, já estava há muito tempo consolidado. Para muitos homens, o ponto focal dessa cultura era o clube de trabalhadores. A União de Clubes e Institutos amalgamava uma grande variedade de organizações. Algumas delas eram políticas: conservadoras, liberais e, cada vez mais, trabalhistas. Outras eram sociedades mutualistas como a *Oddfellows* ou a Ordem Real Antediluviana dos Búfalos. Os benefícios que proporcionavam aos seus membros, tais como planos de amparo em casos de doença ou para funerais, eram incentivos especialmente atrativos para a filiação no período anterior ao estabelecimento total do Estado de bem-estar social. Mas a principal atração de tais organizações era o entretenimento que ofereciam. Esse entretenimento não consistia apenas na oferta de bebidas por preços mais baixos e em horários mais flexíveis que os das tabernas, embora concessões, como uma cerveja vendida por dois terços do preço da taberna, não pudessem ser facilmente menosprezadas, especialmente durante a depressão. O bilhar e o *snooker*, o jogo de dardos e o dominó estavam disponíveis todas as noites. E, ao menos uma vez por semana, era oferecido um espetáculo, no qual artistas, como cantores ou comediantes, se apresentavam na sala de concertos ou de música, últimos sobreviventes dos *music-halls* que floresceram na virada do século. Nessas ocasiões semanais, como concessão especial, permitia-se que mulheres acompanhassem os sócios, exclusivamente do sexo masculino. De resto, as funções desses clubes atendiam apenas o público masculino. A alternativa para as mulheres era ir ao cinema ao menos uma vez por semana e, frequentemente, duas. Durante o inverno elas podiam acompanhar os homens em uma partida de futebol ou *rugby*, embora a ideia de que esses esportes eram para toda a família até que os *hooligans* afastassem as mulheres e as crianças na década de 1970 seja um mito. Nunca houve nas partidas de *rugby* um nível de violência que possa ser comparado ao das partidas de futebol, mas a multidão que as assiste sempre consistiu, em sua imensa maioria, de homens adultos jovens.

Algumas pessoas consideram essas atividades de lazer como o equivalente moderno da provisão de pão e de espetáculos circenses por parte dos imperadores romanos para manter o controle social. No entanto, explicar a cultura da classe trabalhadora em termos de uma conspiração burguesa para manter a hegemonia de classe é permitir-se demasiada condescendência. Os clubes, os cinemas e os estádios de futebol ofereciam mais que um simples meio de fuga de uma existência desalentadora ou um distanciamento da atividade política. Se as considerações materiais fossem uma prioridade para os integrantes da classe trabalhadora, eles poderiam muito bem ter poupado o dinheiro gasto nas atividades de lazer para poder adquirir mercadorias e serviços. Muitos trabalhadores escolhiam gastar em prazeres de curto prazo, mesmo às custas de benefícios de longo prazo, como as viagens anuais para o litoral. Gastavam mais dinheiro no remoto benefício de ganhar apostas no futebol do que depositavam em suas contas de poupança. E, se a política fosse prioridade, teriam canalizado suas energias para atividades políticas. Na verdade, a política e os políticos pareciam muito distantes para a maioria deles. Mais que problemas que pudessem ter uma solução política, a depressão e o desemprego pareciam fatos inevitáveis da vida para a maioria. O que era real eram as experiências que compartilhavam com seus vizinhos e colegas de trabalho, pessoas com as quais também dividiam seus prazeres. Era um modo de vida gregário. Somente o rádio começou a isolar parcialmente as famílias em suas casas. A última geração anterior ao advento da televisão e dos vídeos concebia a diversão como uma atividade mais coletiva que solitária. Os comediantes que os faziam rir em seus clubes ou em suas reuniões "sem fio" conheciam melhor que qualquer político os autênticos valores da classe trabalhadora. E seu humor tendia mais a reforçar os preconceitos conservadores e até reacionários que a inculcar o radicalismo.

A deflagração da Segunda Guerra Mundial encontrou a classe trabalhadora em um estado físico, e talvez psicológico, melhor que o do verão de 1914. Apenas um terço dos recrutas foi rejeitado por sua condição física, em contraposição ao dobro dessa proporção, rejeitados 25 anos antes. As melhores condições de moradia, além de uma alimentação melhor, eram os principais responsáveis por esse progresso. No entreguerras, as autoridades locais construíram 1,5 milhão de casas para alugar; a maior parte em substituição aos antigos cortiços. Em 1939, introduziu-se imediatamente o alistamento militar obrigatório – logo, não se confiava na histeria jingoísta que havia acirrado as paixões militares contra o *Kaiser*. Ao mesmo tempo, os homens estavam mais dispostos a aceitar a necessidade de conter as agressivas ambições de Hitler na Europa, de modo que poucos faziam objeções por razões de consciência à introdução do serviço militar obrigatório, embora houvesse maior receptividade para suas objeções do que houvera no conflito precedente.

A experiência da Segunda Guerra Mundial modificou significativamente as atitudes da classe trabalhadora frente à política. Se a Grande Guerra parecera uma monstruosa aberração em relação à norma, um pesadelo do qual os homens acordaram em 1918, o conflito posterior foi visto como um ato deliberado para expurgar o fascismo do mundo. Após o armistício, a maior parte das pessoas parecia querer restaurar ao máximo a civilização que havia sido destruída nas trincheiras. Em 1945, poucos queriam retroceder a 1939. Uma grande mudança havia ocorrido na consciência coletiva. A noção de que os políticos realmente podiam influenciar a vida cotidiana para melhor ou pior era muito mais amplamente aceita em todos os níveis da sociedade.

É possível que essa mudança de atitudes se devesse, ao menos em parte, ao fato de que, durante a guerra, o Estado tenha afetado a vida das pessoas de tal maneira que elas ficaram acostumadas com o seu papel. Carteiras de identidade foram adotadas para todos com o registro nacional de todos os súditos britânicos, uma medida que sofreu resistência eficaz no período da Primeira Guerra Mundial. Proprietários que se encontravam no topo da pirâmide social descobriram que suas casas e bens podiam ser requisitados para o esforço de guerra. Muitas casas de campo foram apropriadas pelo governo, enquanto mais de 1 milhão de acres de terras foram adquiridos para propósitos militares. Todas as classes ficaram sujeitas ao racionamento, mas talvez a classe média tenha sido a que mais sentiu o efeito restritivo sobre seu poder aquisitivo. O racionamento de alimentos havia sido introduzido em 1917, mas não fora imposto de modo tão efetivo. Desta vez, pouco após a eclosão da guerra, foram racionados não apenas os alimentos, mas também as roupas. Embora tenha passado a existir um mercado negro, isso não implicou uma ampla evasão do sistema de racionamento até o final da guerra. Embora tenham sido expedidas cartelas de racionamento até 1954, há pouca dúvida de que nessa época já havia uma resistência geral ao cumprimento das regras. No final da década de 1940, os "trapaceiros" que desafiavam as fiscalizações da autoridade alimentar eram considerados mais como figuras cômicas que como inimigos públicos.

Um dos efeitos do racionamento durante a guerra foi a melhoria da qualidade geral da alimentação. As crianças, especialmente, se beneficiaram da escassez de açúcar, e seus dentes exigiram bem menos atenção do que a necessária na época de seus pais. Mas toda a população contava com uma dieta mais equilibrada que a que predominara nas décadas de 1920 e 1930, ainda que algumas frutas, como a banana, tenham desaparecido das prateleiras das quitandas durante toda a guerra. As gestantes recebiam leite e suco de laranja gratuitamente. Os cupons para roupas implicavam, paradoxalmente, que se gastasse mais em vestuário do que anteriormente. As famílias das classes trabalhadoras vestiam-se e alimentavam-se melhor no final da guerra do que no começo, quando o estado das crianças evacuadas do bairro *East End*, em Londres, para o interior chocou as pessoas que as acolheram.

Nas primeiras etapas da guerra, mais de 1 milhão de crianças foram evacuadas, a maior parte delas residentes nos distritos da classe trabalhadora, considerados particularmente vulneráveis a ataques aéreos. O governo providenciou o seu transporte, mas deixou que a recepção das crianças em seus destinos fosse organizada pelas autoridades locais. Uma vez que os responsáveis pelo transporte previam uma resposta bem maior, instalaram trens em demasia e despachavam as crianças em remessas à medida que chegavam, sem informações sobre os preparativos para recebê-las. O resultado foi um caos administrativo que não fez que o plano tivesse um bom começo.

A experiência de evacuação também não foi particularmente bem-sucedida. As pessoas evacuadas estavam confusas e até amedrontadas com sua transferência das ruas familiares da classe trabalhadora para cidades estranhas e aldeias ainda mais estranhas. Aqueles que as hospedavam com frequência ficavam assustados ao verificar que seus hóspedes abrigavam piolhos em seus cabelos ou molhavam suas camas. Muitos evacuados retornavam, especialmente os da primeira leva, em 1939, que ocorreu durante a "guerra simulada", antes que os ataques aéreos começassem de fato. Outros,

IMAGEM 21. A evacuação das crianças em idade escolar em Londres, junho de 1940.

como os das ilhas do Canal, não tiveram outra escolha senão permanecer ali durante toda a guerra.

Quando os ataques começaram, os civis se encontraram pela primeira vez na linha de frente de uma guerra. Embora Londres tenha sofrido o maior impacto dos ataques aéreos, isto não significa que estes se limitassem à capital ou ao sul da Inglaterra. Hull foi a segunda cidade mais bombardeada, e Clydeside não foi poupada. Na verdade, os bombardeios aéreos ameaçavam as populações urbanas de todo o país. Enquanto na Primeira Guerra Mundial o número de vítimas civis foi insignificante, entre 1940 e 1945 foram mortos 60 mil civis por ações inimigas, um quinto do total de mortos entre os integrantes das Forças Armadas. Nos dois primeiros anos da guerra, o inimigo matou mais civis que membros do Exército, da Marinha ou da Aeronáutica. Depois disso, os bombardeios aéreos se tornaram bem menos frequentes, gerando uma calmaria que foi terrivelmente encerrada, no último ano da guerra, com os aviões V1 não tripulados, ou "bombas voadoras", e os ataques com foguetes V2. As forças aéreas alemãs esperavam que esses ataques minassem o moral dos civis ao ponto de gerar reivindicações públicas pelo fim do conflito. Entretanto, essa tática parece ter tido o efeito contrário, provocando o fortalecimento do desejo de resistir.

Com efeito, alongar-se no tema das privações da "frente em casa", como se dizia na época, é perder um importante aspecto desses anos, já que a guerra sem dúvida trouxe não apenas perdas, mas também benefícios. Um deles foi o pleno emprego. Em 1940, havia ainda 1 milhão de desempregados. Em 1943, a escassez de mão de obra era tão séria que o recrutamento de mulheres para o serviço de guerra, introduzido em 1941, foi ampliado de modo a incluir as mulheres entre 18 e 50 anos. Durante a guerra, cerca de 2 milhões de mulheres foram incorporadas à força de trabalho. A escassez de mão de obra levou a aumentos salariais, sendo que os salários reais subiram em média 9% entre 1938 e 1945. Além disso, "horas extras" e bônus conferiam àqueles que trabalhavam na produção de munições um aumento em torno de 20%.

Havia um nítido temor de que esses níveis de vida melhorados não se mantivessem após a guerra, quando os soldados fossem desmobilizados e retornassem ao mercado de trabalho. Ao mesmo tempo, havia o compromisso de manter o pleno emprego. Uma solução para esse problema era persuadir as mulheres a abrir mão de seus empregos e retornar ao ambiente doméstico. A propaganda foi tão bem-sucedida que, com o fim da guerra, muitas mulheres de fato abandonaram seus empregos a fim de ter filhos e formar famílias. Todavia, em vez de haver um excesso de trabalhadores, os anos do pós-guerra na verdade testemunharam uma séria escassez de mão de obra. As tentativas de reverter as propagandas e atrair as mulheres de volta para a indústria foram, de modo geral, malogradas, inclusive porque o Estado não oferecia creches para as trabalhadoras. Consequentemente, as fontes de mão de obra foram buscadas em outros locais, inclusive na Comunidade Britânica, recrutando-se trabalhadores nas Índias Ocidentais e no subcontinente indiano para postos na Grã-Bretanha. Eles desempenhavam funções extremamente necessárias, como médicos e enfermeiros no serviço de saúde, motoristas de ônibus no transporte local e trabalhadores no fabrico de artigos de lã.

O número de imigrantes não foi muito grande. Com efeito, durante as décadas de 1950 e 1960, a Grã-Bretanha perdeu para a emigração mais do que ganhou com a imigração. Contudo, a natureza do influxo diferia marcadamente dos modelos anteriores de imigração, como aquele que, após a Segunda Guerra Mundial, trouxe os europeus orientais para a Grã-Bretanha.

Certamente existiam diferenças culturais e linguísticas entre os imigrantes e as comunidades que os recebiam no final da década de 1940, e expressavam-se muitos preconceitos contra os "deslocados", como eram chamados aqueles que vinham dos estados bálticos devastados pela União Soviética. Naquela época, o *slogan* "deportem os deslocados" começou a surgir nas paredes. Mas, sendo eles cristãos e europeus, foram rapidamente incorporados à sociedade britânica. Foi a etnia dos recém-chegados que dificultou a incorporação daqueles que vieram da Índias Ocidentais e da Ásia. Eles descobriram um forte elemento racista na "mãe-pátria". No caso dos imigrantes provenientes do Paquistão, isto se agravou devido ao fato de serem muçulmanos e falarem urdu. Além disso, não se dispersaram pelo país, concentrando-se em determinadas cidades como Birmingham e Bradford. Comunidades que haviam sido notavelmente homogêneas durante gerações repentinamente constatavam estar se tornado sociedades multirraciais. A rapidez da mudança foi um choque para o sistema social. Por exemplo, as lojas locais que haviam sido um foco da vida local, vendendo cerveja, cigarros, leite, chá e outros produtos de consumo familiar, mudaram de proprietários e começaram a ter entre seus produtos arroz, especiarias e outros produtos "forasteiros". Esse processo gerou medo e ressentimento, estimulando reivindicações por controles mais estritos sobre novos fluxos de imigração. Políticos inescrupulosos exploraram as fantasias mais ignorantes em campanhas em prol da repatriação. Foi acima de tudo esse tema que fez que as organizações de extrema direita se congregassem na Frente Nacional em 1966. Entretanto, esse partido não conseguiu atrair senão uma pequena minoria de apoiadores. O frágil consenso foi mantido pelos principais partidos. Os governos conservadores e trabalhistas aprovaram leis em 1962, 1965 e 1968 para restringir a imigração futura, mas, ao mesmo tempo, procuraram evitar que a raça se transformasse em um problema político. Desse modo, em 1958, fundou-se um Instituto de Relações Raciais, seguido pela criação da Junta de Relações Raciais, em 1966, ao passo que, em 1968, a discriminação racial no trabalho e na moradia foi declarada ilegal.

A capacidade de a Grã-Bretanha absorver essas tensões e se tornar uma sociedade autenticamente multirracial dependia, em grande medida, da situação da economia. Desde que se mantivesse o pleno emprego e não houvesse uma concorrência intensa pelos postos de trabalho, o conflito racial se manteria sob controle. Desse ponto de vista, as condições depois da Segunda Guerra Mundial eram melhores do que haviam sido antes. Entre 1922 e 1939, o número oficial de desempregados não esteve em nenhum momento abaixo de 1 milhão, e, em 1932, atingiu seu nível mais elevado, com 2,745 milhões de desempregados. Entre 1945 e 1975, essa cifra nunca chegou a 1 milhão, e, durante a maior parte desse período, manteve-se abaixo de 500 mil, ainda que, de 1967 em diante, a tendência tenha sido de alta e, em 1976, tenha ultrapassado 1 milhão pela primeira vez desde 1939.

Naturalmente, as estatísticas globais ocultam as diferenças regionais. O padrão de desemprego do pré-guerra, que afetava as regiões onde estavam situadas as indústrias tradicionais do carvão, do aço e de artigos têxteis, reproduziu-se depois de 1945, e qualquer recessão as afetou mais severamente que a área central e o sudeste da Inglaterra. Na década de 1960 também estava se tornando evidente que as novas indústrias britânicas que produziam automóveis e eletrodomésticos sofriam com a concorrência estrangeira e que os serviços, como os supermercados e o turismo, eram os setores mais prósperos da economia. Depositou-se alguma esperança na perspectiva de que uma nova revolução tecnológica baseada na eletrônica resgataria a Grã-Bretanha, mas isso nunca se materializou.

Com efeito, a Grã-Bretanha parecia estar em declínio econômico terminal. Uma vez que os bretões demonstravam sua preferência por bens de consumo importados frente aos produtos domésticos, a balança de pagamentos tornou-se um problema cada vez mais grave; a balança comercial entrava em déficits que eram amortizados apenas pelos lucros "invisíveis" dos transportes marítimos, dos seguros e de outros serviços financeiros da *City* londrina. Para enfrentar esse problema, os governos dos dois partidos principais restringiram a demanda, limitando a oferta de crédito. Isto produziu uma desaceleração da economia que, esperava-se, os fabricantes utilizariam para ampliar a oferta de produtos aprimorados que ocupariam o mercado nacional quando fossem relaxadas as restrições. Infelizmente, isto não aconteceu, e, quando as restrições foram abrandadas, as importações foram retomadas para satisfazer a demanda dos consumidores. O resultado disso foi um desgastante ciclo alternante de intervenções governamentais na economia. Parecia não haver solução política para a tendência subjacente de declínio econômico. Tentaram-se as estratégias de desvalorizar a libra e também de deixá-la "flutuar" em relação às outras moedas, mas nenhuma dessas medidas mostrou ser mais que um expediente temporário. Sugeriram-se controles de importação, mas nenhum partido estava

IMAGEM 22. A Grã-Bretanha ingressa na Comunidade Econômica Europeia: primeira página do jornal *Daily Mirror*, 1º de janeiro de 1973.

disposto a implementá-los por receio de represálias por parte dos concorrentes estrangeiros.

Diante desse pano de fundo sombrio, a adesão à Comunidade Econômica Europeia (CEE) começou a parecer cada vez mais atraente. A primeira tentativa de ingresso na Comunidade por parte do governo britânico, em 1961, foi recusada pela França. Outra tentativa, em 1967, também foi malograda. Mas a terceira solicitação obteve sucesso, e, em 1973, a Grã-Bretanha se integrou à CEE. A ideia de que o ingresso na Comunidade seria um remédio para o declínio econômico não deixou de receber as suas críticas. A direita tendeu a enfatizar as vantagens do comércio no interior da *Commonwealth* britânica. No entanto, esse argumento se tornou cada vez menos convincente conforme a Grã-Bretanha renunciava a seus compromissos imperiais e o Canadá e a Nova Zelândia deixavam de ser seus principais parceiros comerciais. Vozes de políticos britânicos, tanto de direita como de esquerda, opunham-se à cessão de soberania que significaria o fim de mil anos de história. A esquerda tendia a suspeitar do Mercado Comum como um clube capitalista, e temia que o controle estatal da economia britânica se mostrasse impraticável caso se cedesse a soberania. Por conseguinte, quando um governo trabalhista chegou ao poder, em 1974, insistiu em realizar um referendo sobre a questão da adesão britânica na CEE. Os resultados, em 1975, revelaram que dois terços dos votantes estavam a favor. Esse acontecimento pode não ter assinalado o fim de mil anos de história, mas certamente marcou o início de uma nova era.

capítulo 7

DA GUERRA DOS BÔERES
AO PRIMEIRO GOVERNO TRABALHISTA

Nos anos da Guerra dos Bôeres, os liberais estiveram divididos e os conservadores e unionistas liberais permaneceram unidos, enquanto que, às vésperas das eleições de 1906, esses papéis se inverteram. Os unionistas divergiam a respeito da educação e da reforma das tarifas alfandegárias, medidas que dissiparam as divisões nas fileiras liberais.

Embora Chamberlain escarnecesse dos liberais como sendo favoráveis aos bôeres, muitos apoiaram a guerra, inclusive um ex-primeiro-ministro, Rosebery, e um futuro primeiro-ministro, Asquith. Os dois grupos ofereceram banquetes em rivalidade, o que foi satirizado por algum trocista como "a guerra do garfo e da faca". No entanto, com o fim do conflito, grande parte dessas divisões desapareceu.

Em 1902, um *Education Act* patrocinado por A. J. Balfour indispôs os não conformistas e, com eles, muitos dos unionistas liberais que apoiavam o governo. O Ato aboliu as juntas escolares e atribuiu a administração do ensino secundário às autoridades educacionais locais, incluindo as escolas anglicanas, que passaram a ser subvencionadas por impostos. A reação hostil de outras confissões protestantes era previsível. Contudo, não era tão previsível que um ex-liberal passasse a ser favorável à reforma tarifária. Joseph Chamberlain declarou-se firmemente favorável à reforma como solução para os problemas que acossavam a indústria britânica em resultado da concorrência estrangeira. Ainda que, como secretário das colônias, estivesse convencido das vantagens da preferência imperial de proteger o comércio antes de defendê-la em Birmingham em maio de 1903, seu discurso foi considerado como um grande desafio à ideologia prevalecente de

154 | HISTÓRIA CONCISA DA GRÃ-BRETANHA

livre-comércio. Esse desafio foi aceito por Balfour, que sucedera Salisbury como primeiro-ministro e interpretou o desafio como uma ameaça à sua liderança. Chamberlain demitiu-se do gabinete em setembro para levar o debate ao interior do país. Ele calculava que logo seria convocada uma eleição geral que giraria em torno desse assunto. De fato, Balfour se aferrou ao governo durante mais dois anos e, quando finalmente renunciou, aconselhou que o rei nomeasse um governo liberal em vez de dissolver o parlamento.

Imediatamente pediu-se a sir Henry Campbell-Bannerman que formasse uma administração. Seu gabinete foi um dos mais impressionantes do século XX; incluía Asquith como ministro da Fazenda, sir Edward Grey como secretário de Assuntos Internacionais e Lloyd George à frente da Câmara de Comércio. Winston Churchill, que acabava de abandonar os conservadores em virtude da reforma tarifária, também foi incluído no ministério como subsecretário das colônias. Quase imediatamente após assumir o cargo, o novo primeiro-ministro solicitou uma dissolução do parlamento.

A eleição geral de 1906 foi decisiva na história política britânica. As tendências das eleições suplementares prediziam uma vitória liberal na mesma escala que a de 1885. Mas, no final do processo, os resultados foram piores em termos de votos apurados – os liberais obtiveram 54% nas eleições de 1885 e apenas 49% nas de 1906. Não obstante, o efeito de distorção gerado pelos distritos eleitorais que elegiam um único membro e pelo sistema de eleição por maioria simples atuou mais em seu favor em 1906, pois obtiveram 400 cadeiras, em contraposição às 335 em 1885. É possível que tivessem obtido mais se o Comitê de Representação Trabalhista não tivesse apresentado seus próprios candidatos. Para evitar uma contenda entre três facções que beneficiaria os unionistas, o liberal Herbert Gladstone fez um acordo com Ramsay MacDonald, secretário do Comitê de Representação Trabalhista, no qual concordavam, na medida do possível, em não apresentar candidatos concorrentes nos mesmos distritos eleitorais. Embora tenham negado publicamente esse pacto, ele teve um notável êxito na prática. Fora de Londres houve apenas um distrito eleitoral no qual um candidato apoiado pelo Comitê opôs-se a um liberal. Trinta candidatos do Comitê foram eleitos. Ao chegar em Westminster, autodenominaram-se Partido Trabalhista e ocuparam suas cadeiras nos bancos da oposição.

Herbert Gladstone foi acusado de deixar entrar um cavalo de Troia na Câmara dos Comuns, que por fim produziria parlamentares suficientes para substituir os liberais como o partido da esquerda. O declínio do Partido Liberal foi exaustivamente diagnosticado, mas datá-lo a partir do momento de seu maior triunfo parece um tanto deturpado. É verdade que eles não precisavam de um acordo eleitoral para obter o controle da Câmara dos Comuns. Seus próprios membros constituíam uma maioria global, com os conservadores e os unionistas liberais desmobilizados em torno do tema da reforma tarifária e somando apenas 157 cadeiras, apesar de terem obtido mais de 43% dos votos. Mas Gladstone procurava claramente maximizar o voto antiunionista. Se, na eleição geral precedente, 153 unionistas haviam sido eleitos sem enfrentar oposição, desta vez, somente 5 não encontraram oposição. Ao apresentar candidatos contra eles, Gladstone empenhou-se para evitar as disputas entre as três tendências, não apenas com o Comitê de Representação Trabalhista, mas também com os liberais trabalhistas, dos quais apenas quatro se candidataram em distritos eleitorais, nos quais também concorriam candidatos liberais. Gladstone merece o reconhecimento de ter criado uma máquina eleitoral que não apenas garantiu a humilhante derrota dos unionistas, como também permitiu a vitória esmagadora de seu próprio partido.

Na medida em que os temas, mais que a organização, foram a causa da transferência do voto do eleitorado, os defensores do livre-comércio suplantaram esmagadoramente os indivíduos favoráveis à reforma tarifária. Ambos os lados tinham como objetivo atrair não apenas os eleitores em geral, mas o voto do trabalhador em particular. Os protecionistas argumentavam que as tarifas eram necessárias para proteger tanto os empregos como os lucros. Os livres-cambistas ressaltavam que a proteção aumentaria os preços dos produtos alimentares mais básicos: "Se você quiser pão, deve calar a boca, Joe". Os unionistas também tentaram despertar o temor em relação à autonomia de governo em uma tentativa de desorganizar os seus oponentes, mas os liberais não entraram em seu jogo. Eles renovaram seu compromisso com a ideia, mas não lhe atribuíram prioridade em seu programa. Além de defender o livre-comércio, fizeram um apelo aos eleitores não conformistas e da classe trabalhadora. Aos não conformistas, ofereceram emendas ao *Education Act*, enquanto tentavam conquistar os trabalhadores com promessas de reformar a *Poor Law* [lei dos pobres], as aposentadorias e a lei referente aos sindicatos.

É difícil determinar a eficácia desses atrativos devido à magnitude da transferência de votos e, fora região central da Inglaterra onde Chamberlain mantinha o apoio, à sua uniformidade. Os unionistas perderam as cidades e os condados. Os trabalhadores podem ter votado com mais entusiasmo nos candidatos da classe trabalhadora, sendo que a transferência de votos em detrimento dos unionistas foi maior nas cadeiras em que enfrentavam oposição por parte do Comitê de Representação Trabalhista, mas eles também votaram substancialmente nos liberais. É difícil sustentar a ideia de que o Partido Liberal estava perdendo sua base de apoio com o crescimento do Partido Trabalhista à luz dos resultados de 1906.

O período de 1906 a 1910 marcou uma mudança decisiva no contexto ideológico da política britânica. Na eleição geral de 1906, a religião continuava a definir a agenda política prioritária, e provavelmente influenciava o comportamento da maioria dos eleitores. É significativo que as fileiras liberais eleitas para Westminster incluíam 157 de um total de 185 parlamentares não conformistas, o maior número já eleito. Nas eleições de 1910, a classe social havia substituído a religião como a principal dinâmica da política eleitoral. A polarização do eleitorado em termos de classes sociais continuaria sendo um traço proeminente do cenário político no século XX.

Esse realinhamento ocorreu, em grande medida, como consequência da decisão liberal de utilizar sua ampla maioria na Câmara dos Comuns para lograr reformas substanciais e da determinação de seus oponentes de utilizar o controle da Câmara dos Lordes para frustrá-las. Desse modo, "o povo *versus* os pares" tornou-se o principal tema político.

A primazia dos temas religiosos em 1906 foi ilustrada nas primeiras arenas em que as duas Câmaras se confrontaram: a educação e a concessão de licenças. Na primeira sessão do novo parlamento, apresentou-se um projeto de lei referente à educação que pretendia reformar a lei de Balfour, colocando as escolas subvencionadas sob o firme controle das autoridades locais, as quais não levariam em consideração as filiações religiosas das escolas, por exemplo, ao exigir que os professores aderissem a elas. O rei manifestou ao arcebispo de Canterbury sua preocupação com essa medida, objetando que "produziria violentas discórdias entre a Igreja da Inglaterra e os católicos romanos, por um lado, e os não conformistas, por outro [...] uma espécie de guerra político-religiosa [...] que é altamente indesejável". Embora o projeto tenha sido aprovado na Câmara dos Comuns com um apoio esmagador, os pares acrescentaram tantas emendas que praticamente o anularam. Disto resultou um choque frontal no qual a Câmara dos Comuns rejeitava as emendas *por unanimidade*, enquanto a Câmara dos Lordes insistia em mantê-las. O governo foi obrigado a abandonar o projeto, para grande desapontamento dos não conformistas.

O não conformismo também apoiou o projeto de lei que visava à concessão de licenças para a venda de bebidas alcoólicas – o *Licensing Bill* de 1908 –, cujo objetivo era reduzir em um terço o número de estabelecimentos licenciados para a venda de bebidas alcoólicas ao longo de um período de 14 anos. Talvez fosse irônico que essa medida de comedimento fosse vigorosamente impulsionada por Asquith, cujo hábito de beber era tão notório a ponto de introduzir uma nova palavra no vocabulário: *"squiffy"*. Mais uma vez, a medida foi votada por esmagadoras maiorias na segunda e na terceira leituras na Câmara dos Comuns, mas foi por fim derrubada na Câmara dos Lordes. Na ocasião de sua rejeição, Winston Churchill observou: "Deram início à luta de classes".

Na época, Churchill era presidente da Câmara de Comércio, e um novo gabinete havia sido constituído por Asquith, que se tornara primeiro-ministro após a morte de Campbell-Bannerman. Lloyd George sucedeu Asquith como ministro da Fazenda. Em 1909, ele introduziu o chamado "Orçamento do Povo", que desafiava os pares. Ele pretendia aumentar a renda em parte por meio de tributações indiretas sobre produtos como os automóveis e a gasolina, mas, principalmente, através de impostos diretos sobre a renda, as terras, a concessão de licenças e os espólios. A maior incidência desses impostos recaía sobre os mais abastados. A Câmara dos Lordes acusou os liberais de querer "extorquir os ricos".

Outros atribuíram a linha de pensamento subjacente ao orçamento a princípios mais elevados. Ele foi visto como uma importante contribuição àquilo que foi chamado de "novo liberalismo". Se, na época do governo de Gladstone, o Partido Liberal defendia a economia, a redução de despesas e a política do *laisser-faire*, no final do século XIX o pensamento liberal, estimulado por teóricos acadêmicos, já havia aceitado a intervenção do Estado para aliviar as condições sociais por meio da política fiscal. Desse modo, Asquith incluíra as aposentadorias no orçamento quando era ministro da Fazenda. Pessoas solteiras com mais de 70 anos de idade com renda inferior a £26 receberiam 5 xelins por semana; casais receberiam 7 xelins e 6 *pence*. Parte dos problemas de Lloyd George provinha do fato de que seu predecessor subavaliara as somas requeridas, que também aumentaram devido a provisões mais generosas. Por exemplo, a distinção entre pessoas solteiras e casadas foi eliminada.

Uma das dificuldades enfrentadas por qualquer ministro eduardiano era o rápido aumento dos gastos públicos. Enquanto em 1895 esses gastos haviam alcançado £156.800.000, em 1913 aumentaram para £305.400.000. Grande parte disso eram gastos relacionados com a defesa. Lloyd George precisava de dinheiro para 8 navios de combate Dreadnought, bem como para as aposentadorias. A chave da política eduardiana era como arrecadar essas quantias. Os unionistas propunham como solução a reforma tarifária. Os liberais procuravam uma solução que preservasse o livre-comércio. Ambos consideravam inevitáveis os aumentos na tributação. Os unionistas não atacaram o princípio das aposentadorias, mas o recurso de concentrar a arrecadação naqueles que se considerava ter mais condições de pagá-los foi associado aos liberais, e não aos seus rivais. Lloyd George, em um momento de descuido, chegou a dizer: "Tenho de roubar o galinheiro de alguém". Estava decidido a não pilhar os eleitores liberais da classe média. Portanto, os lordes tinham razão ao concluir que sua estratégia orçamentária havia sido deliberadamente projetada para atingir aqueles que, como eles próprios, eram apoiadores naturais da causa unionista.

Esse elemento partidário no orçamento impeliu os unionistas a se opor a ele em cada uma das etapas. Lloyd George o apresentou em um discurso de 4 horas de duração no dia 29 de abril, e por fim obteve sua aprovação na Câmara dos Comuns no dia 4 de novembro, após 554 votações. No dia 30 de novembro, o orçamento foi rejeitado pela Câmara dos Lordes por 350 votos contra 75.

A rejeição do projeto orçamentário do governo causou uma grande crise constitucional e política. Há mais de dois séculos estava estabelecido que a Câmara dos Lordes não podia apor emendas a um projeto financeiro – podiam apenas aprová-lo ou rejeitá-lo. No entanto, a Câmara alta objetara que se "acrescentassem" aos projetos financeiros propostas não relacionadas às finanças com o propósito de que os lordes os aprovassem integralmente, e ameaçara rejeitar qualquer medida desse tipo. Nessa ocasião, afirmou-se que o aumento do valor das licenças para a venda de bebidas alcoólicas era um "acréscimo" desse tipo, uma vez que a Câmara dos Lordes havia rejeitado o *Licensing Bill* na sessão anterior. A Câmara dos Comuns alegou que a autoridade a eles conferida pelo eleitorado suplantava qualquer outra consideração constitucional, incluindo a reivindicação da Câmara dos Lordes de ter o poder de rejeitar projetos financeiros, que deveria ser abandonada como anacrônica.

Mais relevante era o argumento político de que a Câmara dos Lordes só exercia seu poder de rejeitar os projetos aprovados pela Câmara dos Comuns quando o governo em vigor era liberal. Eles haviam aprovado docilmente as medidas promovidas pelos ministérios conservadores. Isto levou Lloyd George a criticar a Câmara dos Lordes como "o *poodle* do Sr. Balfour". Ele também censurou a natureza classista e partidária do confronto em dois famosos discursos em Limehouse e em Newcastle. O próprio rei se queixou, acerca do discurso de Limehouse, proferido em julho, de que só poderia ter o efeito de pôr as classes umas contra as outras. O discurso de Newcastle, em outubro, foi ainda mais radical. "Quem tornou 10 mil pessoas donas de todas as terras", perguntou Lloyd George, "e ao resto de nós intrusos em nossa terra natal? Deixemos que eles percebam o que estão fazendo. Estão forçando uma revolução".

Mas eles não estavam forçando tanto uma revolução, mas uma eleição geral sobre o tema dos pares *versus* o povo. Uma eleição foi logo realizada em janeiro de 1910. O índice de comparecimento foi de 87%, o mais alto de qualquer eleição realizada no século. Mesmo levando-se em consideração o caráter incipiente dos registros eleitorais, isto era uma demonstração do elevado grau de interesse suscitado pelos temas em questão. Os unionistas obtiveram 3.127.887 votos e 273 cadeiras; os liberais, 2.880.581 votos e 275 cadeiras. Mais uma vez, manifestou-se o efeito de distorção acarretado pela Lei de Redistribuição de 1885, sendo que um partido obteve 46,9% dos votos e conquistou apenas 40,7% das cadeiras, enquanto outro obteve 43,2% dos votos e 41% das cadeiras. Os candidatos trabalhistas obtiveram 7,6% dos votos e obtiveram 40 cadeiras, 5,9% do total. Os liberais dependeriam agora do apoio dos liberais e dos 82 nacionalistas irlandeses, quando anteriormente tinham a maioria geral.

Esses resultados refletiram uma "flutuação" de 4,3% em favor dos unionistas desde 1906. Mas isso não se distribuía equitativamente por todo o país. Na Escócia, a propensão era de apenas 1,8%; no País de Gales, de 1,9%; e, no Norte, de 3%, enquanto nos condados no entorno de Londres era de cerca de 8%. Beatrice Webb analisou os resultados em termos corroborados por pesquisadores modernos. "É notável a divisão da Inglaterra em duas metades muito distintas, cada uma delas tendo ampla maioria em favor de sua causa – o sul do país, a Inglaterra suburbana, agrícola residencial tornando-se *tóri* [...] e o norte do país e as aglomerações industriais (com exceção de Birmingham) tornando-se radical-socialistas." Como a historiadora das eleições de 1910 conclui, os unionistas se saíram bem no Sul e os liberais, na fronteira celta e, anteriormente, no Norte, mas os dois partidos nunca se saíram tão bem na mesma eleição. "No Norte, na Escócia e no País de Gales a posição liberal estava ligeiramente desgastada; no Sul, foi varrida pela maré da reação unionista". As implicações sociais dessa geografia eleitoral são surpreendentes. O novo liberalismo exercia apelo sobre os operários industriais, mas distanciou as classes médias suburbanas, ainda que Lloyd George procurasse protegê-las do impacto de seu projeto orçamentário. Ele próprio admitiu em setembro de 1909: "Creio que o orçamento provocou o entusiasmo da vasta maioria dos trabalhadores do reino, mas apenas seu não conformismo pode trazer as classes médias em nosso auxílio". Infelizmente para os liberais, a classe substituíra a religião como a pedra de toque das eleições, transformação para a qual eles muito contribuíram.

Embora os liberais estivessem decepcionados com o resultado das eleições de janeiro, este confirmou seu posicionamento contra os pares na questão do orçamento, que foi aprovado pelo novo parlamento. Contudo, a questão dos poderes da Câmara dos Lordes permanecia sem solução. Após sua derrota no *Education Bill*, formularam-se planos para restringir o poder de veto da Câmara alta, mas eles fracassaram. Em 1911, foram retomados no *Parliament Bill*, que privava a Câmara dos Lordes de seu direito de rejeitar por completo medidas financeiras e lhe permitia protelar por apenas dois anos outras medidas legislativas que tivessem o apoio da maioria na Câmara dos Comuns. O projeto de lei foi aprovado na Câmara baixa no final de abril, mas, antes que pudesse ser debatido pela Câmara dos Lordes, a morte do rei postergou temporariamente as discussões sobre o assunto.

Os primeiros meses do reinado de George V foram dedicados a esforços para resolver o impasse. Realizou-se uma convenção constitucional na qual as posições das duas Câmaras foram revisadas com o objetivo de se chegar a uma solução conciliatória. Em certo momento, Lloyd George chegou a recomendar um governo de coalizão baseado na moderação, por parte de liberais e unionistas, de medidas partidárias propensas a criar atritos entre as duas Câmaras. Mas não havia conciliação possível acerca da questão da autonomia de governo. As discussões se encerraram quando os liberais se recusaram a aceitar submeter tais questões a um referendo caso os pares as obstruíssem. Em vez disso, pediram ao rei uma dissolução e a dignificação de novos pares em número suficiente para aprovar o projeto de lei caso se tornasse necessário.

Os resultados da eleição geral realizada em dezembro de 1910 reproduziram quase exatamente os da disputa ocorrida no início do ano. Mais uma vez, os unionistas conquistaram mais votos que os liberais, 3.127.887 contra 2.880.581, mas obtiveram o mesmo número de cadeiras, 272. Trabalhistas e nacionalistas irlandeses obtiveram duas cadeiras a mais que em janeiro. O fato de ter havido um comparecimento mais baixo e de que um número menor de cadeiras tenha sido disputado levou alguns observadores a concluir que o eleitorado estava cansado do tema "os pares *versus* o povo". Contudo, a queda na proporção de votantes devia-se quase inteiramente à obsolescência dos registros eleitorais, e a redução na incidência de disputas era atribuível à decisão partidária de minimizar perdas ao disputar cadeiras que haviam sido conquistadas com grande margem por seus rivais apenas alguns meses antes. O resultado mais notável da segunda eleição foi a confirmação da divisão geográfica e social do país entre liberais e seus aliados, por um lado, e unionistas, por outro.

O governo não podia afirmar ter autorização legítima para a aprovação do *Parliament Bill*. À medida que avançava rumo ao código de leis, os pares conservadores perceberam que o rei estava disposto, ainda que relutantemente, a dignificar homens o bastante para forçar sua aprovação na Câmara alta. Embora alguns tenham mantido sua oposição apesar disso, outros perderam sua determinação e se abstiveram ou até votaram a favor do projeto de lei quando ele tramitava na Câmara dos Lordes em agosto de 1911, durante uma onda de calor que registrou as temperaturas mais elevadas do século até 1990.

O ano de 1911 marcou o ápice do empenho reformador do último governo liberal. Independentemente do *Parliament Act* [ato parlamentar], a medida mais importante foi o *National Insurance Act* [lei nacional de seguridade social]. Lloyd George foi o principal responsável por esse esquema, que visava proteger os trabalhadores de algumas indústrias em casos de desemprego e os trabalhadores manuais em geral em casos de doença. Os benefícios de seguro para o desemprego despertaram poucas críticas, mas o seguro-saúde sofreu oposição por parte dos profissionais médicos, das associações mutualistas e das companhias de seguros, e até mesmo dos próprios trabalhadores que se opunham às contribuições semanais que eram deduzidas de seus salários. Lloyd George contornou o temporal de protestos subornando os seguros médicos privados e incluindo-os no maquinário administrativo. O *National Insurance Act* permanece como seu mais duradouro monumento, de modo que até hoje as pessoas mais velhas se referem ao fato de obter um atestado de dispensa médica como "estar de Lloyd George".

Foram planejadas mais medidas de legislação social, como uma reforma fundiária, mas o impulso das reformas foi atravancado pela questão da autonomia de governo, que ocupou a maior parte do tempo parlamentar nas três sessões seguintes. Os liberais haviam conseguido evitar esse tema conflituoso entre 1906 e 1910, quando contavam com a maioria geral. Agora que haviam passado a depender do apoio dos nacionalistas irlandeses na Câmara dos Comuns, era preciso fazer algo a respeito do governo da Irlanda. Isso, no entanto, também estaria inevitavelmente fadado a sofrer oposição por parte dos unionistas, especialmente na Câmara dos Lordes. O *Parliament Act* ofereceu aos ministros o meio de contornar essa resistência, mas somente depois de dois anos. O resultado disso foi que um projeto de lei de autonomia de governo teve de passar três vezes pela Câmara dos Comuns e só entrou para o código de leis em setembro de 1914, mas tornou-se letra morta devido à eclosão da guerra.

Embora a intransigência dos unionistas fosse previsível, a forma que isso tomou não era. Ou, ao menos, o governo não a previu, pois não havia estabelecido provisões para Ulster no projeto original. Contudo, o destino do Nordeste protestante transformou-se no principal motivo de discórdia entre os partidos. Os unionistas, liderados por Bonar Law após a renúncia de Balfour do posto de líder do partido, adotaram a causa "laranja" literalmente como uma vingança. Os brados "Ulster lutará e Ulster estará certa" e "Autonomia de governo equivale ao governo de Roma" foram revivificados. Relatou-se inclusive que Bonar Law disse a uma grande multidão reunida no Blenheim Palace em julho de 1912: "Não posso imaginar nenhum extremo de resistência ao qual Ulster possa chegar que eu não esteja disposto a apoiar".

Onde a causa de Ulster agregou os unionistas, ela dividiu os liberais. Com efeito, foi um liberal, Agar-Robarts, que introduziu uma emenda para isentar quatro condados do Norte das disposições do projeto de lei. Ainda que essa emenda tenha sido derrotada, houve 62 abstenções do governo na votação, enquanto 5 liberais votaram a favor. A principal fonte de apreensão a respeito de Ulster nas fileiras liberais era o não conformismo, uma vez que os não conformistas da Grã-Bretanha, especialmente na Escócia e no

País de Gales, estavam preocupados com o destino dos presbiterianos na Irlanda do Norte sob um governo de Dublin.

A oposição conservadora na Câmara dos Lordes manteve o tema no parlamento até 1914. Enquanto isso, em Ulster, sir Edward Carson e seus apoiadores elaboravam planos de contingência para resistir à implementação do projeto caso viesse a se tornar lei. No dia 28 de setembro, centenas de milhares de homens ulsterienses assinaram uma 'Liga e Aliança Solene'; afirma-se que alguns assinaram com sangue. Um documento similar foi assinado por um número aproximado de mulheres. Voluntários foram treinados, primeiramente sem armas, mas depois com armas contrabandeadas da Alemanha. A guerra civil na Irlanda parecia estar se tornando inevitável. O governo também adotou precauções militares e navais para evitar isso, mas, em 1914, essas medidas tiveram um efeito parcialmente contrário, quando oficiais instalados em Curragh renunciaram para não enfrentar a perspectiva de ter de suprimir uma sublevação no Norte.

Para alguns, parecia provável que ocorresse uma rebelião na Grã-Bretanha, bem como na Irlanda. De acordo com Claud Cockburn, nos anos precedentes ao início da guerra em 1914, sua família costumava discutir o que viria primeiro, a guerra ou a revolução. A militância no movimento trabalhista parecia estar se direcionando a atividades extraparlamentares para atingir esses objetivos. Com certeza havia motivos para a desilusão frente ao desempenho dos parlamentares trabalhistas. Em lugar de abrir caminho no sistema existente, eles pareciam ter sido refreados e até mesmo rejeitados por ele. Em 1910, 40 parlamentares trabalhistas obtiveram cadeiras após a primeira eleição, e 42 na segunda. Quase todos deviam o fato de terem sido eleitos ao acordo feito com os liberais de não lhes oferecer oposição. Entre 1910 e 1914, a tendência das eleições suplementares, algumas das quais com disputas tríplices, na verdade reduziu seu número para 36. Os liberais pareciam estar roubando suas políticas distintivas com a concessão de aposentadorias e a seguridade social. A única conquista cujo mérito os membros trabalhistas podiam reclamar para si durante esses anos foi a revogação do julgamento Osborne de 1909, que afetara gravemente os fundos do partido ao declarar ilegal a tributação política dos recursos sindicais. Os liberais eliminaram esse obstáculo à atividade eleitoral em 1913.

O julgamento Osborne suscitou duas reações. Uma delas foi a de unir forças com o Partido Trabalhista. Os mineiros se filiaram ao partido em 1909 e deram fim à existência isolada dos parlamentares "liberais-

-trabalhistas", que se uniram a outros membros trabalhistas. Outra reação foi a de procurar resolver as disputas trabalhistas com greves em vez de votações. Em 1912, os mineiros e os estivadores entraram em greve. O ano de 1913 teve mais greves que qualquer outro ano anterior à eclosão da Primeira Guerra Mundial. Algumas dessas greves foram influenciadas pelo pensamento sindicalista. O sindicalismo repudiava as soluções parlamentares para os problemas do trabalho e pretendia, em vez disso, utilizar a atividade sindical organizada para atingir seus propósitos. Recorrer à ação direta parecia ameaçar o próprio parlamento. Em resposta a isso, o *Sunday Times* declarou, em janeiro de 1912, que "estamos a uma distância mensurável da guerra civil".

Foi também nessa época que o movimento sufragista feminino tornou-se mais militante. Em 1913, Emily Davison conquistou a imortalidade ao atirar-se sob o cavalo do rei em Derby, enquanto Emmeline Pankhurst foi parar na prisão por fazer que uma bomba explodisse em uma casa que estava sendo construída para Lloyd George, que, ironicamente, era favorável ao voto feminino. As sufragistas presas entraram em greve de fome e foram submetidas à terrível provação da alimentação forçada. Esse tratamento poria qualquer governo sob uma luz desfavorável, especialmente um que alegasse ter princípios radicais. Para tentar evitar a publicidade prejudicial, os ministros acrescentaram aos estatutos uma lei que recebeu a alcunha de Lei "do Gato e do Rato", estipulando que pessoas em greve de fome fossem libertadas da prisão até estarem aptas o bastante para ser encarceradas novamente.

As dificuldades enfrentadas pelo governo liberal nas crises geradas pela intransigência da Câmara dos Lordes, pela agitação a respeito do problema de Ulster e pela militância nos movimentos trabalhista e sufragista foram vistas como uma deficiência do próprio liberalismo. Uma filosofia política que assumia que as tensões entre o indivíduo e a sociedade podiam ser resolvidas mediante a obtenção de um consenso nas instituições representativas era supostamente posta em xeque pelo evidente fracasso do sistema em atingir esse resultado. O próprio maquinário parlamentar ruíra no conflito entre as duas Câmaras. A soberania do parlamento estava sendo atacada pelos ulsterienses, pelos sindicalistas e pelas feministas. O próprio tecido social parecia estar se esgarçando. Somente a afirmação da autoridade do Estado, em si mesma um anátema para a crença no *laisser-faire* e no princípio de não intervenção, poderia deter o processo de deterioração.

Isto, porém, seria exagerar a proporção em que a "Inglaterra liberal" estava morrendo às vésperas da Primeira Guerra Mundial. Por um lado, as ameaças representadas pela militância estavam perdendo sua gravidade, ao menos na Grã-Bretanha. O número de greves na indústria caiu drasti-

IMAGEM 23. *A irmã estridente*, uma visão satírica das sufragistas.

camente em 1914. A violência do movimento sufragista era contraprodu-cente. O próprio fato de se recorrer à violência se devia ao desespero frente ao fracasso de seu poder de persuasão em convencer políticos ou o público em geral, enquanto a destruição de vitrines e os ataques incendiários a pro-priedades afastaram a maioria das mulheres, e especialmente os homens, da causa. Apenas o problema da Irlanda estava se tornando cada vez mais insolúvel, mas esta sempre foi considerada, mesmo por políticos radicais, um caso especial ao qual as regras normais do jogo não se aplicavam. Além disso, as regras estavam mudando. O "novo" liberalismo estava muito longe do individualismo e do *laisser-faire* da época vitoriana. Em lugar de evitar usar o Estado para resolver os problemas da sociedade, o gabinete de Asquith recorreu a ele de bom grado. Foi a guerra que desferiu o golpe fatal contra o liberalismo eduardiano. Ironicamente, a inquietação na indústria e a militância sufragista, supostamente fatais, amenizaram-se quando os sindicalistas concordaram em apoiar o esforço de guerra, enquanto as sufragistas suspenderam suas atividades durante o período. Mas as neces-sidades sem precedentes acarretadas pela guerra total tornaram necessário adotar medidas execradas pelos liberais. A própria declaração de guerra por parte de um gabinete liberal era uma decisão controversa a ser tomada por um partido que expressara críticas contra as guerras em geral e contra a Guerra dos Bôeres em particular. Somente a convicção de que sustenta-vam o elevado padrão moral em contraposição à Alemanha após a invasão da Bélgica manteve o ministério unido. O *Defence of the Realm Act* [ato de defesa do reino], aprovado em agosto de 1914, estabeleceu um censura para restringir os relatos sobre a guerra. O orçamento de 1915 instituiu taxas sobre os importados de "luxo" e assinalou o fim do livre-comércio. "Assim termina o antigo sistema", comentou Lloyd George no gabinete. E, em janeiro de 1916, o serviço militar obrigatório foi imposto a todos os homens solteiros entre 18 e 41 anos.

A tensão entre o princípio do sacrifício para vencer a guerra e a pre-servação da alma liberal personificou-se no embate entre Lloyd George e Asquith. O próprio Asquith deu o primeiro passo no duelo ao formar, por razões que nunca foram satisfatoriamente explicadas, uma coalizão com os conservadores em maio de 1915. A explicação mais plausível é o fato de que o *Parliament Act* de 1911 tivesse encurtado o intervalo máximo entre as eleições gerais de 7 para 5 anos. No curso normal dos acontecimentos, portanto, uma eleição geral seria realizada em 1915. Considerava-se imprudente efetuar uma dissolução do parlamento durante a guerra, mas isto só poderia ser evitado com o consentimento dos conservadores, uma vez que detinham a maioria na Câmara dos Lordes. Em todo caso, Asquith arranjou espaço para líderes conservadores no gabinete, e inclusive concedeu um posto ministerial ao líder trabalhista Arthur Henderson. Ao mesmo tempo, aproveitou a oportunidade de transferir Lloyd George do Ministério da Fazenda para o recém-criado posto de ministro das Munições. É possível que ele tivesse a esperança de que seu rival ficasse exposto a críticas impiedosas por parte da imprensa, que organizara uma campanha contra uma suposta escassez de cartuchos na frente de guerra. Na verdade, Lloyd George tornou o novo ministério a força motriz da produção. Em vez de ficar em uma situação em que a imprensa pediria sua cabeça, conquistou-a para o seu lado nos últimos assaltos de sua luta contra Asquith.

No início de 1916, tanto Lloyd George como Asquith consideravam ser mais conveniente deixar a busca do triunfo bélico com os generais. Lloyd George depositava suas esperanças na estratégia do general Haig de romper as linhas inimigas com um esforço de grande intensidade. Mas, quando se tentou esse método em Somme naquele verão e no outono, houve um terrível número de baixas sem nenhum sinal de avanço. No final do ano, Lloyd George obteve o apoio conservador para desafiar a liderança de Asquith sob a forma de uma petição para que se formasse um pequeno conselho presidido por ele próprio para dirigir o esforço de guerra. Inicialmente, Asquith consentiu, mas, depois, com o apoio de liberais influentes, voltou atrás em sua anuência. Frente a isso, Lloyd George renunciou. No dia seguinte, o próprio Asquith também renunciou. Foi uma decisão estranha, talvez indevidamente influenciada por seu estado mental após a morte de seu filho em combate. Aparentemente, ele esperava que nem o líder conservador Bonar Law nem Lloyd George conseguiriam formar um governo. Ele estava certo no que se referia a Bonar Law, pois, quando o rei mandou convocá-lo, ele impôs como condição que Asquith fizesse parte dele do ministério, condição que o ex-primeiro-ministro rejeitou. Mas Lloyd George estava disposto a sucedê-lo e assumiu o cargo à frente de uma nova coalizão. Asquith logo se tornou líder da oposição, dividindo assim o Partido Liberal entre aqueles que o apoiavam e aqueles que apoiavam o governo. De um modo geral, os apoiadores da coalizão eram da direita liberal, enquanto os partidários de Asquith eram da esquerda. Muitos destes últimos associaram-se, posteriormente, ao Partido Trabalhista.

IMAGEM 24. Lloyd George e Churchill, 1915.

Naquela época, os trabalhistas apoiavam oficialmente a coalizão. Henderson foi um ministro sem pasta no gabinete de guerra de Lloyd George, constituído de apenas cinco membros. O líder trabalhista renunciou em 1917 para comparecer a um encontro socialista internacional em Estocolmo, mas, embora seus colegas desaprovassem essa atitude, foi substituído no gabinete por G. N. Barnes. A renúncia de Henderson intensificou a influência de membros trabalhistas como Ramsay MacDonald e Philip Snowden, que haviam se posicionado contra a guerra. Essa divisão no interior do movimento trabalhista entre uma seção favorável e outra contrária à guerra atingira seu ápice em 1915, quando, após a morte de Keir Hardie, candidatos representantes de ambas as posições reivindicaram sua cadeira vaga. Não foi surpresa que o candidato favorável à guerra vencesse com facilidade. Depois de sair do governo, Henderson esforçou-se intensamente para sanar essa cisão dentro do Partido Trabalhista. Promoveu também sua transformação para deixar de ser um grupo de pressão e se tornar um autêntico partido nacional preparado para assumir o poder. Por conseguinte, Henderson desempenhou um papel crucial na adoção de uma nova Constituição em 1918, que comprometeu o Partido Trabalhista com o estabelecimento de uma organização em cada distrito eleitoral e com os objetivos socialistas.

O único partido que se recusou enfaticamente a apoiar as coalizões de Asquith e de Lloyd George foi o Partido Nacionalista Irlandês. Sua meta de obter a autonomia de governo, já postergado durante a guerra, ficou ainda mais ameaçada com a ascensão de unionistas ao gabinete. Bonar Law foi secretário das colônias na primeira coalizão e ministro da Fazenda na segunda, enquanto Carson se tornou procurador-geral. Ofereceu-se também um cargo a John Redmond, o líder nacionalista, mas ele o recusou.

A frustração com o adiamento da autonomia de governo alimentou as aspirações daqueles que desejavam a independência total. Na Páscoa de 1916, um grupo de republicanos ocupou edifícios públicos em Dublin durante quatro dias, durante os quais 450 pessoas morreram e 2.600 ficaram feridas. Após a supressão da rebelião, 15 rebeldes foram enforcados e milhares foram presos. Essas represálias podem ser atribuídas ao receio do governo britânico de que os alemães utilizassem a Irlanda como uma porta dos fundos. Um dos conspiradores desembarcou perto de Dublin trazido por um submarino alemão. Os irlandeses de fora de Ulster mostravam-se avessos a envolver-se na guerra, como revelou uma tentativa fracassada de estender o serviço militar obrigatório à Irlanda. Entretanto, por mais compreensível que seja essa reação, ela significou o fim da União. Os rebeldes se transformaram em mártires. Uma convenção constituída para resolver o problema da autonomia de governo foi inconclusiva. Na eleição geral de 1918, o movimento *Sinn Féin* ("Nós Mesmos") obteve uma vitória arrasadora nas urnas, conquistando 73 cadeiras, contra 7 dos nacionalistas. Seus membros se negaram a comparecer ao parlamento de Westminster – em lugar disso, convocaram um parlamento próprio em Dublin.

Na Grã-Bretanha, os candidatos da coalizão esmagaram seus oponentes. Elegeram um total de 478 parlamentares, que incluíam 133 liberais apoiadores de Lloyd George, em contraposição a apenas 28 apoiadores de Asquith. O recém-relançado Partido Trabalhista obteve mais cadeiras que os liberais nos bancos da oposição, com 63 de seus candidatos tendo sido eleitos. Mais uma vez, o sistema eleitoral distorceu as proporções reais de apoio aos partidos entre os eleitores. Assim, a coalizão recebeu apenas 47,6% dos votos, mas obteve 67,6% das cadeiras. Apesar disso, com os membros unionistas irlandeses e os conservadores independentes, podia afirmar ter a franca maioria dos votantes, o que sugere que os candidatos mais claramente identificados com o esforço de guerra eram mais populares do que aqueles cujos antecedentes não eram inatacáveis nesse quesito. Os folhetos eleitorais com certeza enfatizavam, sempre que possível, sua lealdade ao rei e ao país. Curiosamente, apenas uma minoria dos integrantes das Forças Armadas escolhia exercer seu voto por via postal, e aqueles que o faziam pareciam não estar muito dispostos a apoiar candidatos da coalizão. Aparentemente, Lloyd George e seus apoiadores lucraram com o fato de que o *Representation of the People Act* [ato de representação do povo], de 1918, tenha conferido o direito de voto a todos os homens e mulheres com mais de 30 anos. Os novos eleitores, especialmente as mulheres, aprovavam suas alegações de ter vencido a guerra e de que se deveria forçar a Alemanha a pagar por ela.

Se Lloyd George merecia o crédito por vencer a guerra é uma questão altamente discutível. Após seu triunfo sobre Asquith, a despeito de suas apreensões, ele perseverou na estratégia do "impulso vigoroso", que continuou a infligir enormes perdas na frente ocidental, particularmente em Passchendaele em julho de 1917, sem mostrar resultados. Com efeito, os alemães chegaram mais perto de romper as linhas inimigas com sua campanha da primavera de 1918, quando, por algumas semanas, a guerra efetivamente passou a ser uma guerra de movimento e não de estagnação. Mais tarde, naquele mesmo ano, a estratégia britânica começou a apresentar resultados que, juntamente com a entrada dos Estados Unidos na guerra, levaram a Alemanha a aceitar o armistício, em novembro de 1918. Entretanto, Lloyd George tirou proveito disso, realizando logo em seguida uma eleição geral que ficou conhecida como a eleição do "cupom" em virtude da denúncia, por parte de Asquith, da distribuição de documentos que apro-

IMAGEM 25. Padioleiros em Passchendaele, 1917.

vavam os candidatos liberais da coalizão e lhes poupava uma concorrência contra os conservadores que também houvessem recebido o "cupom".

A eleição de 1918 testemunhou um realinhamento das forças partidárias. Entre as guerras, os conservadores detinham uma vantagem eleitoral estrutural, pois seus rivais estavam divididos entre um Partido Liberal em declínio, que nunca mais conquistou a maioria na Câmara dos Comuns, e um Partido Trabalhista em ascensão que, embora tenha formado governos em 1924 e 1929, também não obteve cadeiras suficientes para controlar a Câmara baixa até o ano de 1945.

Após 1918, Lloyd George dependia do apoio dos conservadores, e, quando estes decidiram puxar o tapete de sob seus pés, em 1922, ele caiu. Seu poder como primeiro-ministro já não estava em seu máximo como estivera no apogeu da guerra. Entre 1916 e 1918, ele gozava de mais autoridade imediata que qualquer outro primeiro-ministro desde Walpole. A suspensão das eleições o manteve imune a uma eleição geral no curso dos conflitos. Ele dirigia um gabinete composto por 5 membros, apoiado por um time de conselheiros composto por especialistas que não eram eleitos nem prestavam contas a ninguém, temporariamente acomodado em Saint James Park, que se tornou conhecido como Garden Suburb. Seu controle da economia por meio do ministério das munições e de outras agências do governo destinadas a dirigir o esforço de guerra era quase totalitário. Tudo isso chegou a um fim abrupto quando chegou a paz. Era preciso realizar uma eleição geral. As instituições do período de guerra para o gerenciamento da economia estavam aniquiladas, e o governo normal do gabinete foi restaurado. Lloyd George desfrutou de uma situação confortável por algum tempo sob a aura do poder, pois desempenhou um papel importante na elaboração do Tratado de Versalhes; mas, daí em diante, sua autoridade foi reduzida devido às restrições políticas impostas por seus aliados conservadores.

Entre as mais importantes de tais restrições estava a limitação de sua liberdade de ação no que se referia à Irlanda. Em 1920, ele teve de aceitar seu pedido especial para os 6 condados do Norte no *Government of Ireland Act* [ato do governo da Irlanda]. Paradoxalmente, esses condados se tornaram a única parte da Irlanda a obter independência de governo, mas, previamente, haviam deixado claro que desejavam manter a União, enquanto os nacionalistas, no Sul, buscaram a autonomia local no interior do Reino Unido. Entretanto, revelou-se impossível conter agora as exigências de independência que haviam se tornado irrefreáveis desde o levante da Páscoa de 1916. Após tentativas de coagir os participantes a se submeter com o uso das forças conhecidas como "negros e bronzeados", em virtude da mistura de seus uniformes militares e policiais, Lloyd George tentou resolver a situação por meio de um tratado assinado em dezembro de 1921. O tratado procurava integrar a República da Irlanda ao Império Britânico concedendo-lhe o *status* de domínio. A maioria dos republicanos concordou, e assim surgiu o Estado Livre Irlandês. Embora tendo mergulhado imediatamente em uma guerra civil, o governo britânico não interveio. Assim, o Reino Unido da Grã-Bretanha e a Irlanda chegaram a um fim sangrento, e surgiram o Reino Unido da Grã-Bretanha e a Irlanda do Norte.

A ascensão do Partido Trabalhista também revelou as limitações da liberdade de ação de Lloyd George devido a sua dependência em relação aos conservadores. Tanto o primeiro-ministro como Bonar Law, líder do Partido Conservador, reconheciam a ameaça apresentada pelos avanços do Partido Trabalhista desde a guerra. Embora tivessem conquistado apenas 63 cadeiras na eleição geral de 1918, obtiveram 2.385.472 votos. Além disso, foram favorecidos nas eleições suplementares, bem como nas eleições municipais, em 1919, especialmente em Londres, onde os candidatos trabalhistas obtiveram 573 cadeiras, sendo que anteriormente detinham 48. Entre os anos de 1918 e 1922, a maneira de lidar com a emergência do Partido Trabalhista como um rival na disputa pelo poder se tornou a principal obsessão dos demais partidos. Uma das possíveis soluções seria confrontar o apelo trabalhista frente ao novo eleitorado de massa oferecendo-lhe alternativas radicais, ou seja, sufocando o eleitorado com ofertas daquilo que desejava. Outra solução possível seria revivescer os interesses mais ameaçados pelo nítido compromisso trabalhista com a luta de classes. Lloyd George tentou ambas as abordagens. Ele renovou as credenciais radicais de seu período anterior à guerra e superou os trabalhistas com esquemas de bem-estar social e com o lançamento de um programa habitacional para tentar cumprir a promessa de tornar a Grã-Bretanha uma "terra própria para heróis". A previdência nacional foi ampliada aos trabalhadores que ganhassem menos de £250 por ano. Uma *Housing Act* [lei de moradia] de 1919 obrigava autoridades locais a construir moradias populares públicas a serem alugadas com subsídio do Estado. Infelizmente, essa estratégia de suplantar o Partido Trabalhista foi interrompida pela necessidade de reduzir custos.

A credibilidade da coalizão com o Partido Trabalhista estava, em todo caso, comprometida em virtude de sua atitude incoerente no tratamento dispensado à inquietação industrial. Embora os membros da coalizão pudessem alegar algum êxito em eliminar os confrontos entre empregadores e alguns grupos de trabalhadores, especialmente os ferroviários, foram inteiramente malsucedidos ao tratar dos conflitos entre proprietários de minas e mineradores. Desse modo, não conseguiram implementar a recomendação da Comissão Sankey de nacionalizar as minas. E seus esforços para evitar a greve de 1921 foram contraproducentes, causando o distanciamento dos trabalhadores das jazidas de carvão.

Enquanto isso, Lloyd George sugeriu fundir os conservadores e os liberais da coalizão em um novo partido de centro que pudesse oferecer resistência aos trabalhistas, mas nenhum dos lados acolheu a proposta. Os liberais julgavam que sua melhor chance de evitar a ameaça trabalhista era voltar a se unir como o partido da esquerda, enquanto a maioria dos conservadores considerava que teria maiores chances de formar o partido da resistência se rompessem com a coalizão. A iminência da eleição geral fez que a questão atingisse seu ponto culminante. A coalizão deveria combater como fizera em 1918 ou deveriam os partidos que a compunham dirigir-se separadamente ao eleitorado? Austen Chamberlain, que se tornou o líder conservador quando Bonar Law renunciou por motivo de saúde, instava pela primeira alternativa. Mas os subsecretários e os parlamentares preferiam a segunda. Sua motivação era acima de tudo o fato de não gostarem de Lloyd George, a quem acusavam de corrupção e oportunismo. Em uma reunião no Carlton Club em outubro de 1922, o ponto de vista destes últimos prevaleceu. Lloyd George renunciou a seu cargo de primeiro-ministro e Chamberlain renunciou ao posto de líder conservador; em seguida, Bonar Law substituiu os dois.

Na eleição geral seguinte, os conservadores obtiveram uma maioria global, ganhando 55,8% das cadeiras na Câmara dos Comuns, a despeito de terem recebido apenas 38,5% dos votos apurados. Este foi o percentual de votação mais baixo de qualquer governo constituído por um partido único até 1974, principalmente diante das divisões entre seus oponentes. O Partido Trabalhista se tornou o segundo maior partido na Câmara dos Comuns, tendo obtido mais de 4 milhões de votos. Os liberais permaneceram irremediavelmente divididos entre os seguidores de Lloyd George, que agora se intitulavam Liberais Nacionais, e os apoiadores de Asquith. Ao todo, obtiveram 116 cadeiras, 26 a menos que os trabalhistas, embora tenham recebido quase o mesmo número de votos. Com exceção das áreas rurais da Escócia, do norte de Gales e da região oeste do interior, porém, esses votos não provinham de distritos eleitorais liberais tradicionais. Os liberais estavam captando votos em protesto contra a coalizão, enquanto o Partido Trabalhista estava consolidando seu domínio sobre os distritos industriais e de mineração, muitos dos quais haviam sido, anteriormente, redutos liberais.

O triunfo de Bonar Law foi efêmero, pois sua saúde logo se debilitou e o levou a renunciar em maio de 1923. Stanley Baldwin o sucedeu como primeiro-ministro. Sua solução para o principal problema de seu governo, o desemprego, foi impor tarifas sobre as importações que concorriam com produtos britânicos. Uma vez que essa política nunca foi aprovada pelo eleitorado, Baldwin insistiu em dissolver o parlamento em 1923 a fim de obter corroboração.

Se alguma vez já houve uma eleição que girou em torno de uma única questão, então esta foi a de 1923. O protecionismo assegurou que se interpusesse uma barreira entre conservadores e liberais. Os liberais nacionais e os apoiadores de Asquith agregaram-se em um partido unido contra ele em torno da plataforma do livre-comércio. Pretendia-se também que o

DA GUERRA DOS BÔERES AO PRIMEIRO GOVERNO TRABALHISTA | 175

protecionismo fosse uma alternativa às propostas trabalhistas para controlar a economia por meio da nacionalização e do aumento da receita via "imposto sobre o capital", ambas as medidas denunciadas como "bolcheviques" por seus rivais.

Com efeito, os trabalhistas foram os principais beneficiários nas eleições, obtendo 191 cadeiras, um aumento de 49 em relação ao total obtido em 1922. Os liberais obtiveram 159 cadeiras, 43 a mais que nas eleições anteriores. A maior parte dessas conquistas ocorreu em detrimento dos conservadores, que obtiveram praticamente os mesmos números e porcentagens de eleitores, mas tiveram seus membros no parlamento reduzidos para 258. Os trabalhistas intensificaram seu domínio nos distritos eleitorais das cidades do interior, incluindo-se um verdadeiro avanço na Grande Londres de 16 para 37, o que lhes conferiu pela primeira vez uma base parlamentar na capital. Os liberais tomaram cadeiras dos conservadores em condados e bairros da classe média. A maior parte desses ganhos deveu-se aos liberais apoiadores de Asquith, uma vez que os antigos membros da coalizão foram beneficiados por não ter oponentes conservadores, situação que agora se invertera em detrimento dos nacionais-liberais. O desempenho dos liberais foi considerado como um autêntico renascimento. Eles obtiveram quase tantos votos quanto o Partido Trabalhista, 29,6% do total, em comparação com 30,5% dos trabalhistas. Eles ainda não podiam ser descartados como o terceiro partido do sistema político britânico.

Mas, nas eleições seguintes, realizadas em 1924, esse se tornaria seu destino. Ironicamente, eles causaram isso a si mesmos graças às decisões de, primeiramente, apoiar e, em seguida, derrubar o primeiro governo trabalhista.

A decisão de apoiar o governo trabalhista foi tomada em parte porque a alternativa, apoiar um governo conservador, era impensável, e em parte porque se tinha confiança de que, quando o Partido Trabalhista demonstrasse sua incompetência, quem se beneficiaria seriam os liberais, e não os conservadores. A primeira alternativa não era a politicamente praticável em 1923, uma vez que o conflito entre o protecionismo e o livre-comércio havia sido a principal controvérsia nas eleições. Era uma espécie de reprise da eleição de 1906, com as propostas trabalhistas consideradas como tendo menor importância. Embora os liberais tivessem denunciado o "socialismo", mantiveram Baldwin sob sua mira como principal alvo. Por conseguinte, apoiaram uma moção de não confiança proposta pelos trabalhistas que derrubou o governo de Baldwin em janeiro de 1924. A escolha da segunda opção foi, porém, um erro de cálculo, pois os trabalhistas não se mostraram incompetentes no governo.

Pelo contrário, os temores de que um regime de trabalhadores e sindicalistas seria revolucionário rapidamente se amenizaram. Em lugar de subverter o sistema, o governo de Ramsay MacDonald foi tranquilizadoramente conformista. O orçamento proposto pelo ministro da Fazenda Philip Snowden não introduziu novos impostos e reduziu a incidências das já existentes. Não apenas não houve arrecadação de impostos sobre o capital como também não houve nacionalizações. A única iniciativa radical foi uma *Housing Act* patrocinada pelo ministro da Saúde, Wheatley, que ampliou o provimento de habitações populares. De resto, a primeira experiência do Partido Trabalhista no poder foi uma decepção para seus apoiadores mais socialistas. Contudo, as queixas da esquerda referentes à escassez de realizações têm de ser consideradas no contexto da época. Um ministério não poderia ter imposto ao parlamento um programa socialista de esquerda, sendo inteiramente dependente dos votos liberais e até conservadores para sua sobrevivência cotidiana. Havia ministros de ambos os partidos no gabinete. Ainda assim, o governo trabalhista sofreu 10 derrotas em votações na Câmara dos Comuns. Manteve-se no poder por apenas nove meses.

Sua queda ocorreu em virtude de um incidente relativamente trivial. Um artigo de J. R. Campbell no jornal *Workers' Weekly* conclamou os soldados a não atirar nos grevistas. O diretor de processos jurídicos públicos determinou que isso constituía uma incitação a um motim e prendeu Campbell. Sob pressão por parte dos parlamentares trabalhistas, o procurador-geral foi persuadido a desistir do caso. Os conservadores apresentaram um voto de censura contra o governo por interferir no judiciário. Os liberais propuseram uma emenda convocando uma comissão especial de investigação. MacDonald, sustentando que o único veredito aceitável acerca do assunto seria o do eleitorado, fez disso um voto de censura. Seu governo foi derrotado por 364 votos contra 1.999. No dia seguinte, o parlamento foi dissolvido.

Os candidatos trabalhistas e conservadores iniciaram a campanha de 1924 com atitude confiante. As eleições suplementares haviam favorecido o governo desde a disputa precedente. A máquina partidária estava aprimorada, e houve mais cadeiras disputadas do que nunca. Os conservadores também haviam revisado sua organização após a derrota de 1823,

DA GUERRA DOS BÔERES AO PRIMEIRO GOVERNO TRABALHISTA | **177**

e abandonado a bandeira do protecionismo. Em contraposição, os liberais estavam em má situação. Apresentaram candidatos em apenas 340 distritos eleitorais. O moral baixo, bem como a falta de verbas, estavam por trás do número de candidatos insuficiente para possibilitar a conquista de maioria.

A campanha de 1924 foi suja. A despeito do calculado comedimento do governo trabalhista, a imprensa conservadora, desde o princípio, dedicou-se à tática da "ameaça vermelha", que culminou na publicação, no *Daily Mail*, da chamada "Carta de Zinoviev", pretensamente de autoria do presidente da Internacional Comunista instando o Partido Comunista Britânico a uma sublevação. Essas táticas provavelmente não prejudicaram o Partido Trabalhista, mas serviram como uma bom pretexto para sua derrota após o término das eleições.

O Partido Trabalhista foi derrotado, e seu número de cadeiras caiu de 191, em 1923, para 151. Mas isto não foi nada em comparação com a aniquilação sofrida pelos liberais, que obtiveram apenas 40 cadeiras. Os beneficiados foram os conservadores, que conquistaram 419 cadeiras. Mais uma vez, o sistema "o vencedor leva tudo" significou que a proporção das cadeiras distorceu o apoio conferido pelos eleitores aos partidos. Os conservadores tiveram 48,3% dos votos apurados; os trabalhistas, 33%; e os liberais, 17,6%. Todavia, a derrota liberal foi catastrófica. Asquith perdeu a cidade de Paisley em um embate direto com o Partido Trabalhista por 2.228 votos. Em outros locais, 31 membros liberais do parlamento ficaram em terceiro lugar em disputas tríplices. O resultado mais significativo da eleição de 1924 não foi a vitória do Partido Conservador, mas o fato de que ela assinala o momento em que o Partido Trabalhista se tornou seu único rival real na disputa pelo poder.

capítulo 8

DE BALDWIN A ATTLEE

O triunfo dos conservadores em 1924 foi a vitória de um conservadorismo pragmático que iria predominar no partido no curso dos próximos 40 anos, e que não era nem "de direita", nem "reacionário", nem mesmo ideológico, exceto no sentido negativo de ser antissocialista. Baldwin conseguiu a façanha de transformar o Partido Conservador no partido de resistência ao socialismo, pressionando os liberais a ponto de quase levá-los à extinção nesse processo. Ele percebeu que havia conquistado os votos de muitos que anteriormente votavam nos liberais, e não queria pôr em risco seu apoio. Estava convencido de que devia sua maioria na Câmara dos Comuns ao fato de que seu partido "criara, em todo o país, a impressão de representar um governo estável e a paz no país entre todas as classes da comunidade".

Stanley Baldwin personificava esse conservadorismo baseado mais na conciliação das classes do que no conflito. Estava muito distante de ser o guerreiro da luta de classes retratado por alguns historiadores, de tal modo que afirmou, a respeito dos sindicatos e das federações de empregadores: "Só se pode chegar ao progresso neste país se esses dois grupos de homens [...] aprenderem a entender uns aos outros e a não lutar uns contra os outros". Essa convicção era mais instintiva que intelectual, pois o primeiro-ministro não era um pensador profundo, mas sentia instintivamente o que o eleitor conservador médio pensava. Ele tirava proveito dessa intuição em suas transmissões radiofônicas e em suas aparições nos noticiários do cinema. Sua hábil exploração dos novos meios de comunicação fizeram dele o primeiro político britânico cuja voz e rosto eram familiares ao público em geral. Pitando tranquilamente seu cachimbo, os bolsos estufados com suas latinhas de fumo, Baldwin exalava confiança, senso comum e, acima de tudo, a noção de "segurança em primeiro lugar". Ele não poria em risco o equilíbrio do barco.

A greve geral, o confronto industrial mais grave do século, quando Baldwin alinhou seu governo com os empresários contra a força de trabalho organizada, parecia estar em desacordo com essa imagem. No entanto, entender a greve como uma batalha na luta de classes, com o governo tomando o partido da classe dominante contra os trabalhadores, é interpretar equivocadamente o espírito da década de 1920.

O que estava no cerne da questão era o lugar especial ocupado pela indústria do carvão na economia e no operário trabalhista. As minas de carvão ainda empregavam 1 milhão de trabalhadores, um quinto da mão de obra sindicalizada em 1926. Antes de 1914, a indústria exportava entre 20% e 25% de sua produção; em 1920, exportava apenas 10,8%. A principal causa desse declínio foi a baixa produtividade das jazidas britânicas em comparação com a concorrência estrangeira. Quando as minas foram restituídas a seus antigos proprietários, em 1921, estes decidiram aumentar sua competitividade reduzindo os salários dos mineiros. A Federação dos Mineiros da Grã-Bretanha convocou uma greve contra essa medida, esperando obter o auxílio de seus aliados, o Sindicato Nacional de Ferroviários e os Trabalhadores do Transporte Nacional. Mas a Tripla Aliança não conseguiu efetivar a greve na data combinada, 15 de abril de 1921, dia que ganhou notoriedade como a *"Black Friday"* ["Sexta-feira Negra"], deixando um legado de culpa no movimento trabalhista.

Em 1925, o governo conservador retomou o padrão-ouro, que havia sido abandonado em 1919, e restabeleceu a taxa de câmbio de 4,86 dólares por libra. Essa decisão crucial foi, em grande medida, imposta pelas exigências da *City* de Londres, sob a orientação do Banco da Inglaterra. Sua influência era de tal proporção que qualquer governo, conservador, trabalhista, liberal ou de coalizão, teria aceitado o conselho do diretor do Banco de que o momento era oportuno para se readotar o padrão-ouro. É verdade que John Maynard Keynes criticava isso e declarava que a libra esterlina era assim sobrevalorizada, mas ele ainda teria de modificar a opinião convencional sobre esse tipo de questão. Decerto, o Partido Trabalhista não alterou essa política quando chegou ao poder em 1929, e a Grã-Bretanha persistiu com o padrão-ouro até que os efeitos da crise bancária europeia a obrigaram a abandoná-lo em 1931. Embora a decisão tenha agradado à *City*, também alarmou os produtores, que a entendiam como outro golpe contra sua competitividade nos mercados internacionais. Muitos tentaram contrabalançar seus efeitos forçando novas reduções salariais, política adotada pelos proprietários das minas de carvão em junho. A Federação de Mineiros decidiu se opor a essas reduções e recorreu ao *Trades Union Congress* (TUC) [congresso de sindicatos] para convocar greves de solidariedade em apoio à sua atitude de resistência. O governo interveio oferecendo nove meses de subsídio para os salários dos mineiros para compensar a diferença entre os salários atuais e a redução de 10% proposta pelos proprietários. Enquanto isso, nomeou-se uma comissão real para investigar a indústria do carvão. Os mineiros aceitaram essa solução temporária e as greves foram suspensas em 31 de julho, data que ficou conhecida como a *"Red Friday"* ["Sexta-feira Vermelha"], redimindo a desonra do dia 15 de abril de 1921.

Entretanto, quando a comissão real concluiu seu relatório, em março de 1926, pôde apenas recomendar reduções imediatas nos custos, incluindo os salários, e propor a reorganização da indústria. Os proprietários aceitaram o relatório, mas propuseram reduzir os salários ou, alternativamente, algo que a comissão havia rejeitado: aumentar a jornada de trabalho. Os mineiros recusaram-se a aceitar, com o *slogan*: "nem um centavo a menos no pagamento, nem um minuto a mais no dia". Eles queriam que a reorganização fosse realizada em primeiro lugar, mantendo-se, enquanto isso, o subsídio. Uma vez que o fim do subsídio estava previsto para o dia 30 de abril, os proprietários comunicaram sua intenção de pagar salários reduzidos a partir do dia 1º de maio. Nessa data, uma reunião especial do TUC recebeu a incumbência de negociar com o governo a prorrogação do subsídio a fim de ganhar tempo para chegar a uma conciliação de interesses. Se o governo recusasse, convocar-se-ia uma greve geral.

As negociações estavam ainda em andamento, embora de modo insatisfatório para as partes envolvidas, quando, no dia 3 de maio, o gabinete as encerrou repentinamente, pelo motivo de que os tipógrafos do *Daily Mail* haviam se negado a compor a impressão de um editorial denunciando a ameaça de greve. Pode-se descartar a ideia de que a mensagem do editor do *Daily Mail* fizesse parte de um conluio, embora tenha desvencilhado o governo das negociações prolongadas e improfícuas. Medidas de contingência já haviam sido elaboradas para manter o fornecimento básico na eventualidade de uma greve geral.

Então, a greve teve início faltando um minuto para a meia-noite no dia 3 de maio. Foi mais uma greve nacional do que uma geral, pois o TUC não convocou todos os sindicatos a entrar em paralisação de imediato. Primeiramente, foram convocados os trabalhadores da "linha de frente" da indústria: construção, gás, eletricidade, tipografia e transportes. Os outros setores foram mantidos na reserva. A resposta foi colossal – mais de 2 milhões de sindicalistas entraram em greve. Essa solidariedade surpreendeu os contemporâneos e suscitou especulações desde então. Para a esquerda revolucionária, houve aqui uma demonstração da militância do movimento trabalhista que poderia ter sido dirigida contra o Estado – a inércia e a deslealdade dos líderes da burocracia sindical seriam as responsáveis pelo malogro. Mas foi realmente assim? Não se estava pedindo que os trabalhadores derrubassem o governo. Sequer se pedia que exigissem melhores condições de trabalho a seus próprios patrões. Pedia-se apenas que manifestassem solidariedade aos mineiros. Sua disposição para fazê-lo foi grandiosa, e, como diz A. J. P. Taylor, "merece mais que uma homenagem passageira". Foi um gesto generoso de apoio aos mineiros, por quem o movimento trabalhista tinha grande simpatia. Se a *"Red Friday"* redimiu sua honra, a greve geral apagou a culpa da *"Black Friday"*.

Talvez os trabalhadores merecessem mais que a liderança aparentemente covarde do TUC. Entretanto, uma vez que a ameaça da paralisação nacional não conseguiu obter concessões por parte do governo, dificilmente a efetivação da greve teria probabilidade de fazê-lo. Como expressou Neville Chamberlain, "não podemos nos permitir destruir a confiança do público em nós dando a impressão de estar fugindo". Os ministros estabeleceram uma distinção entre a greve dos mineiros, que era uma disputa industrial, e a greve geral, que afirmavam ser uma questão constitucional. Churchill adotou o tema "Quem governa?" como uma vingança no jornal oficial *British Gazette*, que era o porta-voz do ministério durante a greve. O TUC cometeu um erro ao convocar os tipógrafos, pois foi difícil empreender uma campanha para se contrapor à propaganda governamental, especialmente com a BBC (*British Broadcasting Corporation*) sendo usada pelas autoridades para condenar a greve. O primeiro-ministro transmitiu um apelo à nação em que prometia "não comprometer a segurança e a proteção da Constituição britânica".

Então, os ministros decidiram arriscar para ver se a ameaça do TUC se concretizaria. O Conselho Geral queria ajudar os mineiros, e não derrubar o governo. O movimento trabalhista estava dividido, desde que a maior parte dos parlamentares do Partido Trabalhista se opôs à ação direta. Como disse Ramsay MacDonald: "A greve geral [...] é estouvada e ineficaz [...] se a maravilhosa unidade na greve [...] se manifestasse na política, o Partido Trabalhista poderia solucionar as dificuldades da mineração e outras similares por meio das urnas". Uma oferta feita pelo presidente da comissão real para apresentar propostas para a reorganização da indústria do carvão antes que os salários fossem reduzidos tirou o TUC do embaraço, embora não significasse um compromisso do governo. No dia 12 de maio, a greve geral foi suspensa. Ela se revelou um autêntico prodígio de nove dias.

"Dou graças a Deus por sua decisão", disse Baldwin ao TUC. Não foi vingativo em sua vitória, e tampouco Churchill, que assumira as negociações com a indústria do carvão quando o primeiro-ministro saiu de férias. No entanto, ninguém foi capaz de apresentar um acordo satisfatório para os mineiros, que se mantiveram fora de atividade até novembro, quando a fome os obrigou a retornar.

Embora o gabinete tentasse ser conciliador, os parlamentares conservadores queriam vingança. Eles apoiaram a aprovação do *Trades Disputes Act* [lei das disputas dos sindicatos], em 1927, que incluía duas medidas contra os sindicatos. Uma delas declarava ilegais as greves com objetivo político e não industrial. A outra forçava os membros dos sindicatos a manifestar expressamente sua opção por pagar a contribuição para o Partido Trabalhista, quando antes esse pagamento era automático a não ser que o afiliado se manifestasse expressamente por não pagar. Tais medidas foram, porém, contraproducentes. Não houve nenhuma execução concreta do Ato antes de sua rejeição em 1945. Embora os fundos do Partido Trabalhista tenham sido seriamente afetados a princípio, isso não parece ter prejudicado seu desempenho na eleição geral seguinte, em que conquistou 288 cadeiras, tornando-o o maior partido na Câmara e possibilitando que formasse seu segundo governo de minoria.

A eleição geral de 1929 foi a primeira a se realizar sob o sufrágio adulto universal, tendo-se concedido no ano precedente o direito de voto às mulheres com mais de 21 anos. Não há como determinar se isto fez alguma diferença no resultado da eleição. Na época, considerou-se que ajudou o Partido Trabalhista, mas, diante das tendências contrárias ao governo nas eleições suplementares na corrida rumo à eleição geral, parece possível que a conjuntura tenha permitido que os conservadores se saíssem melhor do que teriam se saído. Eles terminaram por obter a maior quota dos votos apurados, 38,2%, mas conquistaram somente 59 cadeiras. Aparentemente, a competição dos liberais, que era séria em comparação com seu lastimável

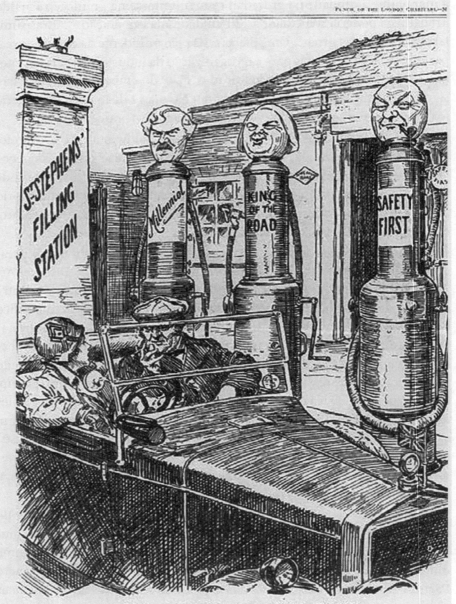

IMAGEM 26. "O espírito do momento", satirizando o advento do pleno sufrágio feminino.

desempenho na eleição precedente, favoreceu os candidatos trabalhistas. Muitos dos que haviam votado nos conservadores em 1924 por querer um candidato liberal voltaram à sua fidelidade partidária em 1929.

O revigoramento liberal havia sido amplamente elaborado por Lloyd George, cujo antigo rival, Asquith, recolhera-se na Câmara dos Lordes em 1926 e falecera em 1928. Desta vez, o líder partidário gastou livremente o controverso fundo que arrecadara como primeiro-ministro por meio da venda de títulos honoríficos. Ele tinha também um esplêndido manifesto, em grande medida constituído pela obra do economista Keynes, intitulado "Podemos vencer o desemprego". Esse programa propunha uma despesa estatal de cerca de £250.000.000 para empregar 600 mil homens na construção de estradas e moradias. Sua ruptura com a política financeira ortodoxa para estimular a atividade econômica marcava uma grande mudança na política econômica, em contraste com os inexpressivos manifestos apresentados por seus rivais. O manifesto "Segurança em primeiro lugar", do Partido Conservador, era considerado complacente diante de um desemprego que chegava a 1.216.000 pessoas. Já o manifesto trabalhista, "Apelo à nação", tinha como principal proposta o aumento dos benefícios do seguro-desemprego.

O segundo governo trabalhista mal havia tomado posse quando foi atingido por um terremoto econômico que abalou o mundo. Antes, os governos do pós-guerra haviam enfrentado problemas causados pelo declínio das indústrias de base e pela necessidade de pagar dívidas de guerra aos Estados Unidos. Entretanto, estas eram pequenas dificuldades locais em comparação com as dificuldades oriundas do excesso de produção primária nos países que agora podiam ser chamados de "Terceiro Mundo", provocando uma vertiginosa queda de preços e tornando-os incapazes de pagar pelos produtos industriais do mundo desenvolvido. O resultado disso foi a superprodução, a perda da confiança, quedas na bolsa de valores e um pronunciado aumento do desemprego.

Qualquer governo teria sido severamente abalado pela magnitude geral da crise. Um governo minoritário, dependente dos votos de outros partidos para sua sobrevivência, tenderia especialmente a agir com prudência, e não de modo audacioso, ao lidar com a situação. Mas a timidez e a total incompetência dos principais ministros responsáveis pelo gerenciamento dessa conjuntura caótica, particularmente do ministro da Fazenda, Philip Snowden, agravaram as dificuldades. Oswald Mosley, chanceler do ducado de Lancaster, parecia ser o único a apontar uma solução para a adversidade ao recomendar despesas em déficit em obras públicas para combater o desemprego. Frustrado com a recusa por parte de duas comissões governamentais em aceitar suas propostas, ele renunciou e passou o restante de sua carreira no ostracismo político.

Sugeriu-se que MacDonald deveria ter demitido Snowden, mas isso simplesmente não era uma opção na época. Os parlamentares trabalhistas, frustrados com a cautela do primeiro-ministro e de seu ministro da Fazenda, também não ficaram impressionados com Mosley, a quem consideravam presunçoso e superficial. Além disso, a ortodoxia financeira exigia que o governo equilibrasse seu orçamento, em oposição a entrar em déficit ao gastar dinheiro com obras públicas. O custo do pagamento de benefícios de seguro-desemprego a mais de 2 milhões de segurados no início de 1931 já estava acumulando um déficit que, segundo as previsões, alcançaria £120.000.000 em 1932. Uma comissão constituída para recomendar maneiras de evitar esse desfecho recomendou cortes no valor de £96.500.000, das quais 67 milhões seriam poupadas cortando-se o seguro-desemprego. Este era um remédio intragável para um governo que afirmava representar a classe trabalhadora. No entanto, a comissão econômica do gabinete estava disposta a recomendar um corte de £78.500.000 no orçamento, dos quais 43 milhões sairiam do seguro-desemprego, e o restante recairia nos salários dos funcionários públicos, como policiais e professores. Todo o gabinete rejeitou esses cortes e reduziu o total a ser cortado a £56.000.000, uma cifra que o TUC considerou excessivamente alta e que a oposição parlamentar considerou demasiadamente baixa. A confiança estrangeira na idoneidade das medidas, e, mais ainda, na competência dos ministros, causou uma tendência de desvalorização da libra, levando o Banco da Inglaterra a insistir em medidas mais vigorosas para evitar isso. O Gabinete discutia ampliar o pacote de cortes orçamentários em mais £20.000.000, levando a 10% a redução no benefício do seguro-desemprego. Os ministros estavam divididos, sendo 11 favoráveis à proposta e 8 contrários. MacDonald adiou a sessão para o dia seguinte. Quando o gabinete voltou a se reunir, em 24 de agosto, MacDonald informou aos colegas que se reunira com o rei e concordara em liderar um governo nacional que incluiria conservadores e liberais. Três ministros consentiram em trabalhar com ele. Os outros ficaram aturdidos. Nesse momento, abriu-se um abismo entre MacDonald e o Partido Trabalhista, separação que se tornou definitiva em setembro, quando os membros que apoiavam o governo nacional foram expulsos. Os poucos que continuaram a apoiar o primeiro-ministro ficaram conhecidos como "trabalhistas nacionais", e desde então foram execrados como traidores do partido que ajudaram a erigir, mas ao qual também deviam suas carreiras políticas até 1931.

O governo nacional era, em grande medida, uma idealização do rei. George V persuadiu MacDonald a permanecer em seu cargo de primeiro--ministro e também convenceu Baldwin e Herbert Samuel, líderes dos Tóris e (estando Lloyd George providencialmente incapacitado na época) do Partido Liberal, a tomar parte em seu governo. Ironicamente, esse governo não conseguiu atingir o objetivo para o qual havia sido ostensivamente formado: a manutenção da paridade da libra. A confiança inicial no novo governo evaporou-se quando os marinheiros estacionados em Invergordon se amotinaram em protesto devido aos cortes em seus pagamentos. A posterior fuga da libra acarretou o abandono do padrão-ouro em 21 de setembro.

A questão de determinar o que fazer em seguida para resolver o problema econômico da nação gerou debates entre protecionistas e defensores do livre-comércio no interior do gabinete. Isto conduziu à decisão de convocar uma eleição geral a fim de se tentar conquistar "autoridade" com o objetivo de fazer aquilo que fosse considerado necessário para sanear a economia.

Analisada em termos de perdas e ganhos por parte do governo e da oposição, a eleição geral de 1931 testemunhou a maior transferência de votos na história eleitoral britânica. No final da votação, o governo nacional havia conquistado 554 cadeiras, 473 das quais em poder dos conservadores, representando o maior número que qualquer partido já obtivera isoladamente desde 1832. A oposição obteve 61 cadeiras, das quais 52 eram dos trabalhistas. Entretanto, as circunstâncias peculiares nas quais a campanha ocorreu, bem como os efeitos de distorção inerentes ao sistema eleitoral, precisavam ser considerados, pois, de certo modo, relativizavam a impressão transmitida por uma maioria governamental de 493 cadeiras. Somente um dos grandes partidos disputou unido a eleição: o Partido Conservador. Os conservadores estiveram divididos desde 1929 em torno da questão do livre-comércio do Império, uma causa adotada pelos barões da imprensa Beaverbrook e Rothermere, que chegaram inclusive a concorrer como candidatos nas eleições suplementares contra conservadores oficiais. Em certa ocasião, pareceu provável que a cisão no partido removesse Baldwin da liderança. Todavia, a ruptura foi sanada após a derrota de um candidato defensor do livre-comércio do Império por parte de um conservador em uma eleição suplementar realizada em março de 1931. Na época da eleição geral, os conservadores estavam unidos. Enquanto isso, o Partido Trabalhista se dividira entre os remanescentes que apoiavam o governo nacional e aqueles que se opunham a ele. Os liberais estavam ainda mais divididos entre os nacionais, que estavam de acordo com os conservadores na questão do protecionismo, os adeptos de Samuel, que, embora apoiassem o governo, ainda defendiam o livre-comércio, e um punhado de membros associados a Lloyd George, que recuperara seu vigor usual e se opunha energicamente ao governo.

Os conservadores, os trabalhistas nacionais e os liberais nacionais, de modo geral, não apresentaram candidatos uns contra os outros. Mas, dentre os 118 liberais apoiadores de Samuel, 81 concorreram contra candidatos conservadores. Os liberais divididos também estavam desmoralizados e apresentaram apenas 159 candidatos, embora afirmassem que poderiam ter disputado 300 cadeiras se a eleição tivesse sido normal. Até mesmo isso era um reconhecimento de que não estavam em condições de disputar o poder. Isso significou que, enquanto houve 447 disputas tríplices em 1929, em 1931 houve apenas 99. Os eleitores que haviam votado nos liberais dois anos antes passaram em massa para o lado dos conservadores, enquanto uma minoria ou se absteve ou votou nos trabalhistas. Todos relataram que os vários candidatos liberais obtiveram apenas 10,7% dos votos apurados, embora curiosamente tenham conquistado 72 cadeiras, 20 a mais do que o Partido Trabalhista obteve, apesar de ter alcançado 30,6% dos votos. O Partido Trabalhista na verdade não teve nessa eleição um desempenho tão desastroso quanto sugerem suas meras 52 cadeiras. O partido apresentou 516 candidatos, em contraposição ao insignificante total de 20 candidatos trabalhistas nacionais. Estes últimos obtiveram 6.649.630 votos. Embora isso representasse 1.739.882 votos a menos que o total de votos trabalhistas em 1929, no todo, em 1931, votaram cerca de 1 milhão de pessoas a menos que na eleição anterior, a maioria delas provavelmente favoráveis aos liberais e trabalhistas na primeira eleição que se abstiveram na segunda eleição. Evidentemente, alguns eleitores que antes haviam votado nos trabalhistas também votaram nos conservadores em 1931, pois não é possível que o enorme total de 11.978.745 votos tenha provindo exclusivamente de seus apoiadores tradicionais e de desertores liberais. Com efeito, o governo podia afirmar ser "autenticamente nacional", pelo fato de que tinha o apoio eleitoral da classe média e da classe trabalhadora, as quais antes apoiavam os candidatos liberais e trabalhistas. O voto liberal estava praticamente aniquilado, enquanto o voto trabalhista foi empurrado para áreas centrais de regiões acometidas pela depressão, como o sul de Gales. O governo nacional refletia um verdadeiro consenso.

Um sinal de que a vasta maioria ainda aceitava o diálogo entre os principais partidos como o contexto legítimo da política foi o irrisório desempenho dos comunistas e do *"New Party"* ["Partido Novo"] de Oswald Mosley nas eleições. O Partido Comunista apresentou 26 candidatos e o Partido Novo, 24. O primeiro obteve 74.824 votos, e o segundo, 36.377. O fraco desempenho do Partido Novo foi ainda mais desastroso do que os números sugerem, pois dois de seus candidatos eram membros estabelecidos que haviam abandonado o Partido Liberal e o Partido Trabalhista desde 1929, porém obtiveram apenas 3% e 4% dos votos apurados em seus distritos eleitorais.

Uma vez que o apoio esmagador em prol do governo nacional provinha dos conservadores, não é de surpreender que o "doutor" tenha prescrito o protecionismo para a economia enferma. Em 1932, um *Imports Act* [ato de importações] impôs uma tarifa geral à maioria das importações, excetuando as matérias-primas, os produtos alimentares e os produtos imperiais. No ano seguinte, a noção da preferência imperial foi promovida em uma conferência em Ottawa, mas os domínios não demonstraram entusiasmo frente a isso e tudo o que se concretizou foram acordos menores. Ainda assim, isso seria o suficiente para levar os liberais apoiadores de Samuel a sair do governo, embora não tenham passado à oposição senão em 1933, deixando para trás os liberais nacionais, que se uniram aos conservadores antes da eleição geral de 1935. Nesse momento, a ideia de que o governo era nacional, em vez de conservador, era pouco mais que um mito, uma vez que Ramsay MacDonald havia se aposentado como primeiro-ministro, sendo substituído por Stanley Baldwin. O mito, porém, adequava-se bem a Baldwin, que sempre preferira liderar os conservadores de centro-esquerda e sabia que a esmagadora maioria que o partido detinha na Câmara dos Comuns teria dado à direita muito mais influência política se a ideia de uma coalizão tivesse sido excluída.

As eleições de 1935 ocorreram no contexto de uma crise internacional ocasionada pela invasão italiana da Abissínia. A Liga das Nações conclamou os seus membros a aplicar sanções econômicas à Itália, pedido que o governo nacional respondeu. Desse modo, a segurança coletiva chegou a ser um tópico na eleição de novembro. O governo esperava se beneficiar com o apoio oferecido à Liga, uma vez que o Partido Trabalhista adquirira identificação com o pacifismo na eleição suplementar em Fulham do Leste realizada em outubro de 1933, quando o partido tomou a cadeira dos conservadores em uma campanha supostamente vencida por opor-se ao rearmamento. Entretanto, um referendo extraoficial conhecido como o "voto da paz", realizado em 1934, revelara um apoio substancial às sanções contra um agressor. Embora o manifesto do governo tenha colocado a Liga das Nações e a defesa no topo da agenda, na verdade esses tópicos foram relativamente pouco importantes na campanha. O Partido Trabalhista destacou que também apoiava as sanções, pois, embora suas fileiras tivessem se dividido acerca da questão do rearmamento na conferência do partido naquele ano, o líder pacifista George Lansbury havia sido expulso após o belicoso discurso de Ernest Bevin, tendo sido substituído por Clement Attlee, que tornou uma virtude o fato de ter sido um oficial na Primeira Guerra Mundial. Os líderes do partido, em todo caso, tendiam a exagerar o impacto das questões internacionais sobre o eleitorado. Mesmo a eleição suplementar de Fulham do Leste concentrou-se mais na questão das moradias e do desemprego que na questão da defesa, o que ocorreu também na eleição geral.

O triunfo do Partido Trabalhista na eleição suplementar foi uma das várias vitórias da trajetória rumo à eleição de 1935, o que, junto com êxitos municipais, incluindo a conquista do Conselho do Condado de Londres, em 1934, gerou no partido a esperança de se recuperar do desastre de 1931. De fato houve uma certa recuperação, mas não o suficiente para recobrar o espaço perdido desde 1929. Nos distritos que testemunharam embates diretos entre candidatos conservadores e trabalhistas nas três eleições, a transferência de votos do Partido Trabalhista para o Partido Conservador foi em média de 15,1% entre 1929 e 1931, enquanto que o movimento de regresso para os trabalhistas foi de apenas 9,9%. Os liberais, em contraposição, continuaram a declinar. Sua parcela de votos nos distritos eleitorais que testemunharam disputas tríplices nas três eleições caiu de 35,8%, em 1929, para 29,5%, em 1931, e 26,6%, em 1935. O resultado disso foi um novo respaldo eleitoral para o governo nacional liderado por Baldwin. Seus colegas conservadores conquistaram 388 cadeiras, os nacionais liberais, 35, e os trabalhistas nacionais, 8, somando um total de 431 cadeiras para o governo. Uma vez que a distinção entre os "partidos" que compunham a "coalizão" nacional era então primordialmente acadêmica, alguns analistas rejeitam fazê-la e consideram essa soma como o total conservador. O Partido Trabalhista conquistou 154 cadeiras, Lloyd George e os liberais seguidores de Samuel, 19, o Partido Trabalhista Independente, que havia se separado do Partido Trabalhista em 1932 e disputou a eleição separadamente, 4, e outros, incluindo dois comunistas, 7. Desse modo, o governo nacional tinha uma maioria global de 247.

O paradoxo de que o Partido Conservador, embora como parte de um governo nacional, ganhasse as duas únicas eleições realizadas na década de 1930, a "década diabólica" do desemprego, tem sido tema de incontáveis debates. O fraco desempenho do Partido Trabalhista, em particular, foi explicado de diversas maneiras. Na época, a hostilidade da imprensa, com exceção do *Daily Herald*, e a conferência dissonante do partido, que resultara em um novo líder desprovido de carisma logo antes das eleições, pareciam avassaladoras. Baldwin também era melhor acolhido na mídia mais objetiva dos cinejornais e das transmissões de rádio. Os liberais conseguiram apresentar apenas 159 candidatos nessa eleição, e antigos apoiadores dos liberais aparentemente passaram para o lado dos conservadores, e não dos trabalhistas, após o fiasco de 1931. Mas o fato de que Baldwin fosse genuinamente popular entre a classe trabalhadora parece ser uma das principais razões do êxito de seu governo. Seu apelo frente aos trabalhadores, cujo nível de vida havia se elevado ao longo da década, estava já estabelecido, e, em 1935, o desemprego caiu pelo quarto ano consecutivo, chegando a pouco mais de 2 milhões de pessoas. Mas ele parece ter exercido apelo inclusive sobre os trabalhadores desempregados, pois a tendência contrária a seu governo era notavelmente uniforme em todo o país, em torno de 9,4%, e não mostrava variação significativa em áreas nas quais a depressão era ainda severa. Talvez, nesse caso, a vinculação entre o rearmamento e a redução do desemprego nas áreas mais afetadas pela depressão, que Neville Chamberlain tornou explícito em um discurso eleitoral proferido em Glasgow, tenha surtido efeito. A expedição de ordens do almirantado para a construção de 9 navios de guerra com o mais severo desemprego fez que a mensagem fosse transmitida. Por qualquer que fosse a razão, assim como em 1931, também em 1935 o tipo de conservadorismo de Baldwin se baseava em um amplo consenso.

Ainda mais amplo que o consenso de Baldwin era a adulação quase universal da família real e da monarquia. Isto foi posto à prova pela abdicação de Eduardo VIII. George V, cuja popularidade na época de seu jubileu de prata, em maio de 1935, provavelmente beneficiara o governo nacional naquele ano de eleição, morreu no próximo mês de janeiro. Havia mais de uma geração de diferença entre o antigo rei e seus ministros e o próximo monarca; havia uma diferença abissal de valores. George sustentara valores vitorianos em sua corte. O decoro no cumprimento das funções reais era estritamente mantido. O modo de vestir era formal. Nenhum homem ou mulher divorciado(a) era convidado(a) a fazer parte do serviço. O Príncipe de Gales, com 40 anos, ameaçava esses valores. Seu modo de vestir-se foi objeto de um memorando de desaprovação redigido por Neville Chamberlain, embora este tenha sido suprimido pelo primeiro-ministro. O que é pior: ele desejava casar-se com uma mulher norte-americana que não apenas se divorciara anteriormente, mas ainda tinha de obter o divórcio de seu segundo marido, Mr. Simpson, antes que pudesse estar livre para se tornar esposa de Eduardo.

Baldwin conseguiu, por assim dizer, divorciar o monarca da monarquia. Eduardo VIII foi destronado, mas a Coroa manteve sua influência sobre a nação. Essa proeza foi possível, em parte, devido à inabilidade com que os amigos do rei manejaram sua tentativa de lhe fornecer apoio. Havia elementos em todos os níveis da sociedade, desde parlamentares conservadores a trabalhadores desempregados, que simpatizavam com sua situação. O próprio rei visitou o sul de Gales pouco após sua ascensão e manifestou preocupação com as condições sociais com que se deparou, embora o memorando de Chamberlain o tenha censurado por tais manifestações públicas. Mas seu principal apoiador, Winston Churchill e os barões da imprensa Beaverbrook e Tothermere, não chegaram a lugar nenhum com sua campanha para tirar proveito dessas simpatias. Eduardo também os desamparou, abstendo-se de transmitir um apelo ao público quando Baldwin o censurou. Como Beaverbrook se queixou a Churchill, "Nosso galo não brigará".

Com efeito, as forças de reação eram esmagadoras. A postura de Baldwin foi aplaudida por todas as seções da sociedade britânica, especialmente da sociedade inglesa. O primeiro-ministro foi tão entusiasticamente recebido quanto o rei, George VI, na coroação, em maio de 1937. Quando um correspondente disse, ao cumprimentá-lo após a abdicação formal, em dezembro de 1936: "Você manteve o Império unido e, ao deixar claro que a ideia da dignidade moral é, para nosso povo, inseparável da ideia do trono, elevou esse trono mais alto que nunca na estima do mundo".

Outro apoiador da atitude de Baldwin na ocasião da crise esperava que ele "ficasse conosco por um longo período de tempo para guiar o navio do Estado ao longo das armadilhas do fascismo e do comunismo". Na verdade, ele renunciou pouco após a coroação, e foi sucedido como primeiro-ministro por Neville Chamberlain. Mas o navio do Estado conseguiu evitar esses extremos.

A União Britânica de Fascistas, fundada por sir Oswald Mosley após retornar da Itália em 1932, nunca se recuperou inteiramente da violência de seus "camisas negras" no rali Olympia, em 1934. Os elementos "respeitáveis" entre seus patrocinadores retiraram seu apoio, e a União Britânica de Fascistas tornou-se cada vez mais associada com demonstrações antissemitas no East End de Londres, em Leeds e em outras cidades com grandes populações judaicas. O fato de não ter disputado a eleição de 1935 era um indício do escasso apoio de que gozava. Sua violência levou à aprovação do *Public Order Act* [ato de ordem pública], em 1936, para banir os uniformes políticos e restringir as marchas provocativas.

Se em casa o governo demonstrava estar disposto a enfrentar os fascistas, já no exterior, porém, sua atitude contra ele não era muito enfática. Mussolini saiu incólume após anexar a Abissínia, enfrentando apenas pouco mais que uma resistência verbal da Grã-Bretanha. Em 1936, Hitler ocupou a Renânia sem dificuldade. E, quando irrompeu a Guerra Civil Espanhola, o governo britânico anunciou uma política de não intervenção, embora isso favorecesse os fascistas ali, que recebiam ajuda da Alemanha, da Itália e de Salazar, o ditador de direita de Portugal. Contudo, esses acontecimentos alarmantes modificaram a atitude do público em relação ao rearmamento. Se, até 1935, o governo era criticado por gastar excessivamente com a defesa, depois de 1937, passou a receber críticas por não gastar o suficiente. Até mesmo o Partido Trabalhista deixou de se opor ao orçamento para a defesa naquele ano, enquanto o taciturno secretário de assuntos estrangeiros declarou abertamente: "nosso país tem de se armar vigorosamente". Houve mais críticas diretas provenientes das bancadas conservadoras, articuladas de modo mais ruidoso por Churchill. Ele havia pressionado Baldwin a ampliar a força aérea para enfrentar o desafio alemão, e, embora a princípio não tenha se contraposto à política de defesa de Chamberlain, tornou-se depois seu mais severo crítico após a renúncia do secretário de assuntos estrangeiros Anthony Eden, em 1938. Churchill condenou a "contemporização" dos propósitos nazistas alemães na Tchecoslováquia, especialmente a viagem de Chamberlain a Munique em 1938, o que lhe valeu uma repreensão de seu partido, até que a invasão de Praga em 1939 justificasse sua atitude e silenciasse seus críticos.

A anexação da Tchecoslováquia modificou a política do governo frente à Alemanha da noite para o dia. Ofereceu-se à Polônia uma garantia de que qualquer violação da integridade de seu território provocaria uma reação da Grã-Bretanha e da França. Quando os alemães invadiram a Polônia no fim de agosto, emitiu-se um ultimato, afirmando que, se não se retirassem, a Grã-Bretanha declararia guerra. Quando o prazo expirou, em 3 de setembro de 1939, Chamberlain fez uma transmissão à nação comunicando que estavam em guerra contra a Alemanha. Não houve o entusiasmo de 1914, e sim uma resignação geral ao fato de que era preciso resistir a Hitler.

Prevendo que os alemães ignorariam o ultimato, Chamberlain formou um gabinete de guerra para o qual nomeou Winston Churchill como primeiro lorde do Almirantado. Churchill esperara muito tempo por essa desforra de sua atitude acerca da questão da prontidão para a guerra. Ele dedicara grande parte da década de 1930 a redigir a biografia de seu grande ancestral, o duque de Marlborough. Como explicava nos quatro volumes, ele se identificava cada vez mais com Marlborough em sua época. Ele escreveu: "A busca de poder com competência e com o desejo de exercê-lo com mérito está entre as mais nobres ocupações humanas. Mas o Poder é um deus que não admite rivais em suas afeições". Na introdução ao último volume, Churchill destaca que o livro "expõe e explica a lamentável deserção, por parte da Inglaterra, de sua liderança da Grande Aliança, ou Liga das Nações, que vencera triunfalmente o poder militar de Luís XIV. Ele mostra como, quando Vitória foi vencida, em imensuráveis ameaças, isso pode ser descartado pelo orgulho de um partido da guerra vitorioso e as intrigas de uma reação pacifista". Agora ele estava em posição de corrigir os erros de ambos.

Se uma eleição geral tivesse sido realizada em 1939 ou 1940, os indícios sugerem que os conservadores teriam vencido novamente. Em janeiro de 1940, uma pesquisa do Instituto Gallup ainda mostrava que a maioria preferia Chamberlain como primeiro-ministro. Quando, em abril, realizou-se uma nova pesquisa de opinião pública a respeito do sucessor de Chamberlain, 28% escolheram Anthony Eden e 25%, Churchill; somente 6% optaram por Attlee. No mês seguinte, entretanto, Chamberlain foi forçado a renunciar após um debate parlamentar que criticou a maneira como seu governo manejou uma expedição à Noruega, e Winston Churchill formou um governo de coalizão. Seu Gabinete de Guerra, composto por 5 membros, incluía o líder trabalhista como suplente do primeiro-ministro.

Com efeito, os políticos trabalhistas desempenhavam um papel importante na coalizão formada durante a guerra. Ernest Bevin, que fora secretário-geral do Sindicato Geral dos Trabalhadores e do Transporte de 1919 até 1940, tornou-se ministro do Trabalho. Herbert Morrison foi nomeado ministro do Abastecimento em 1940 e depois tornou-se ministro do Interior. Hugh Dalton foi ministro da Economia de Guerra de 1940 a 1942 e presidente da Câmara de Comércio de 1942 a 1945. Seus antecedentes com ministros altamente responsáveis pelos assuntos internos enterraram a noção de que o Partido Trabalhista eram "inapto para governar", acusação que seus oponentes haviam lançado contra seus predecessores e que o desempenho do segundo governo trabalhista parecia justificar.

A opinião pública também foi impelida para a esquerda durante a guerra. A ampla aceitação do relatório Beveridge após sua publicação em 1942 demonstrava que retornar a uma elevada taxa de desemprego seria politicamente inaceitável com o restabelecimento da paz. O relatório também recomendava um sistema gratuito de assistência à saúde e a concessão de auxílios às famílias. Os parlamentares trabalhistas e liberais estavam claramente mais entusiasmados que os conservadores em implementar suas recomendações. No entanto, foi um ministro da Educação conservador, R. A. Butler, um dos grandes responsáveis pelo *Education Act* de 1944, que comprometia os governos do pós-guerra com uma educação universal gratuita dos cidadãos até os 15 anos de idade. Mas os trabalhistas se beneficiaram dos planos de reconstrução do pós-guerra, como indicavam sua enorme e crescente liderança nas pesquisas do Instituto Gallup na trajetória rumo à eleição geral de 1945.

As pesquisas indicavam não tanto o apoio ao Partido Trabalhista, mas sim a antipatia em relação ao Partido Conservador, o que se devia com certeza quase absoluta não ao histórico do partido no tocante aos problemas econômicos do período precedente à guerra, mas sim ao fato de ser identificado com a contemporização e com o fracasso em preparar a nação para a guerra. Um incisivo panfleto, *Guilty Men*, que teve várias edições durante a guerra, pintava um quadro sombrio da difícil situação da Força Expedicionária Britânica em Dunquerque em 1940 e pretendia atribuir a responsabilidade aos ministros conservadores da década de 1930. A retirada

IMAGEM 27. Pôsteres de campanha, 1945, concentrando-se na liderança de Churchill e nas mazelas do período entreguerras.

para o porto do Canal e a improvisada frota de navios que levou os homens de volta à Inglaterra constam na lenda como "o espírito de Dunquerque", mas na realidade foi uma terrível derrota para as Forças Armadas britânicas que conduziu à busca de bodes expiatórios. Estes foram encontrados nas pessoas de Baldwin, Chamberlain e dos outros supostos contemporizadores da década de 1930. O impacto dessa propaganda ajuda a explicar por que um partido liderado por Churchill, o homem que venceu a guerra na opinião da maioria de seus compatriotas, perdeu a eleição. Embora os conservadores tenham tentado tirar proveito de sua reputação – o manifesto do partido intitulava-se "A declaração política do Sr. Churchill aos eleitores" –, ele havia sido o principal crítico da contemporização na época.

Os homens que lutaram no norte da África, na Itália e, depois dos desembarques do "Dia D" em julho de 1944 na França, nos Países Baixos e na Alemanha foram, aparentemente, muito influenciados por essa propaganda. Estima-se que o "voto militar", que atrasou o anúncio dos resultados da eleição, tenha propendido para o Partido Trabalhista mais que o voto do eleitorado em geral. Mas é um mito que isto tenha direcionado a eleição em favor do Partido Trabalhista. Na verdade, houve uma propensão generalizada em favor do partido, que lhe rendeu 393 cadeiras, em contraposição a 213 para os conservadores, 12 para os liberais e 22 para os outros, conferindo-lhe uma maioria global de 146 cadeiras. Ainda assim, o Partido Trabalhista não obteve a maioria global dos eleitores, mas somente 47,8% dos votos apurados, contra 39,8% para os conservadores.

Essa divisão no eleitorado relativiza a ideia de que havia um consenso por trás das políticas trabalhistas na época. Para alguns historiadores, os trabalhistas se favoreceram com a aceitação geral do controle estatal da indústria durante a guerra e com o compromisso de reforma social no pós-guerra, diretrizes que eram defendidas pelos três principais partidos, mas a respeito das quais o eleitorado considerava o Partido Trabalhista mais entusiasmado. Para os contemporâneos, no entanto, o abismo entre os partidos parecia largo. Durante a campanha eleitoral, Churchill, que liderava um governo de "transição" quando a coalizão terminou, após o restabelecimento da paz na Europa, arrebatadamente previu que, se os trabalhistas vencessem, uma "gestapo" seria estabelecida na Grã-Bretanha, afirmação que não era propriamente moderada. Posteriormente, outro conservador disse que, durante o período de domínio trabalhista, se sentia em um país ocupado. Embora cerca de 2 milhões de eleitores da classe média tivessem

IMAGEM 28. Dunquerque, 6 de junho de 1940.

votado no Partido Trabalhista e oito ministros do gabinete, incluindo o próprio Attlee, tivessem frequentado escolas públicas, a impressão geral era de que a classe trabalhadora, e sobretudo o movimento sindical, representado no gabinete pelas notáveis figuras de Ernest Bevin, Herbert Morrison e Aneurin Bevan, havia assumido o governo do país. "Graças a Deus pelo serviço público", alega-se que o rei teria dito ao tomar conhecimento do resultado da eleição.

O fato era que Bevan travou uma intensa batalha com a Associação Médica Britânica para conseguir que se aceitasse o Serviço Público de Saúde, no curso da qual teve de fazer concessões em pontos como o fornecimento de leitos particulares em hospitais públicos. Embora a nacionalização do carvão, do gás, da eletricidade, da rede ferroviária, do Banco da Inglaterra e da empresa *Cable and Wireless* tenha sido aprovada no parlamento com pouca resistência, houve controvérsia a respeito dos transportes rodoviários, da siderurgia e da indústria de refino do açúcar. Os próprios trabalhistas estavam divididos quanto aos méritos de estender o sistema de nacionalização tanto para os serviços quanto para a indústria, enquanto os conservadores encontraram uma causa para recrutar apoio eleitoral. A resistência da Câmara dos Lordes à nacionalização da siderurgia levou o governo a apor uma emenda ao *Parliament Act* de 1911, reduzindo de dois anos para um ano o prazo máximo da Câmara alta para decidir sobre os projetos aprovados pela Câmara dos Comuns. As refinarias de açúcar Tate e Lyle resistiram à proposta de nacionalização de suas empresas com uma campanha publicitária extremamente eficaz protagonizada por um cubo de açúcar chamado "Mr. Cube".

O consenso do pós-guerra realmente emergiu quando os conservadores perceberam que, se não intensificassem seu apelo eleitoral, estariam condenados a permanecer indefinidamente na oposição. De modo muito inusual para os tempos modernos, o governo não perdeu nenhuma eleição suplementar entre 1945 e 1950. Além disso, as vitórias trabalhistas nas eleições municipais foram enormes, com a conquista de mais de mil cadeiras apenas em novembro de 1945. O Partido Conservador reagiu a esses reveses recompondo sua máquina eleitoral. Em 1950, suas organizações nos distritos eleitorais estavam em melhores condições e possuíam 3 milhões de membros, o maior número até então. Também modificaram sua imagem ao aceitar o *welfare state* [estado de bem-estar social] e a nacionalização dos serviços, embora não a da indústria manufatureira. Esse compromisso fez que fossem qualificados de semissocialistas quando surgiu a reação ao consenso no final da década de 1970. Na verdade, isso se deveu mais ao domínio das ideias liberais expostas por Beveridge e Keynes. Nesse sentido, um Partido Liberal em declínio, personificado por Beveridge, que não conseguiu ingressar no parlamento em 1945, deixou um legado de reforma social e gestão econômica aceito tanto pelo Partido Trabalhista como pelo Partido Conservador. Nesse sentido, ironicamente, ambos poderiam ter dito: "Somos todos liberais hoje em dia".

Mesmo com essas medidas, não foi fácil para os conservadores substituir os trabalhistas no gabinete. O governo manteve um surpreendente nível de apoio tendo em vista as dificuldades econômicas enfrentadas pelo país no pós-guerra. Antes da guerra, a Grã-Bretanha era um grande país credor, com £3.500.000.000 em empréstimos concedidos. Em 1945, era uma grande devedora, devendo £2.500.000.000, a maior parte desse montante para os Estados Unidos. Quando os americanos encerraram o acordo empréstimo e arrendamento um mês após o fim da guerra com o Japão, isso pressionou o sistema financeiro britânico ao limite. Keynes foi enviado a Washington para negociar um empréstimo que socorresse a Grã-Bretanha. Os Estados Unidos vincularam condições muito severas ao empréstimo, incluindo um acordo para tornar a libra esterlina conversível em dólares. Já em 1947 isto agravou a crise financeira causada em parte pelo inverno mais rigoroso do século. Em 1949, os britânicos não conseguiam manter a libra esterlina na taxa de U$4,03 por libra, e efetuaram sua desvalorização para U$2,80 por libra.

Apesar dessas e de outras dificuldades econômicas herdadas da guerra, o Partido Trabalhista venceu a eleição geral de 1950. A eleição teve um índice de comparecimento de 84%, o mais elevado desde o advento do sufrágio adulto. O Partido Trabalhista se beneficiou com a abolição do voto plural, em 1948, sob o qual os detentores de diplomas universitários podiam votar nos candidatos de 12 universidades além daquelas de seus próprios distritos, e os empresários que tivessem estabelecimentos fora do distrito eleitoral de seu domicílio podiam votar em ambos. Mas o Partido Trabalhista também perdeu com a redistribuição de cadeiras a partir de 1945, que eliminou, por exemplo, 19 cadeiras da área do Conselho do Condado de Londres. No entanto, os trabalhistas obtiveram 750 mil votos a mais que os conservadores, embora sua maioria geral tenha ficado reduzida a 5.

Com uma maioria reduzida, o governo de Attlee não podia se permitir o luxo de ter disputas ministeriais. Infelizmente, a eclosão da Guerra da Coreia e o envolvimento militar britânico na mesma – uma questão controversa nos círculos trabalhistas – ocasionaram uma crise financeira, pois os gastos de defesa aumentaram, requerendo cortes em outras partes do orçamento. Um primeiro candidato para as reduções de custos era o serviço de assistência à saúde, cujos custos estimados saltaram de £228.000.000 em 1949-1950 para uma projeção de £387.000.000 em 1951-1952. Sir Stafford Cripps, como ministro da Fazenda, tentou manter a estimativa em 329 milhões por meio da introdução de taxas para óculos e tratamentos dentários. Aneurin Bevan, que justificadamente considerava o sistema nacional de saúde como sua própria criação, opôs-se violentamente e persuadiu Cripps a suspender a medida. Entretanto, quando Hugh Gaitskell sucedeu Cripps, reintroduziu o princípio de taxas e provocou a renúncia de Bevan, juntamente com a de Harold Wilson, em abril de 1951.

Durante o verão, outras dificuldades acometeram o governo. No exterior, a nacionalização da *Anglo-Iranian Oil Company* complicou as relações internacionais e exacerbou problemas econômicos. Dentro do país, o déficit na balança comercial crescia de modo alarmante. O ministro da Fazenda, Gaitskell, foi aos Estados Unidos pedir auxílio, e estava em Washington quando Attlee inesperadamente conseguiu que o rei dissolvesse o parlamento.

IMAGEM 29. Pôster da campanha conservadora, retratando Attlee como uma fachada moderada para o socialismo de Bevan.

Essa foi uma estranha decisão da parte do primeiro-ministro. As pesquisas do Instituto Gallup em outubro indicavam uma liderança conservadora de 50,5%, contra um índice de 43,5% para os trabalhistas. No final, porém, o Partido Trabalhista garantiu quase 14 milhões de votos, a maior votação jamais alcançada por um partido político britânico. Os conservadores os seguiram, ficando em segundo lugar com mais de 13,7 milhões de votos. Infelizmente para o governo, seu enorme total se devia, em grande medida, às grandes maiorias acumulando cadeiras garantidas, enquanto o voto de seus oponentes se distribuía de modo mais uniforme, conferindo-lhes uma maioria geral de 17. Aparentemente, muitos eleitores de distritos eleitorais marginais que previamente haviam votado nos liberais apoiavam os conservadores. O voto liberal decaiu de mais de 2,6 milhões para 730 mil entre 1950 e 1951. Isso se devia, em grande medida, à redução no número de candidatos de 475 para 109. Churchill cultivou deliberadamente o voto liberal e, após a eleição, ofereceu um cargo ministerial ao líder Clement Davies, um dos seis candidatos eleitos. Davies rejeitou quando o novo primeiro-ministro se recusou a apoiar a representação proporcional como condição de sua aceitação. Pode-se entender por que os liberais fizeram isso, e também por que Churchill não demonstrou interesse, dado que nenhum dos lados estaria envolvido na formação de um ministério se houvesse uma correlação direta entre o número de votos trabalhistas e o seu número de cadeiras.

Não se trata de que o Partido Trabalhista tenha perdido a eleição apenas em razão das vicissitudes do sistema eleitoral e do colapso do voto liberal. Via-se também que muitos eleitores dos bairros de classe média que haviam-se inclinado a apoiar candidatos trabalhistas desde a guerra retornavam ao curral conservador. O *slogan* trabalhista "Quotas justas" atingira seu objetivo, mantendo vivo o espírito de cooperação dos tempos de guerra, no final da década de 1940. Contudo, ele começou a se abalar cada vez mais. A manutenção dos controles, especialmente o racionamento, era cansativa, tornando atraente o manifesto conservador intitulado "Liberte o povo". O fato de que o programa habitacional trabalhista não tivesse conseguido construir mais que 200 mil moradias por ano, sendo a maior parte delas casas populares para alugar, também fez que a promessa conservadora de construir 300 mil casas por ano, a maior parte delas para venda, se tornasse atraente para a classe média, que naquele momento precisava desesperadamente de casas para as famílias em expansão no *baby boom* do pós-guerra. Ao mesmo tempo, há indícios de que a classe média tenha se beneficiado mais que a classe trabalhadora com o *welfare state*. O compromisso dos conservadores com sua preservação, portanto, era um elemento vital de seu projeto de retornar ao poder. Eles viriam a exercê-lo por 13 anos.

capítulo 9

Da ascensão da rainha Elizabeth à Comunidade Econômica Europeia

Uma das razões pelas quais Attlee dissolveu inesperadamente o parlamento em 1951 foi o objetivo de evitar uma eleição antes que o rei George VI partisse em uma viagem à Austrália e à Nova Zelândia em janeiro de 1952. Ironicamente para o governo trabalhista que saía do poder, o rei teve de se submeter a uma cirurgia devido a um câncer de pulmão antes da dissolução, o que o deixou sem condições de viajar, porém recuperou-se o suficiente para que sua filha, a princesa Elizabeth, e seu marido, o duque de Edimburgo, viajassem para a África Ocidental no início do ano seguinte. Todavia, enquanto estavam no Quênia, chegaram notícias de que o rei havia morrido e de que ela agora era a rainha Elizabeth II.

Houve grande alvoroço na época acerca do início de uma nova era elisabetana. O público em geral, certamente, entusiasmou-se com a jovem rainha, e a coroação – a primeira a ser televisionada – foi assistida por milhões de pessoas em junho de 1953. O único golpe amargo foi desferido pelos nacionalistas escoceses, que objetaram a seu título pelo fato de que nunca houvera anteriormente uma Elizabeth no trono da Escócia. Alguns chegaram a explodir caixas de correio com as iniciais EIIR. Esses "atentados", porém, desagradaram a maioria dos escoceses, e ao longo da década de 1950 o Partido Nacional Escocês obteve muito poucos votos nas eleições gerais ou nas suplementares.

Com efeito, todos os demais partidos se saíram mal nas votações durante o período da ascendência conservadora desde sua vitória em 1951. Um sistema bipartidário parecia ter se consolidado na vida política britânica, com os Conservadores como o partido natural do governo, e o Partido Trabalhista como seu único oponente real.

IMAGEM 30. A família real em Balmoral, 1957.

Os conservadores se beneficiaram com o crescimento econômico que marcou o início do novo reinado, especialmente após o fim da Guerra da Coreia em 1953. Eles conseguiram manter altos níveis de emprego, juros baixos e padrões de vida em geral ascendentes. Também cumpriram promessas eleitorais. O racionamento terminou em 1954. A meta de 300 mil casas por ano também foi alcançada em 1954 pelo ministro da Habitação e do governo local, Harold Macmillan. O transporte viário e a indústria siderúrgica foram desnacionalizados. Mas os conservadores mantiveram as demais companhias nacionalizadas e preservaram o estado de bem-estar social. Os alertas trabalhistas na eleição geral, segundo os quais uma vitória conservadora anularia as conquistas da administração pós-guerra e traria de volta o alto desemprego da década de 1930, mostraram-se infundados.

A imprensa percebia a continuidade entre os últimos anos de Attlee no cargo e o mandato de sir Winston Churchill. O jornal *The Economist* criou um personagem com características de ambos os partidos, "Butskell", uma composição com base nos nomes dos ministros da Fazenda do Partido Conservador e do Partido Trabalhista, R. A. Butler e Hugh Gaitskell.

Outros jornais aderiram ao conceito e cunharam o termo "butskellismo" para designar a administração baseada na economia keynesiana, adotada por sucessivos governos entre as décadas de 1940 e 1970.

Mas os orçamentos podiam ser usados para objetivos eleitorais ou econômicos. O orçamento de 1955 de Butler reduziu o imposto de renda em 6 *pence* por libra. Isso foi feito, deliberadamente, para influenciar os resultados na iminência de uma eleição geral. Churchill, o primeiro-ministro, chegou até a sugerir uma redução de 1 xelim para melhorar a reputação do governo.

Sir Winston desfrutara do "verão indiano" na posição de primeiro-ministro após sua derrota em 1945, mas, em 1953, um derrame o debilitou substancialmente, e, em março de 1954, sua secretária, Jane Portal, admitiu que ele estava "ficando senil e declinando mais a cada dia". Não obstante, Churchill manteve-se obstinadamente no cargo, para frustração de seus colegas de gabinete. Em 1955, porém, quando chegou aos 81 anos, aceitou que era hora de sair, antes da chegada das novas eleições. Ele então renunciou ao cargo de primeiro-ministro, sendo substituído pelo homem que, por muito tempo, havia sido considerado o herdeiro legítimo ao posto, sir Anthony Eden, que imediatamente pediu ao rei a dissolução do parlamento.

A eleição geral de 1955 foi um triunfo para os conservadores, que ampliaram sua maioria para 54. Essa foi a primeira vez que um governo efetivamente melhorou sua posição em uma eleição desde o século XIX. Foi uma disputa notavelmente acanhada. A televisão teve pouco impacto. A rede BBC transmitiu apenas emissões políticas partidárias, enquanto as companhias independentes recém-criadas foram proibidas de veicular anúncios políticos pelo ato do parlamento que as estabeleceu em 1954. Essa foi, portanto, a última eleição em que a principal influência sobre a opinião pública foram os jornais impressos, que tendiam em favor dos conservadores. Jornais como o *Daily Express* atacavam o Partido Trabalhista explorando as cisões em seu interior que se perpetuavam desde a renúncia de Bevan ao governo em 1951. O grupo de apoiadores de Bevan no partido foi retratado como uma sinistra facção socialista radical que realmente controlava a política do partido, ainda que o próprio Bevan tenha sido expulso deste logo antes da convocação da eleição. Essa imagem adversa talvez tenha ajudado o Partido Conservador a manter uma liderança constante de 4% sobre o Partido Trabalhista nas pesquisas do Instituto Gallup.

Na ocasião, houve uma transferência notavelmente uniforme de 1,8% dos votos para os conservadores. O comparecimento, em comparação com o ano de 1951, caiu de 82,5% para 76,8%. Os votos em favor do Partido Trabalhista diminuíram em mais de 1,5 milhão, enquanto os conservadores perderam apenas 400 mil. Isso conferiu ao Partido Conservador 49,7% dos votos apurados, o mais perto que qualquer partido chegou de obter mais da metade dos votos desde a Segunda Guerra Mundial. Os votos apurados para os liberais, sua parcela do total, o número de cadeiras disputadas – 109 – e o número de cadeiras obtidas – 6 – permaneceram notavelmente constantes.

A propaganda eleitoral conservadora salientou o compromisso do partido com a paz. Seu manifesto intitulava-se "Unidos pela paz e pelo progresso", enquanto os pôsteres retratando o novo primeiro-ministro exibiam o lema escolhido pelo próprio Eden, "Trabalhando pela paz". Infelizmente para sir Anthony, sua longa e conceituada carreira como diplomata chegaria ao fim ao envolver a Grã-Bretanha em uma intervenção militar malsucedida no Egito.

A Grã-Bretanha mantivera seu interesse nos assuntos egípcios desde a construção do canal de Suez, e, na verdade, tinha uma base ali desde a década de 1880. No início da década de 1950, havia pelo menos 70 mil soldados britânicos na Zona do Canal, a despeito do fato de que um tratado negociado com os egípcios em 1936 restringira o número para 10 mil. Em 1954, acordou-se que esses soldados seriam removidos, mas que o Egito manteria a base de modo que a Grã-Bretanha pudesse reocupá-la na eventualidade de uma guerra na região. Alguns membros conservadores do parlamento, que ficaram conhecidos como o grupo de Suez, protestaram contra essa retirada.

Logo após a assinatura do acordo em 1954, o coronel Nasser ascendeu ao poder no Egito. Ele estava determinado a construir uma represa para controlar a enchente do Nilo, e recorreu às potências ocidentais para angariar a verba necessária para isso. A princípio, a Grã-Bretanha, a França e os Estados Unidos mostraram interesse, mas os norte-americanos recuaram em 1956, quando Nasser recorreu também à União Soviética e persuadiu outras potências a fazer o mesmo. O líder egípcio anunciou então que, para levantar a quantia necessária, iria nacionalizar o canal de Suez. Seu ato ditatorial convenceu o primeiro-ministro britânico de que Nasser devia ser impedido de confiscar os ativos da Companhia do Canal de Suez. Eden, que na década de 1930 conquistara a reputação de ser avesso a conciliações, detectou paralelos entre as ambições fascistas na Europa e o objetivo de Nasser de liderar o mundo árabe, apoiado pela União Soviética. Parecia-lhe que Khruschev, o líder soviético, desempenhava o papel de Hitler para o Mussolini de Nasser.

Os principais usuários do canal ficaram preocupados com a deterioração das relações entre a Grã-Bretanha, a França e o Egito, e buscaram resolver o problema de forma pacífica. Quando o Egito ignorou seus pedidos de participação, eles denunciaram sua tomada do canal à Organização das Nações Unidas, mas a União Soviética vetou uma proposta que favorecia a visão anglo-francesa no Conselho de Segurança. Isso confirmou a convicção dos governos britânico e francês de que poderiam recorrer à força para fazer cumprir suas reivindicações. O governo dos Estados Unidos deixou muito claro que se oporia a tal postura.

Todavia, o ministro britânico e o ministro francês decidiram-se pela opção militar e conspiraram contra Israel, que empreenderia um ataque contra o Egito, o que lhes serviria como pretexto para intervir e proteger o canal. Em 29 de outubro, forças israelenses invadiram o Egito. No dia seguinte, os britânicos e os franceses emitiram um ultimato ordenando aos beligerantes que recuassem para posições a 10 milhas de cada lado do canal de Suez, enquanto forças anglo-francesas ocupavam a Zona do Canal. Uma vez que o conflito estava ocorrendo a leste do canal, os israelenses concordaram, mas os egípcios se recusaram. Ao término do prazo do ultimato, aviões britânicos e franceses bombardearam campos de aviação egípcios, em 31 de outubro. No dia 5 de novembro, soldados saltaram de paraquedas em Porto Said. No dia seguinte, porém, egípcios e israelenses concordaram com um cessar-fogo, eliminando o pretexto para a intervenção militar anglo-francesa. Naquela noite, a Grã-Bretanha concordou em cancelar a operação.

A reação internacional foi a principal responsável pela decisão britânica. Tanto os Estados Unidos como a União Soviética, em uma rara demonstração de unidade, instaram por um cessar-fogo no Conselho de Segurança da ONU, proposta que a Grã-Bretanha bloqueou usando seu veto pela primeira vez. As superpotências então pressionaram a Grã-Bretanha de maneiras muito diferentes. A União Soviética ameaçou deflagrar um ataque nuclear. Isso foi descartado como um blefe e como uma manobra para desviar a atenção da atuação soviética na supressão de uma rebelião na Hungria. As medidas norte-americanas, porém, foram levadas bem mais a sério. Uma

IMAGEM 31. Manifestação de estudantes da Universidade de Edimburgo durante a Crise de Suez, novembro de 1956.

crise de desvalorização da libra esterlina alarmou o ministro da Fazenda, Harold Macmillan, transformando aquele que era um dos membros mais agressivos do gabinete em uma pomba. Quando os Estados Unidos ofereceram um empréstimo caso as forças britânicas fossem retiradas, ele recomendou a aceitação. Uma proposta canadense independente na Assembleia Geral da ONU, pedindo o envio de uma força internacional para separar os beligerantes, deu ao governo britânico a oportunidade de ceder sem sofrer uma humilhação completa.

A reação nacional à crise no canal de Suez ameaçava dissolver o consenso que apoiara os conservadores na eleição geral de 1955. De início, os políticos de ambos os partidos denunciaram a nacionalização do canal de Suez e concordaram que Nasser devia ser obrigado a abandoná-lo. Com efeito, foi Hugh Gaitskell, que substituíra Attlee como líder da oposição, quem comparou pela primeira vez o líder egípcio a Hitler e Mussolini em um debate na Câmara dos Comuns sobre a tomada do canal. Mas, ao longo do verão, a consonância de ambos os partidos se desgastou quando o governo deixou clara sua determinação de empregar a força caso tudo o mais falhasse. O Partido Trabalhista insistia cada vez mais na ideia de que o problema deveria ser remetido à ONU, enquanto o grupo de Suez dos conservadores instava por um ataque imediato contra o Egito. A emissão do ultimato sofreu vigorosa oposição por parte do Partido Trabalhista, em um debate inflamado na Câmara dos Comuns. A maior parte dos membros conservadores do parlamento se posicionou ao lado do governo, embora dois ministros tenham renunciado em protesto. A decisão de abandonar a expedição, contudo, irritou e consternou alguns Tóris, incluindo o grupo de Suez.

A crise também dividiu as pessoas fora da Câmara. Organizaram-se manifestações em Trafalgar Square e em outros centros urbanos em protesto contra o uso da força. Montes de petições e telegramas foram enviados para Downing Street. Entretanto, nem todas as mensagem enviadas ao primeiro-ministro criticavam suas ações. Uma pesquisa do Instituto Gallup realizada nos dias 1º e 2 de novembro mostrou que 46% discordavam de seu modo de manejar a situação no Oriente Médio, 40% concordavam e 14% não sabiam. A pergunta "Você acha que estamos certos ou errados em adotar medidas militares contra o Egito?" teve 44% de respostas "Errados", 37% dos entrevistados respondendo "Certos" e 19% incapazes de expressar uma opinião. Essa distribuição não seguia apenas linhas partidárias, pois, entre aqueles que responderam "Certos", 68% eram conservadores, 24% liberais e 16% apoiadores do Partido Trabalhista. A divisão também não seguia diferenças de classes. A classe média estava dividida, com muitos estudantes universitários assinando petições pró e contra a ação. Quanto à classe trabalhadora, muitos, se não a maioria, aprovava a decisão de atacar o Egito, especialmente no caso de indivíduos que haviam estado no serviço militar.

O país estava, portanto, dividido de modo bastante equilibrado no auge da crise, com uma pequena porém pouco significativa maioria desaprovando o recurso à força. Pode-se excluir qualquer ideia de que o governo enfrentasse uma opinião pública extremamente hostil, especialmente porque, após o fim da crise, houve uma confluência em torno de sua posição. Quando o Instituto Gallup repetiu a pesquisa, no meio de novembro e início de dezembro, solicitando a aprovação ou desaprovação da ação militar, 53% dos entrevistados aprovaram, e apenas 32% desaprovaram. Naquele momento, a decisão de suspender a invasão do Egito podia ser imputada aos norte-americanos e ao Partido Trabalhista.

A despeito desses sinais de apoio de suas ações, o primeiro-ministro foi prejudicado pela crise do canal de Suez. Sua saúde não estava boa desde uma operação malograda de cálculos biliares em 1953. Agora seu problema se agravara, e ele foi aconselhado a convalescer nas Índias Ocidentais. Ao retorno, ele não conseguiu enfrentar o esforço da função, e renunciou em janeiro de 1957. Após "sondagens" entre líderes conservadores, a rainha escolheu Harold Macmillan como seu sucessor.

O fiasco de Suez marcou mais que o fim da carreira política de Eden. Também revelou que a Grã-Bretanha estava acabada como uma grande potência. No auge do Império Britânico, ela havia mantido o *status* de uma grande potência, com esferas de influência por todo o globo. O Canadá e as ilhas nas Índias Ocidentais, faixas do território africano do Quênia à Nigéria e do cabo da Boa Esperança ao Egito, trechos do Oriente Médio da Palestina ao Golfo Pérsico, da Índia Oriental a Hong Kong, e toda a Australásia – tudo isso havia sido colorido de vermelho ou rosa nos mapas pendurados nas salas de aula por toda a Grã-Bretanha. Mas o ônus de sustentar esses compromissos imperiais se tornou maior à medida que se iniciou o declínio econômico da Grã-Bretanha. A rendição de Cingapura em 1942 foi um golpe devastador para suas pretensões imperiais. Após a Segunda Guerra Mundial, o declínio da Grã-Bretanha em relação à condição de império foi rápida. A independência da Índia e do Paquistão foi reconhecida em 1947, seguida, um ano mais tarde, pela independência de Burma e do Ceilão (Sri Lanka). A crise do canal de Suez acelerou o processo. Gana e os estados da Malásia tornaram-se independentes em 1957; Chipre e Nigéria, em 1960. Entre 1961 e 1964, muitas ex-colônias na África e nas Índias Ocidentais foram reconhecidas como Estados independentes.

Um dos ônus da manutenção do *status* de grande potência era a defesa. A Grã-Bretanha não se desmobilizou inteiramente em 1945, e manteve o serviço militar obrigatório para os homens com mais de 18 anos. Em 1950, as Forças Armadas totalizavam o número de 719,6 mil homens, a maior parte recrutas, cujo tempo de serviço à nação foi estendido de 18 meses para 2 anos no auge da Guerra da Coreia. Embora sua principal tarefa fosse a defesa do império, esses soldados também estavam alocados na Alemanha, onde a Grã-Bretanha mantinha uma zona no lado ocidental e um setor em Berlim. Esses compromissos foram reforçados pela participação na Organização do Tratado do Atlântico Norte a partir de 1949. Depois da crise de Suez, o governo Macmillan tomou a decisão de reduzir gradualmente o serviço militar. Em 1960, o contingente havia sido reduzido para 525,6 mil homens, e, uma década mais tarde, consistia de um corpo inteiramente profissionalizado de 373 mil homens.

Embora tenha reduzido sua dependência de forças convencionais, o governo comprometeu-se mais com armas nucleares. A Grã-Bretanha adquiriu a bomba atômica em 1952, e sua primeira bomba de hidrogênio foi explodida no Pacífico em maio de 1957. Os críticos dessa política lançaram a Campanha pelo Desarmamento Nuclear no início de 1958. Embora não fosse uma organização político-partidária, muitos de seus líderes eram proeminentes no movimento trabalhista, enquanto que a maioria de seus apoiadores provavelmente votava pelo Partido Trabalhista. Em todo caso, o movimento associou-se à ala esquerda do Partido Trabalhista, ainda que, na conferência do partido realizada em Brighton em 1957, uma moção pelo desarmamento nuclear unilateral tenha sofrido uma derrota esmagadora, em parte como resultado de um fervoroso apelo de Bevan em favor de sua rejeição.

Com efeito, na corrida rumo a uma eleição geral, Bevan e seu ex-oponente Gaitskell demonstraram um raro nível de unidade para os políticos trabalhistas na década de 1950. A falta de coesão entre os trabalhistas, que sem dúvida afetou a performance do partido na eleição de 1955, não pode ser acusada por sua derrota em 1959. Contudo, o Partido Trabalhista foi derrotado, conferindo aos conservadores a conquista, sem precedentes, de melhorar sua situação em quatro eleições gerais consecutivas e de ampliar sua maioria em três eleições seguidas, pois saíram com uma liderança geral de 100. Os votos para os trabalhistas foram ligeiramente inferiores em 1955, e a parcela do partido na apuração total caiu significativamente para 43,8%. Isso pode ser amplamente atribuído à renovação da sorte liberal, ao menos nas urnas. Eles receberam mais de duas vezes o número de votos da eleição anterior, e mais que duplicaram a parcela de votos apurados, de 2,7% para 5,9%, embora o número de cadeiras na Câmara dos Comuns tenha permanecido persistentemente o mesmo, 6. Pode ser que os liberais tenham arrebanhado ex-apoiadores dos conservadores que tenham perdido seu entusiasmo com a crise de Suez, pois seu revigoramento começou com vitórias em eleições suplementares em 1958, uma delas em uma cadeira conservadora consolidada, tendo sido a primeira ocasião em que o Partido Liberal obteve vitórias em eleições suplementares. De resto, há poucos indícios de que os conservadores tenham sido prejudicados por sua associação com a crise. Como vimos, eles rapidamente recuperaram sua prevalência sobre o Partido Liberal no fim de 1956, e, em 1959, outras questões haviam se tornado mais importantes. Provavelmente, o elemento mais crucial na eleição foi a elevação do nível de vida. Os anos de 1955 a 1960 testemunharam o menor índice inflacionário desde a década de 1930, e também uma balança comercial favorável. Essas condições econômicas sustentaram uma explosão de consumo que os conservadores salientaram em sua propaganda eleitoral. Alegou-se que Macmillan disse em um comício público: "Você nunca esteve tão bem", enquanto pôsteres exibiam a mensagem: "A vida é melhor com os conservadores – não deixe que os trabalhistas destruam isso".

Gaitskell determinou-se a modificar a imagem do Partido Trabalhista de modo que exercesse apelo frente ao novo eleitorado. Ele e outros intelectuais socialistas argumentavam que a estrutura de classes havia se alterado desde o início do século XX. Se, antes, três quartos da população empregada era constituída de trabalhadores manuais, no final da década de 1950 havia baixado para cerca de 60%. Ao mesmo tempo, a porcentagem de funcionários administrativos aumentara de 19% para 36%. Em 1918, havia sido apropriado lançar um partido baseado nos votos dos trabalhadores manuais com seu direito de voto recém-adquirido, mas aquela base eleitoral havia se erodido na década de 1950, e, a menos que o partido conseguisse exercer apelo frente aos trabalhadores administrativos e profissionalizados, estaria fadado a continuar perdendo eleições.

Ele concluiu de seu diagnóstico que a nacionalização e o desarmamento nuclear eram riscos eleitorais que não exerciam apelo sobre o setor do eleitorado que era preciso atrair para vencer as eleições. Por conseguinte, em 1959, ele tentou persuadir seus colegas a abandonar a cláusula da constituição do partido que o comprometia com a causa da nacionalização. Essa campanha foi, porém, contraproducente, uma vez que levou a esquerda a fincar pé na defesa da causa, tendo o efeito de diminuir – em vez de aumentar – o apelo eleitoral do Partido Trabalhista. Quando a conferência do partido aprovou uma resolução em favor do desarmamento nuclear unilateral, em 1960, Gaitskell empenhou-se pessoalmente em lutar para rejeitá-la, conduzindo uma campanha que levou à revogação desse compromisso em 1961.

Com efeito, o melhor argumento dos trabalhistas contra os conservadores não tinha grande apelo eleitoral na época. Ele consistia no fato de

IMAGEM 32. Charges eleitorais de autoria de Cummings, retratando Harold Macmillan e Hugh Gaitskell, 1959.

IMAGEM 33. "Entrando para o clube", de Vicky. Charge sobre a tentativa malograda de Macmillan de ingressar na CEE em 1963.

que, embora a economia britânica estivesse crescendo em termos absolutos, estava em declínio em termos relativos, desde que outras nações industrializadas estavam tendo taxas de crescimento mais significativas. Sem implementar certas medidas para tornar a indústria manufatureira britânica mais competitiva, essa distância se ampliaria. Como Gaitskell profetizou na televisão em 1961, "As pessoas dirão: oh, os britânicos, com certeza são boas pessoas [...] Mas quando se trata de produzir e vender, de uma maneira ou de outra, eles não foram feitos para isso". Ele previu que isso aconteceria em 10 ou 20 anos. Efetivamente, a primeira nuvem, do tamanho da mão de um homem, passou sobre o panorama econômico naquele mesmo ano, quando a balança de pagamentos entrou funestamente no vermelho. O ministro da Fazenda tentou conter a queda com uma suspensão dos salários visando baixar os custos de produção.

Com o Partido Trabalhista ainda incoeso, foi o Partido Liberal quem se beneficiou da subsequente reação contra o governo. Em maio de 1962, venceu uma eleição suplementar em Orpington, anteriormente considerada uma cadeira garantida dos conservadores. Ali, o voto em favor do Partido Trabalhista na eleição geral foi dividido. Macmillan tentou renovar a imagem de seu governo demitindo um terço de seu gabinete. Isso, porém, apenas prejudicou sua reputação de "impassibilidade". A avaliação do primeiro-ministro nas pesquisas de opinião pública caiu vertiginosamente. Entre 1959 e 1961, ele esteve consistentemente à frente de Gaitskell nas respostas de quem era o melhor líder. De 1961 até o outono de 1962, os dois estavam equiparados. Mas, no final de 1962, Gaitskell passou à frente. Isso ajudou o Partido Trabalhista a vencer 2 de 5 eleições suplementares realizadas em novembro. Infelizmente, naquele inverno o líder dos trabalhistas desenvolveu um enfermidade rara, falecendo súbita e inesperadamente em janeiro de 1963.

Nesse momento, porém, o dias de Macmillan no cargo estavam contados. Os franceses, em parte em retaliação contra sua insistência em manter o "relacionamento especial" da Grã-Bretanha com os Estados Unidos, vetaram uma aplicação para ingressar na Comunidade Econômica Europeia. Dali em diante, o governo de Macmillan ficou realmente sem rumo, sem a perspectiva de uma conquista para apresentar ao eleitorado em uma eleição que se esperava que fosse realizada naquele ano. O acordo de Nassau, segundo o qual os Estados Unidos se comprometiam a fornecer mísseis Polaris à Grã-Bretanha, não substituiu o ingresso no Mercado Comum, que essa própria negociação havia ajudado a impedir. Contudo, não havia nenhum outro grande objetivo político em vista. Foi essa carência de objetivos que deixou a administração Macmillan peculiarmente vulnerável àquilo que, em outra situação, poderia ter sido relevado – como havia acontecido com uma crise ministerial que precedera a última eleição – como uma "pequena dificuldade pontual".

O escândalo de Profumo irrompeu no mundo em junho de 1963. O fato de que o secretário de Defesa estivesse compartilhando os serviços de uma mesma prostituta com um adido naval na embaixada soviética causou apreensão e suscitou burburinhos a respeito de ameaças à segurança nacional, mas, em si mesmo, não chegou a abalar o governo. O que afetou o governo foi fato de que ele tenha mentido tanto para o primeiro-ministro como para os membros da Câmara dos Comuns. Quando Profumo admitiu ter enganado a Câmara dos Comuns, a atitude de Macmillan diante da situação colocou em questão sua competência. Como no caso de Eden em 1956, uma crise foi mais a ocasião que a causa de sua renúncia, pois, em ambos os casos, a condição de saúde os forçaria a deixar o cargo em breve. No caso de Macmillan, porém, certamente teria sido depois, e não antes da eleição que estava por vir. Além disso, muitos, refletindo sobre a estreita vitória do Partido Trabalhista – ocorrida quando foi feito um apelo ao país –, concluíram que, se o próprio Macmillan houvesse liderado a campanha, seu partido poderia ter vencido. Essa, mesmo em seu triste declínio, era a reputação de um político imortalizado por um cartunista de jornal como "Supermac".

Com efeito, a eleição geral foi protelada o máximo possível, tornando essa formação do parlamento a mais duradoura desde a Segunda Guerra Mundial. Quando chegou o momento da eleição, ambos os partidos disputaram sob a orientação de líderes diferentes daqueles que os haviam guiado na eleição precedente. Após a morte de Gaitskell, o Partido Trabalhista parlamentar realizou uma votação para decidir seu sucessor, e, inesperadamente, Harold Wilson, visto como pertencente à ala esquerda desde sua renúncia com Bevan em 1951, venceu o candidato da ala direita, George Brown. Após a renúncia de Macmillan, realizaram-se as usuais sondagens entre os expoentes conservadores e, também de forma inesperada, surgiu o nome de sir Alec Douglas-Home, em lugar do sucessor esperado, R. A. Butler. Isso parecia ser uma dádiva para o Partido Trabalhista, cujo mote escolhido era a "modernização". Sir Alec parecia personificar a maneira antiquada de gerir o país. Ele havia sido o 14º conde de Home até que um ato do parlamento aprovado em 1963 permitiu aos pares renunciar a sua condição. Ele também parecia ser um "homem de outrora", tendo estado na política desde a década de 1930, quando acompanhou Chamberlain a Munique. Ele exalava uma imagem associada ao típico cavalheiro da nobreza, embora admitisse sua ignorância a respeito de economia. E, todavia, sob sua liderança os conservadores se recuperaram, galgando as profundezas em que haviam caído no que se refere às pesquisas de opinião pública desde o escândalo de Profumo, opondo aos trabalhistas uma árdua disputa.

Harold Wilson abandonou em grande medida a retórica usada pelos líderes trabalhistas precedentes e apresentou a perspectiva de uma nova revolução tecnológica que viria resgatar a abatida economia britânica. Isso parecia acertar em cheio o alvo, uma vez que a situação do Partido Trabalhista era extremamente promissora nas pesquisas de opinião, o que era favorecido por uma campanha contrária ao governo na imprensa até mesmo por parte de jornais que usualmente apoiavam os conservadores. Em abril de 1964, o Partido Trabalhista ganhou o controle do Conselho da Grande Londres. Wilson desafiou seus oponentes a dissolver o parlamento, acusando-os de não ter "nem a coragem para governar nem a dignidade para se retirar".

Quando, por fim, chegaram ao campo, os resultados foram próximos, sendo que o Partido Trabalhista obteve 317 cadeiras, os conservadores, 304, e os liberais, 9, conferindo a Wilson, agora primeiro-ministro, uma maioria geral de 4. Os votos apurados para os dois maiores partidos foram ainda mais próximos: 12.205.814 para os trabalhistas e 12.001.396 para os conservadores. A parcela de votos dos trabalhistas foi apenas marginalmente superior ao que havia sido em 1959, subindo de 43,8% para 44,1%. De diversas maneiras, os liberais se saíram muito melhor que os outros dois partidos, vendo seu número de votos subir para mais de 3 milhões e sua parcela de votos apurados chegar a 11,2%. A despeito desse notável revigoramento, porém, obtiveram apenas 9 cadeiras na Câmara dos Comuns.

Tanto o Partido Trabalhista como o Partido Liberal se beneficiaram de eleitores que votavam pela primeira vez em uma eleição parlamentar. Com efeito, calcula-se que se a eleição de 1964 tivesse sido realizada segundo os registros de 1959, o Partido Trabalhista não teria ganho. Pela primeira vez, a televisão também desempenhou um papel importante nessa eleição. Isso provavelmente contrabalançou o partidarismo da imprensa, que voltou aos antigos hábitos à medida que se aproximava a perspectiva de uma

IMAGEM 34. O Partido Trabalhista substitui o Partido Conservador no gabinete: charge de Vicky.

campanha. Geograficamente, o sul da Inglaterra, com exceção de Londres, do interior da Inglaterra e de Gales, não tendeu para o Partido Trabalhista tanto quanto a capital, o norte da Inglaterra e, acima de tudo, a Escócia. Os resultados escoceses foram especialmente sérios para os conservadores, pois suas cadeiras ao norte da fronteira despencaram de 31 em 1959 para 24. Os conservadores não conquistavam a maioria das cadeiras na Escócia desde 1955, mas a eleição de 1964 marca o momento em que se tornaram um partido minoritário, pois nunca mais restabeleceu sua posição. Os 43 membros trabalhistas eleitos pelos escoceses proporcionaram a Wilson uma maioria funcional.

As esperanças suscitadas naqueles que o apoiaram com seus votos estavam fadadas a ser frustradas. Em lugar de reverter o declínio econômico que os políticos trabalhistas atribuíam aos conservadores, os trabalhistas se viram em meio a forças econômicas aparentemente incontroláveis. Eles herdaram um déficit na balança de pagamentos grave o suficiente para que tentassem remediar a situação imediatamente com uma sobretaxa de importação de 15% e a negociação de um empréstimo de 1 milhão de dólares do Fundo Monetário Internacional (FMI). Isso funcionou apenas como paliativo para a conta-corrente do comércio internacional. Embora a sobretaxa de importação tenha sido reduzida para 10% em 1965, sacou-se o montante de 1,4 milhão de dólares do FMI e tomaram-se medidas para reduzir a demanda de consumo. No entanto, a medida extrema para resolver a situação – a desvalorização da libra – foi deliberadamente evitada. Isso se devia mais a razões políticas que econômicas. Em vez da ortodoxia financeira ditar que se evitasse a desvalorização a todo custo, os funcionários da Fazenda elaboraram planos de contingência para aquilo que muitos consideravam inevitável. Wilson, porém, estava ciente de que o Partido Trabalhista seria exposto pelos conservadores como o partido da desvalorização, e de que isso provavelmente seria eleitoralmente prejudicial em uma conjuntura na qual se poderia ter de realizar uma eleição geral a qualquer momento.

A precária posição parlamentar do governo tornou-se ainda mais perigosa quando seu secretário designado para assuntos estrangeiros, que havia sido derrotado em 1964, também perdeu uma eleição suplementar. A maioria geral foi reduzida a três, e pelo menos dois legisladores trabalhistas não estavam dispostos a alinhar-se com as diretrizes partidárias em todas as questões, e de fato chegaram a vetar, por exemplo, um projeto para renacionalizar a indústria siderúrgica.

A despeito das dificuldades, elaboraram-se planos de expansão. Criou-se um novo departamento de assuntos econômicos que, após consultar o *Trades Union Congress* e a recém-formada Confederação das Indústrias Britânicas, publicou, em 1965, um plano nacional que sustentava a perspectiva de uma taxa de crescimento anual de 3,8%. A solução para o fracasso da Grã-Bretanha em equiparar-se a seus rivais em produtividade foi buscada no acordo, fechado entre ambos os lados da indústria, de limitar os aumentos nos preços e nos salários, a fim de tornar a manufatura britânica mais competitiva. Para monitorar essa política, estabeleceu-se uma junta de preços e renda e anunciou-se uma "norma" de aumentos de salários de 3%.

Wilson aguardou pelo primeiro sinal de que uma eleição geral poderia melhorar a posição de seu partido na Câmara dos Comuns. Essa ocasião chegou quando uma eleição suplementar realizada em Hull em janeiro de 1966 revelou uma tendência para o Partido Trabalhista que, caso se repetisse em todo o país, ampliaria sua maioria. Quase imediatamente

DA ASCENSÃO DA RAINHA ELIZABETH À COMUNIDADE ECONÔMICA EUROPEIA | 219

depois, o primeiro-ministro anunciou que o parlamento seria dissolvido no final de março.

Os resultados justificaram a avaliação de Wilson. O número de membros trabalhistas no parlamento subiu de 316, na véspera das votações, para 363, e sua maioria subiu de 2 para 96. Mais de 13 milhões de pessoas votaram no Partido Trabalhista pela primeira vez desde 1951, enquanto os votos para os conservadores caíram para menos de 12 milhões pela primeira vez desde 1945. Os votos a favor dos liberais também caíram de mais de 3 milhões, em 1964, para 2.327.533. Mais uma vez, graças aos caprichos do sistema eleitoral, eles ganharam mais 3 cadeiras em 1996, elevando o total para 12.

O Partido Trabalhista atribuía suas dificuldades à administração conservadora precedente, enquanto os conservadores atribuíam suas dificuldades ao desempenho do Partido Trabalhista no gabinete. O eleitorado concedeu ao governo o benefício da dúvida. Os eleitores também preferiam Wilson ao novo líder conservador, Edward Heath, que derrotara seus rivais pela liderança na primeira votação para essa posição, realizada quando sir Alec Douglas-Home renunciou em 1965. Pela primeira vez, o Partido Trabalhista aumentara sua maioria, levando o primeiro-ministro a bravatear que era o partido natural do governo.

Contudo, embora Wilson tenha vencido a eleição, não conseguiu vencer a batalha para controlar a economia. Mais uma vez, foi desviado de seu rumo, desta vez devido a uma greve da União Nacional dos Marinheiros, que teve efeitos devastadores sobre a balança comercial britânica. A isso seguiu-se uma queda no valor da libra, que ameaçou causar a desvalorização que ele temia. Dessa vez, transpareceu algo de seu sentimento de impotência para controlar a economia em sua atitude de imputar seus problemas a conspiradores – um "grupo coeso de homens politicamente motivados", no caso da greve dos marinheiros, e "os gnomos de Zurique", no caso das especulações com a libra esterlina. Ele começou até a suspeitar de uma parcialidade da BBC em favor de seus oponentes políticos. Para prevenir uma desvalorização da moeda, que muitos já consideravam inevitável, o governo fez os mais drásticos cortes em seu programa de gastos, conjugando isto a reduções draconianas na demanda por consumo. Instituiu-se uma política compulsória de preços e renda. O gabinete decidiu, inclusive, por uma pequena maioria, que o ingresso no Mercado Comum Europeu poderia, afinal, ajudar a resolver os problemas com a balança de pagamentos britânica, a despeito da oposição do Partido Trabalhista à candidatura anterior para esse ingresso, em 1961. Assim como ocorrera antes com Macmillan, Wilson teve de sofrer a humilhação de receber um veto da parte do presidente da França, De Gaulle, em 1967.

As medidas adotadas no último mês de julho não foram suficientes para que a libra resistisse a outra crise especulativa, após uma guerra entre Israel e o Egito no verão de 1967, que deixou o canal de Suez fechado para a navegação, e um recorde no déficit da balança de pagamentos em outubro. Em 18 de novembro, a libra sofreu uma desvalorização de $2,80 para $2,40. O primeiro-ministro tentou atenuar a situação afirmando que "a libra que está em seu bolso não se desvalorizou", mas, dessa vez, sua tentativa de sacar um triunfo com base em um desastre não foi convincente.

A impopularidade do governo foi registrada em uma série de derrotas em eleições suplementares. A mais sensacional delas foi, em 1967, a vitória, em Hamilton – previamente considerada uma cadeira garantida do Partido Trabalhista –, de um nacionalista escocês que anunciava um revigoramento do nacionalismo na Escócia. Embora isto tenha alarmado os dois principais partidos, com o líder conservador anunciando seu apoio a uma reunião escocesa em 1968, trouxe mais prejuízo ao Partido Trabalhista, uma vez que tinha mais cadeiras escocesas a perder. O partido nacionalista galês, Plaid Cymru, também chegou perto de conquistar distritos eleitorais trabalhistas consolidados no sul de Gales.

Os reveses eleitorais do governo pareceram melhorar quando outra severa contração da demanda no orçamento de 1968 começou a exercer um efeito benéfico na balança de pagamentos, produzindo superávits no verão de 1969. As pesquisas de opinião pública começaram a registrar uma vantagem para o Partido Trabalhista, sugerindo que o governo venceria uma eleição geral, especialmente com a ajuda dos eleitores jovens entre 18 e 21 anos, que, esperava-se, apoiariam o partido que lhes conferira o direito de voto em 1969. A mídia proclamava uma terceira vitória do Partido Trabalhista. Até mesmo a revista norte-americana *Time* retratou o primeiro-ministro em sua capa, com os dizeres "O sucesso estragará Harold Wilson?". O gabinete decidiu ir às eleições em junho de 1970, confiante em obter a maioria.

No final, para surpresa dos profetizadores, os conservadores saíram vitoriosos, com 330 cadeiras contra 288 dos trabalhistas, enquanto os liberais obtiveram 6 cadeiras e os nacionalistas escoceses, 1. Isso representou uma transferência de votos de quase 5%, a maior de qualquer partido desde 1945.

DA ASCENSÃO DA RAINHA ELIZABETH À COMUNIDADE ECONÔMICA EUROPEIA | 221

IMAGEM 35. Winifred Ewing com Arthur Donaldson na convenção do Partido Nacional Escocês em Bannockburn, 1971.

Os profetizadores tentaram redimir sua credibilidade alegando que havia ocorrido uma transferência de última hora em favor dos conservadores, constatada por uma das pesquisas. Isso foi atribuído à publicação dos números da balança de pagamentos de maio, que revelaram um déficit mensal na véspera das apurações. Mas, embora houvesse cada vez mais evidências da volatilidade do eleitorado, em conjunção com a tendência de que o estado subjacente da economia fosse o fator crucial nas eleições parlamentares, essa volatilidade baseada em um único grupo de indicadores econômicos parece ser uma explicação excessivamente mecanicista para a vitória eleitoral dos conservadores em 1970. A derrota do Partido Trabalhista teve outras causas além do gerenciamento econômico do governo. Suas atitudes em face dos desafios a sua autoridade no exterior e no interior do próprio país também afetaram sua situação eleitoral. A irrupção da violência sectária na Irlanda do Norte introduziu os problemas daquela província na agenda política britânica pela primeira vez em 40 anos. Em 1969, o Exército foi enviado para manter a paz entre católicos e protestantes. Isso logo se mostrou uma esperança infrutífera, pois, embora os soldados tenham sido bem acolhidos de início, os cidadãos passaram a se ressentir de sua presença. Ainda que o Exército tenha sido empregado desse modo, excluiu-se uma solução militar para a situação suscitada pela declaração unilateral de independência da Rodésia, e a atitude foi, em lugar disso, a imposição de sanções. Uma tentativa de contornar as greves proporcionando um período de apaziguamento e até a realização de votações entre os membros dos sindicatos sofreu resistência por parte do TUC, provocando uma rebelião entre parlamentares trabalhistas e desconforto entre ministros, até o abandono do Livro Branco que delineava as propostas, intitulado *In Place of Strife*. Embora tenha sido fechado um acordo entre o governo e o TUC para o monitoramento de ações grevistas, o resultado foi um golpe para o prestígio do ministério.

Ainda que não se possa dizer que nenhum desses desdobramentos tenha ocasionado a queda da administração Wilson, juntos, eles contribuíram para gerar a impressão de que ela estava sendo pressionada por forças (o IRA, os rodesianos brancos e, acima de tudo, os sindicatos britânicos) sobre as quais não possuía nenhum controle. Alguns apoiadores tradicionais dos trabalhistas, incluindo trabalhadores manuais, se desiludiram com o partido, pois o número de votos em seu favor caiu em quase 900 mil no total de votos apurados em 1966, o que foi desproporcional ao menor comparecimento na segunda eleição. Ao mesmo tempo, muitos votantes claramente consideravam que o novo time de Edward Heath e seus colegas na liderança do Partido Conservador oferecia uma maior chance de solucionar os problemas que o gabinete de Wilson, parecendo muito desgastado após 6 anos, nitidamente falhara em resolver. Com certeza, eles não buscaram soluções com os liberais, pois o montante de votos em favor desse partido diminuiu ligeiramente em 1970, enquanto os votos em favor dos conservadores aumentaram em 1.720.690 em 1966.

No final das contas, porém, o ministério de Heath não cumpriu as expectativas. A situação na Irlanda do Norte se deteriorou ainda mais, com a morte do primeiro soldado britânico em 1971 e de 13 católicos em Londonderry no *"Bloody Sunday"* ["Domingo Sangrento"], em 1972. Heath tentou governar diretamente de Westminster; tentou também o compartilhamento do poder na província, mas a primeira experiência descontentou os simpatizantes republicanos entre os católicos, enquanto o governo compartilhado ocasionou uma greve em protesto por parte de trabalhadores protestantes. As tentativas de solucionar o problema na Rodésia também foram infrutíferas. No que diz respeito ao modo de enfrentar os desafios à autoridade do governo por parte dos sindicatos, a atitude de Heath foi ainda mais lamentável que a de Wilson. Embora ele não tenha tido dificuldade em aprovar um Ato de Relações Industriais em 1971, implementá-lo efetivamente era algo inteiramente diferente. Em vez de diminuir, a incidência de greves cresceu dramaticamente, o que resultou em um acordo arbitrado que concedeu aos mineradores aumentos de salários entre 17% e 24%. Alarmado com aumentos salariais dessa magnitude, o governo tentou instaurar um total congelamento dos salários, a ser seguido por controles legais dos aumentos. Os sindicatos mais poderosos, particularmente a União Nacional de Mineradores, determinaram-se a contestar essa política quando o governo era assolado por acontecimentos completamente fora de seu controle, como a Guerra de Yom Kippur em 1973, entre árabes e israelenses, seguida por uma grande alta mundial nos preços do petróleo. O primeiro-ministro adotou a estranha atitude de decretar estado de emergência em novembro, e, no mês seguinte, declarou uma semana de três dias úteis. No início do novo ano, os mineradores, tendo sua posição imensamente fortalecida pela elevação dos preços do petróleo, declararam uma greve nacional. Heath decidiu convocar uma eleição geral com base na questão de "Quem governa?", o que deu origem ao mito de que os mineiros derrubaram seu governo. Na realidade, ele tomou essa decisão porque pensou que a questão manteria sua posição nas pesquisas de opinião, que começavam a mostrar uma liderança dos conservadores após um período de enfraquecimento. Em fevereiro de 1974, portanto, o país compareceu às urnas.

O resultado da eleição de fevereiro de 1974 foi um parlamento no qual nenhum partido detinha a maioria absoluta. No maior comparecimento registrado desde a década de 1950, os eleitores elegeram para Westminster 301 membros trabalhistas, 297 conservadores, 14 liberais e 9 nacionalistas escoceses e galeses. Heath tentou aferrar-se ao poder fazendo um acordo com o líder liberal Jeremy Thorpe, mas as negociações fracassaram quando o primeiro-ministro se recusou a aceitar a representação proporcional, ainda que seu próprio partido tivesse obtido uma proporção ligeiramente maior que o Partido Trabalhista nos votos apurados. Que os liberais tivessem imposto essa condição para se unir a qualquer coalizão, isso dificilmente o surpreenderia, uma vez que tiveram quase um quinto dos votos, mas obtiveram apenas 14 cadeiras, 2% do total.

Sem conseguir formar um governo, Heath entregou o gabinete a Harold Wilson. Estava claro que o ministro trabalhista convocaria um nova eleição geral tão logo se apresentasse a possibilidade de obter uma maioria geral. Ao longo do verão, as pesquisas indicavam que uma eleição no outono geraria uma votação maciça para o Partido Trabalhista. Consequentemente, Wilson dissolveu o parlamento em outubro, mas, como ocorreu em 1970, os prognósticos o iludiram. Em lugar de obter uma margem segura em relação a todos os demais partidos, ele mal obteve uma maioria funcional, e o Partido Trabalhista emergiu com uma liderança geral de 3 cadeiras. Entre fevereiro e outubro, o comparecimento caiu de 78,1% para 72,8%. Os conservadores foram os mais afetados, perdendo mais de 1 milhão de votos. Os liberais perderam mais de 700 mil votos e 1 de suas 14 cadeiras.

Talvez a principal fatalidade decorrente da eleição tenha sido a do próprio Heath. Em 1975, os conservadores avaliaram seu mau desempenho eleitoral substituindo-o por Margaret Thatcher. Embora sua atitude como primeiro-ministro não o tenha tornado estimado pelos apoiadores do partido, ele teve um triunfo associado a seu nome que, a longo prazo, eclipsaria quaisquer falhas atribuídas a seu exercício no cargo de primeiro-ministro, transformando-o, mais tarde, em um respeitado político. Esse triunfo foi a negociação bem-sucedida do ingresso da Grã-Bretanha na Comunidade Econômica Europeia. Na época de sua vitória eleitoral em 1970, a CEE convidou seu governo a se candidatar. Em outubro de 1971, o parlamento aprovou essa decisão por 356 votos contra 244. No próximo mês de janeiro, o tratado de adesão foi assinado, e, em outubro de 1972, o Ato das Comunidades Europeias se tornou lei. A Grã-Bretanha ingressou formalmente no "Mercado Comum" em 1º de janeiro de 1973. O Partido Trabalhista estava profundamente dividido acerca da questão, e Wilson esforçou-se para mantê-lo unido participando das moções para renegociar os termos e submetendo o tópico à consideração do eleitorado em um único referendo.

IMAGEM 36. Edward Heath, sentado entre sir Alec Douglas-Home e Geoffrey Rippon, assinando o acordo britânico de ingresso na CEE em 1972.

IMAGEM 37. A decisão do Partido Trabalhista de resolver suas divergências acerca da Europa por meio de um referendo, satirizada em Sunday Telegraph, 26 de janeiro de 1975.

Em 5 de junho de 1975, solicitou-se que os eleitores respondessem "sim" ou "não" à pergunta: "Você pensa que o Reino Unido deve permanecer na Comunidade Europeia (Mercado Comum)?" Na Grã-Bretanha, cerca de 28.954.443 eleitores responderam, ou seja, 64,3% dos votantes registrados (em contraste com a Irlanda do Norte, onde menos da metade respondeu). Destes, 66,7% disseram "sim" na Inglaterra e no País de Gales, enquanto os escoceses foram menos entusiásticos, com 58,4% favoráveis. Com efeito, os únicos condados onde a maioria votou "não" foram Shetland e Western Isles. No âmbito nacional, não havia dúvida de que a adesão à Comunidade Europeia gozava de um apoio substancial. O referendo encerrou as especulações acerca da atitude dos bretões frente ao Mercado Comum e, também, aos 268 anos – em lugar dos "mil anos de história" – durante os quais, desde a União Anglo-Escocesa de 1707, não se realizou nenhum referendo, talvez afortunadamente.

Epílogo

Assim como, na época da União Anglo-Escocesa, havia otimistas e pessimistas acerca das perspectivas econômicas da Escócia ao ser engolida pela entidade maior constituída pelo novo Reino Unido, também havia profetas de um milagre e vaticinadores de desastres a respeito do destino da Grã-Bretanha na Comunidade Europeia, ou no Mercado Comum, como é usualmente chamado. Em ambas as ocasiões, as cassandras podem ter o frio conforto de dizer "Eu avisei", pois não houve um impulso imediato da economia escocesa após a efetivação da União, nem da economia britânica após o ingresso na Comunidade Europeia. Com efeito, havia escoceses, depois de 1707, e britânicos, depois de 1973, que argumentavam que sua incorporação em uma comunidade mais ampla havia sido desastrosa, e que seria melhor romper o compromisso, reafirmando a independência escocesa ou britânica. Tudo o que os defensores da cessão da soberania poderiam afirmar, em ambos os casos, era que as alternativas teriam sido ainda piores.

A curto prazo, os benefícios da União talvez fossem suplantados pelas desvantagens. Mas, ao menos até o final do século XX, a longo prazo, a maior parte dos escoceses passou a aceitar que estavam em melhor situação como bretões do norte do que estariam se tivessem permanecido independentes. Contudo, ainda é muito cedo para que os bretões façam a mesma avaliação a respeito de seu envolvimento na Comunidade Europeia. As questões que o tema provoca são demasiadamente emocionais e prementes para que se faça um cálculo imparcial. Não se pode prever um veredicto histórico, mas é tentador conjeturar que o resultado do atual debate sobre a participação na Comunidade Europeia se resolverá de maneira muito semelhante à do debate sobre a União Anglo-Escocesa.

Monarcas e ministros
1707-1976

1707-1714	**Rainha Ana**	1707-1710	Lorde Godolphin
		1710-1714	Robert Hayley, conde de Oxford
1714-1727	**Rei George I**	1714-1721	Lordes Stanhope e Sunderland
		1721-1727	Lorde Townsend e sir Robert Walpole
1727-1769	**Rei George II**	1727-1742	Sir Robert Walpole
		1742-1743	Lorde Carterer e conde de Wilmington
		1743-1754	Henry Pelham e duque de Newcastle
		1754-1756	Duque de Newcastle
		1756-1757	William Pitt e duque de Devonshire
		1757-1760	William Pitt e duque de Newcastle
1760-1820	**Rei George III**	1760-1762	William Pitt e duque de Newcastle
		1762-1763	Conde de Bute
		1763-1765	George Grenville
		1765-1766	Marquês de Rockingham
		1766-1768	Conde de Chatham
		1768-1770	Duque de Grafton
		1770-1782	Lorde North
		1782	Marquês de Rockingham
		1782-1783	Conde de Shelburne
		1783	Charles James Fox e lorde North

		1783-1801	William Pitt, o Jovem
		1801-1804	Henry Addington
		1804-1806	William Pitt
		1806-1807	Lorde Grenville
		1807-1809	Duque de Portland
		1809-1812	Spencer Perceval
		1812-1820	Conde de Liverpool
1820-1830	**REI GEORGE IV**	1820-1827	Conde de Liverpool
		1827	George Canning
		1827-1828	Visconde Goderich
		1828-1830	Duque de Wellington
1830-1837	**REI WILLIAM IV**	1830-1834	Conde Grey
		1834	Visconde Melbourne
		1834	Duque de Wellington
		1834-1835	Sir Robert Peel
		1835-1837	Visconde Melbourne
1837-1901	**RAINHA VITÓRIA**	1837-1841	Visconde Melbourne
		1841-1846	Sir Robert Peel
		1846-1852	Lorde John Russell
		1852	Conde de Derby
		1852-1855	Conde de Aberdeen
		1855-1858	Visconde Palmerston
		1858-1859	Conde de Derby
		1859-1865	Visconde Palmerston
		1865-1866	Conde Russell
		1866-1868	Conde de Derby
		1868	Benjamin Disraeli
		1868-1873	William Ewart Gladstone
		1874-1880	Benjamin Disraeli
		1880-1885	William Ewart Gladstone
		1885-1886	Marquês de Salisbury
		1886	William Ewart Gladstone

		1886-1892	Marquês de Salisbury
		1892-1894	William Ewart Gladstone
		1894-1895	Conde de Rosebery
		1895-1901	Marquês de Salisbury
1901-1910	**Rei Eduardo VII**	1901-1902	Marquês de Salisbury
		1902-1905	Arthur James Balfour
		1905-1908	Sir Henry Campbell-Bannerman
		1908-1910	Herbert Henry Asquith
1910-1936	**Rei George V**	1910-1916	Herbert Henry Asquith
		1916-1922	David Lloyd George
		1922-1923	Andrew Bonar Law
		1923-1924	Stanley Baldwin
		1924	James Ramsay MacDonald
		1924-1929	Stanley Baldwin
		1929-1931	James Ramsay MacDonald
		1931-1935	James Ramsay MacDonald
		1935-1936	Stanley Baldwin
1936	**Rei Eduardo VIII**	1936	Stanley Baldwin
1936-1952	**Rei George VI**	1936-1937	Stanley Baldwin
		1937-1940	Neville Chamberlain
		1940-1945	Winston Churchill
		1945-1951	Clement Attlee
		1951-1952	Sir Winston Churchill
1952	**Rainha Elizabeth II**	1952-1955	Sir Winston Churchill
		1955-1957	Sir Anthony Eden
		1957-1963	Harold Macmillan
		1963-1964	Sir Alec Douglas-Home
		1964-1970	Harold Wilson
		1970-1974	Edward Heath
		1974-1976	Harold Wilson

ÍNDICE REMISSIVO

Aberdeen, George Gordon, conde de, 100-1.

Addington, Henry, 83.

agricultura, 24, 29 e 67-8.

Albert, príncipe, 74, 80 e 104.

Ana, rainha, 36 e 50.

Anti-Corn Law League [Liga contra a Lei dos cereais], 96-7.

aristocracia, 22-28, 71-2 e 137.

Asquith, Herbert Henry, 157, 165-7, 170, 177 e 185.

atos do parlamento

    Agricultural Holdings Act [ato agrário de terras arrendadas], 115.

    água [ato referente a], 73.

    Artisan's Dwelling Act [ato de moradia do artesão], 115.

    Ato das Comunidades Europeias, 224.

    Ato das Dez Horas, 99.

    Ato de Clerke, 56.

    Ato de Crewe, 56.

    Ato de *Habeas corpus*, 63 e 85.

    Ato de Práticas Corruptas, 128.

    Ato de Redistribuição (1885), 121.

    Ato de Reforma (1832), 67, 89-94 e 97.

    Ato de Reforma (1867), 107-11 e 114.

    Ato de Reforma (1884), 71 e 119.

    Ato de Relações Industriais, 223.

    Ato de Segurança, 36.

    Ato de Tolerância, 44.

    Ato de União (1800), 66-7 e 83.

    Ato do Governo Local, 19 e 72.

Ato dos Conselhos de Condado, 71.

Ato Septenal, 42, 47 e 54.

Bankruptcy Act [ato de bancarrota], 103.

caça e pesca, regulamentação, 24.

cédula, 24.

City Elections Act [ato de eleições da cidade], 42.

Coercion Act [ato de coerção], 119.

Companies Act [ato das companhias], 103.

Conciliation Act [Ato de Conciliação], 128-9.

Corporation Act [ato corporativo], 31, 45-6, 60-1 e 88.

Criminal Law Amendment Act [ato de emenda da lei criminal], 115.

Defence of the Realm Act [ato de defesa do reino], 166.

Education Act [ato de educação] (1870), 113.

Education Act (1902), 153 e 155.

Education Act (1944), 195.

Employers and Workmen Act [ato dos empregadores e trabalhadores], 115.

fábricas [atos referentes a], 73.

ferrovias [atos referentes a], 73.

gás [ato referente a], 73.

Government of Ireland Act (1920), 172.

Housing Act [ato de moradia] (1919), 173.

Housing Act (1924), 176.

imigração, 148.

Imports Act [ato de importações], 189.

236 | HISTÓRIA CONCISA DA GRÃ-BRETANHA

Land Act [ato da terra], 119.

Lei do "Gato e do Rato", 164.

Leis dos cereais, 96-7.

Municipal Corporations Act [ato das corporações municipais], 94-5.

National Insurance Act [lei nacional de seguridade nacional], 161.

Occasional Conformity Act [ato de conformidade ocasional], 46.

Octennial Act [ato com duração de 8 anos], 55.

Parliament Act [ato parlamentar], 161-2 e 166.

Poor Law Act [ato de lei dos pobres], 103.

Poor Law Amendment Act [ato de emenda da lei dos pobres], 73, 94 e 97.

prisão, 73.

Property Qualifications Act [ato de qualificações de propriedade], 26.

Protection of Property Act [ato de proteção à propriedade], 115.

Public Order Act [ato de ordem pública], 193.

Representation of the People Act [ato de representação do povo] (1918), 170.

Riot Act [ato do motim], 44.

saúde pública [ato referente a], 73.

Secret Ballot Act [ato da votação secreta], 113.

Seis Atos, 85.

televisão [ato referente a], 205.

Test Act [ato de teste], 45-6, 60-1 e 88.

Trades Disputes Act [lei das disputas dos sindicatos], 183.

união [ato referente a] (1707), 15, 35 e 38-9.

Waltham Black Act [ato negro de Waltham], 44.

Attlee, Clement, 190, 194, 198 e 203.

Baldwin, Stanley, 174-6, 179-80, 183, 187, 189-93, 197 e 233.

Balfour, Arthur James, 127, 153-4 e 159.

Barnes, G. N., 169.

BBC (*British Broadcasting Corporation*), 182, 205 e 219.

Beaverbrook, William Maxwell Aitken, 187 e 192.

Bevan, Aneurin, 198, 200, 205 e 211.

Beveridge, William Henry, 195 e 199.

Bevin, Ernest, 190, 195 e 198.

Birmingham, União Política de, 92.

Bolha dos Mares do Sul, 46.

Bonar Law, Andrew, 162, 167, 169, 172, 174 e 233.

Bradford, 68, 76, 78 e 148.

Bright, John, 96, 105, 107-11 e 125.

Brown, George, 215.

Burke, Edmund, 56 e 62.

Bute, John Stuart, terceiro conde de, 50.

Butler, R. A., 195, 204-5 e 215.

Campanha pelo Desarmamento Nuclear, 97 e 211.

Campbell, J. R., 176.

Campbell-Bannerman, sir Henry, 154.

Canning, George, 87-8.

Carolina, rainha, esposa de George II, 48.

Carolina, rainha, esposa de George IV, 86-7.

Carson, sir Edward, 163 e 169.

cartismo, 68, 97-9 e 105.

Cartwright, major John, 57 e 60.

Castlereagh, lorde, 87.

católicos, 33, 44, 54-6, 58, 66-8, 78-9, 83, 88-9, 111-2 e 156.

censo, 38, 77, 80 e 110.

Chalmers, Thomas, 73.

Chamberlain, Austen, 173-4.

Chamberlain, Joseph, 117, 121-2, 124-5, 130, 132 e 153-5.

Chamberlain, Neville, 182, 191-4 e 197.

Churchill, Randolph, lorde, 125-6.

Churchill, sir Winston, 154, 157, 182, 192-5, 197, 202 e 204-5.

cidades, 26-30, 33, 67-8, 70, 93, 108 e 136.

classe média, 28-33, 76-8 e 138.

classe trabalhadora, 68-71, 77-8, 97-9 e 141-5.

Cobden, Richard, 96.

Cockburn, Claud, 163.

colônias americanas, 54.

Comunidade Econômica Europeia, 15, 39, 150-1 e 224-5.

condados, 19, 21-7, 71, 92-3 e 108.

Confederação das Indústrias Britânicas, 218.

conservadores, 102, 106-11, 114-8, 121-7, 133, 138, 153-5, 170-1, 173-7, 179, 183, 186-91, 198-200, 202-9, 211-2, 217-9 e 222-5.

Cripps, sir Stafford, 200.

Cross, R. A., 115.

Dalton, Hugh, 195.

Darién, 35-8.

Davies, Clement, 202.

Davison, Emily, 164.

Derby, lorde, 100, 102-3, 107, 109, 111, 164 e 232.

Disraeli, Benjamin, 100, 102, 106-12 e 114-8.

dissidentes, 30, 44, 60-1, 77-9, 111 e 113.

Dorchester, trabalhadores de, 97.

Douglas-Home, sir Alec, 215-6 e 219.

Dunkeld, 35.

Dunning, John, 56.

Eden, sir Anthony, 193-4 e 205-10.

Eduardo VII, 82, 156 e 158.

Eduardo VIII, 192.

educação, 112-3, 138-9, 153 e 156.

eleições, 21-2, 24-5, 27-8; (1715), 41; (1722), 46; (1734), 47; (1741), 48; (1761), 50; (1768), 51; (1774), 54; (1784), 58-60, 64; (1830), 89; (1831), 90; (1847), 99; (1857), 102; (1859), 102; (1874), 112-4; (1885), 121; (1892), 127; (1900), 132-3; (1906), 155-6; (1910I), 159-60; (1910II), 161; (1918), 171-2; (1922), 174; (1923), 175-6; (1924), 176-7; (1929), 183, 185; (1931), 187-8; (1935), 189-91; (1945), 197; (1950), 200; (1951), 202; (1955), 205-6; (1959), 211-2; (1964), 216-7; (1966), 219; (1970), 220-2; (1974I), 223 e (1974II), 224.

Elizabeth II, 203.

escravidão, 94.

Feathers Tavern, petição de, 60.

Federação dos Mineiros da Grã-Bretanha, 180-3.

Fielden, John, 99.

Flood, Henry, 55.

Forster, W. E., 113.

Fox, Charles James, 58-60 e 64-5.

Fox, Henry, 49.

Frederico, príncipe de Gales, 48-9.

Frente Nacional, 148.

Gaitskell, Hugh, 200, 204, 208 e 211-4.

Gallup, pesquisas, 194-5, 201-2, 209 e 214.

George I, 41-2.

George II, 48-9.

George III, 50, 52-3, 58-9, 65 e 83.

George IV, 86 e 89.

George V, 160, 187 e 192.

George VI, 192, 198 e 203.

Gilbert, W. S., 115.

Gladstone, Herbert, 154-5.

Gladstone, William Ewart, 74, 96, 100, 102, 104-5, 110-7, 120, 122, 124-5 e 127-8.

Glencoe, 35.

Goderich, visconde, 232.

Gordon, revoltas de [*ver* revoltas de Gordon]

Grande Exposição, 74-5.

Granville, conde de, 116.

Granville, George, conde de Carteret, 48-9.

Grattan, Henry, 56.

greve geral, 180-3.

Grey, Charles, conde, 71, 87 e 90.

Grey, sir Edward, 154.

Guerra Civil Americana, 104-5.

Guerra da Crimeia, 100-1 e 115-6.

Guerra dos Bôeres, 129-30, 135-7 e 153.

Hardie, Keir, 169.

Hardy, Thomas, 68.

Hartington, marquês de, 116 e 124.

Heath, Edward, 219 e 222-5.

Henderson, Arthur, 167-9.

Hunt, Henry, 85.

Igreja da Inglaterra, 30-1, 44, 77-8, 95-6, 113 e 156.

imigração, 147-8.

imprensa, 33, 101, 116, 128 e 187.

Irlanda, 17, 54-6, 66-8, 96, 111, 118-9, 122, 129, 162-3, 169, 172 e 222-3.

jacobinismo, 63-4.

jacobinos, 15 e 33.

jacobitas, 15, 35, 38 e 40-2.

238 | HISTÓRIA CONCISA DA GRÃ-BRETANHA

jacobitismo, 44.
Jaime VII e Jaime II, 35.
Jebb, John, 60.
Johnson, Samuel, 54.
juízes de paz, 21, 72 e 94.
Junta de Relações Raciais, 148.

Keynes, John Maynard, 180, 185 e 199.
Killiecrankie, 35.

laisser-faire, 72-3 e 157.
Lansbury, George, 190.
Leis dos cereais, 72.
liberais, 102-3, 106-13, 115, 118, 121-2, 124, 127-9, 153, 159-60, 170-1, 173-9, 183, 186-91, 202, 206, 209, 211, 219 e 222-5.
liberalismo, 157 e 164-6.
Liverpool, Charles Jenkinson, primeiro conde de, 86.
Lloyd George, David, 154, 157-62, 164, 166-7, 170-3, 185 e 187-8.
London Working Men's Association [associação dos homens trabalhadores de Londres], 97.
Lovett, William, 97.
Lowe, Robert, 105.
Lucas, Charles, 55.

Macaulay, lorde, 73-4 e 92.
MacDonald, Ramsay, 154, 169, 176, 182, 186-7 e 189.
Macmillan, Harold, 204, 208 e 210-5.
Malthus, Thomas, 73.
Mares do Sul [*ver* Bolha dos Mares do Sul]
Maria, 35.
Marx, Karl, 99.
Maynooth, colégio de, 96.
Middleton, R. E., 128.
milícia, 19.
Milner, sir Alfred, 130.
monarquia, 17.
Morrison, Herbert, 195 e 198.
Mosley, Oswald, 185-6, 189 e 193.
mulheres, 80, 139-40 e 147.

nacionalistas escoceses, 203.
National Education League [liga nacional da educação], 113.

National Education Union [união nacional da educação], 113.
National Liberal Federation, 117.
Nelson, Horatio, 83.
Newcastle, Thomas Pelham-Holles, duque de, 48-50.
Newport, levante de, 99.
North, Frederick, lorde, 54-6 e 58.
Northcote, sir Stafford, 125.

O'Brien, William, 129.
O'Connell, Daniel, 88.
O'Connor, Feargus, 98.
Oastler, Richard, 99.

Paine, Thomas, 62-3.
Palmerston, lorde, 78-9 e 100-7.
Pankhurst, Emmeline, 164.
Parnell, Charles Stewart, 118-9, 122 e 127.
Partido Comunista, 177 e 189.
Partido Nacional Escocês, 220.
partido nacionalista galês, 220.
partido Trabalhista, 159, 163-4, 169-77, 183, 185-91, 195, 198-209, 211-2, 217-9 e 222-5.
Partido Trabalhista Independente, 76, 128 e 191.
Peel, sir Robert, 87, 95-6 e 100.
Pelham, Henry, 48-9.
Peterloo, 85.
petição de *Feathers Tavern* [*ver Feathers Tavern*, petição de]
Pitt, William, conde de Chatham, 49-50.
Pitt, William, o Jovem, 58-60, 64-6 e 83-4.
Place, Francis, 92.
Price, Richard, 61.
Priestley, Joseph, 64.
Primeira Guerra Mundial, 136-7.
Primrose, Liga de, 128.
Profumo, John, 215-6.
Pulteney, William, conde de Bath, 72.

Redmond, John, 129 e 169.
reforma eleitoral, 62, 66, 70-1 e 87-94.
Reforma, Liga da, 109.
Reforma, União da, 109.
revoltas de Gordon, 57.
Revolução Gloriosa, 15 e 62.

ÍNDICE REMISSIVO | **239**

Revolução Industrial, 68-9.
Rockingham, marquês de, 54, 56 e 58.
Rosebery, lorde, 127.
Rothermere, Harold Sidney Harmsworth, lorde, 187 e 191.
Russell, John, lorde, 88-9, 100, 102, 104 e 107.

Salisbury, marquês de, 71, 120-2, 125-30 e 132-3.
Samuel, Herbert Louis, 187.
Segunda Guerra Mundial, 143-7.
Shelburne, conde de, 58.
Sheriffmuir, Batalha de, 40.
Sindicato Nacional de Ferroviários, 180.
sindicatos, 114-6, 164, 166, 183 e 222-3.
Smiles, Samuel, 73.
Smith, Adam, 73.
Snowden, Philip, 169, 176 e 185-6.
Sociedade para a Informação Constitucional, 60.
Society of Supporters of the Bill of Rights [Sociedade de Defensores da Declaração dos Direitos], 51 e 61.
Stead, W. T., 116.
Stephens, J. R., 98-9.
Stuart, James Edward, 35, 37 e 40.
Suez, crise de, 206-9.
sufragistas, 164-6.
Sullivan, Arthur, 115.
Swift, Jonathan, 55.

Taylor, A. J. P., 182.
Thatcher, Margaret, 224.

Thorpe, Jeremy, 224.
Tóris, 25, 28, 39, 41-2, 44, 46-7 e 87-97.
Tóris liberais, 87-8.
trabalhadores, classe de [*ver* classe trabalhadora]
Trabalhista, Comitê de Representação, 154.
Trades Union Congress (TUC) [congresso de sindicatos], 181-3 e 186.
Trollope, Anthony, 114.

União Nacional de Associações Conservadoras, 126 e 128.
União Nacional de Mineradores, 223.
União Nacional dos Marinheiros, 219.
unificação italiana, 104.
unionistas, 153-6 e 158-61.
unionistas liberais, 122-3, 127-8, 133 e 153.
United Land League, 129.

Vitória, rainha, 74-5, 81, 104, 107, 117 e 133.

Walpole, sir Robert, 44, e 46-8.
Wellington, Arthur Wellesley, primeiro duque de, 88-90 e 100.
Wheatley, John, 176.
Whigs, 25, 28, 39, 42, 44, 46, 47, 59, 64, 85-95, 114 e 124-5.
Wilberforce, William, 94.
Wilkes, John, 33, 51, 61 e 88.
William IV, 90-1.
Wilson, Harold, 200, 215-20 e 224.
Wyvill, Christopher, 57-8 e 60-1.

Este livro foi impresso pela Gráfica PlenaPrint
em fonte Minion Pro sobre papel Pólen Bold 70 g/m²
para a Edipro no inverno de 2020.